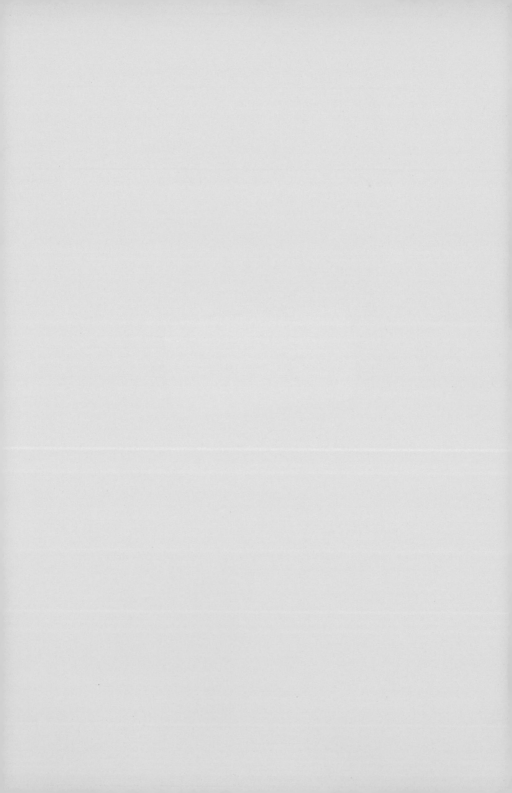

これ一冊で！基礎を固める

快速マスター
インドネシア語

インドネシア語技能検定試験に対応！

イワン・スティヤ・ブディ
（INJカルチャーセンター・インドネシア語主任講師）

近藤由美
（INJカルチャーセンター代表）

語研

【音声のダウンロードについて】

　本書の音声はパソコンで下記の URL（弊社ホームページ「音声教材（無料ダウンロード）」のページ）からもダウンロードできます。スマートフォンやタブレットをご使用の場合は，下記の QR コードをご利用ください。Wi-Fi 接続でのダウンロードを推奨します。

https://www.goken-net.co.jp/audio/

＊収録箇所は マークと番号を表示してあります。

＊収録時間は 3 時間 19 分です。

《注意事項》

●ダウンロードできるファイルは ZIP 形式で圧縮されたファイルです。ダウンロード後に解凍してご利用ください。

●音声ファイルは MP3 形式です。iTunes や Windows Media Player などの再生ソフトを利用して再生してください。

●インターネット環境によってダウンロードができない場合や，ご使用の機器によって再生できない場合があります。

●本書の音声ファイルは一般家庭での私的利用に限って頒布するものです。著作権者に無断で本音声ファイルを複製・改変・放送・配信・転売することは法律で禁じられています。

はじめに

これまでインドネシアにかかわる様々な方々にインドネシア語を教えてきました。インドネシア旅行のリピーター，赴任予定のビジネスマンとそのご家族，官公庁の現地出向者，伝統舞踊・ガムラン音楽やバティックなどの芸術愛好者，現地調査をする研究者，留学する学生，インドネシア人配偶者や友人がいる方など，その目的は千差万別です。しかし，学習者だれもが願っていることは，インドネシア語が少しでも早く上達して，現地滞在を快適に過ごせるようになることでしょう。

インドネシア語はアルファベット表記で，発音もカタカナ読みでほぼ通じます。文法も簡単で，世界一やさしい言語とも言われているほどです。初心者でもすぐに初歩的なインドネシア語が話せるようになりますが，さらに効率的に実用的なインドネシア語マスターするには，ちょっとしたコツやおすすめの学習方法があります。私共は長年のインドネシア語指導経験をもとに，多くの学習者が疑問に思う点や間違いやすい部分には，例文を豊富に入れて丁寧に説明するように努めました。

本書一冊でインドネシア語技能検定試験A〜E級までの文法をほぼマスターできます。また，会話，読み物，例文には，前半はE〜D級レベル，後半はC級レベルの単語を使用しており，初心者でも会話や読み物を読み進めるうちに，単語や文法が自然に身につく構成になっています。本書を一冊終了すれば，日常会話で不自由しないC級レベルまで上達しますので，現地滞在を満喫できることでしょう。時間のない方は，前半を学習するだけでも旅行中のサバイバル会話には十分です。

ただし，英語とは異なりインドネシア語は一般の日本人にとって見慣れない聞き慣れない言語のため，単語を覚える努力は必要です。巻末付録「必修単語3600」と音声を活用して，単語帳を作ったり音声を繰り返し聴くなどご自身に合った方法でインドネシア語の単語や発音に慣れ親しんでください。紙面の関係で本書に盛り込めなかった事項は，本書を使用したINJカルチャーセンターのインドネシア語講座で学習いただけます。独学で物足りない方は，効率よく多くのことを学べる講座を利用してインドネシア語能力の向上を図りましょう。

本書の刊行にあたり，今年90歳になられる恩師ドミニクス・バタオネ先生にも執筆協力をいただき心より御礼申し上げます。インターネット経由ではありますが，INJカルチャーセンターで教鞭を執られていた現役時代と全く変わらない厳しく詳細なご指導をいただきました。また，魅力的なイラストで本書に輝きを添えてくださった春田博子さんにも厚く御礼申し上げます。ありがとうございました。最後になりましたが，原稿完成まで辛抱強くお待ちいただいた（株）語研編集部の島袋一郎氏にも深く感謝申し上げます。

2021年9月

イワン・スティヤ・ブディ

近藤由美

目 次

文字と発音，基本文型と基本語彙，必修文法をマスター！

❖イントロダクション

第1課 Pelajaran 1　文字と発音　🎵 001 ～ 018

第2課 Pelajaran 2　🎵 019 ～ 036

第 **10** 課 **Pelajaran 10** 🎧MP3 `146` ～ `162`

● 会話　　**MEMBELIKAN OLEH-OLEH**　おみやげを買ってあげる...... `146` `147` 134
● 読み物　**MENGUNJUNGI PABRIK BATIK**　バティック工場を訪れる `148` `149` 136

第 13 課 Pelajaran 13 🎧 `192` 〜 `208`

【装丁】神田昇和

【本文イラスト】春田博子

【本文写真】近藤由美

【吹き込み】IWAN SETIYA BUDI
　　　　　　BETA IKA WAHYUNINGSIH
　　　　　　AUGIE ATQA
　　　　　　DINA FAOZIAH

【録音協力】ELEC 録音スタジオ

本書の特長と使い方

　本書はインドネシア語技能検定試験Ａ～Ｅ級レベルの「文法」，およびＣ～Ｅ級レベルの「単語」を紹介し，インドネシア語の「読む，書く，聞く，話す」の４技能を総合的に習得できるように構成された入門書です。検定対策に特化した本ではありませんが，本書でＣ級レベルのインドネシア語能力をマスターできます。

◉ ７大特長でインドネシア語を快速マスター！

1. 聴き取りに慣れる！ **発音・リスニング**マスター
2. 簡単でも重要！ **基礎文法**マスター
3. 必須フレーズ満載！ **基本表現**マスター
4. 日常よく使われる！ **会話**マスター
5. メールや WEB 記事も読める！ **読解**マスター
6. 単語や文法を確認！ **練習問題**マスター
7. 日常会話に不可欠！ **必修単語**マスター

▶ 1. 聴き取りに慣れる！ 発音・リスニングマスター

　イントロダクションでインドネシア語の全体像を概観した後，**第１課ではインドネシア語の文字と発音を紹介**しています。原則としてアルファベットをローマ字読みすれば通じますが，注意すべき発音がいくつかあります。よく似た発音はまとめて覚えましょう。付属の音声を聴きながら，**実際に口に出して繰り返し発音**してください。

▶ 2. 簡単でも重要！ 基礎文法マスター

　インドネシア語の文法は簡単ですが，標準語をマスターするためにも基礎文法はきちんと押さえておきたいですね。初級レベルの短い文であれば単語を並べただけでもある程度の意思は伝わります。しかし，中級レベルになって文が複雑で長くなるにつれて，文法が間違っていると意味がよくわからない文になり，コミュニケーションをうまく取ることができません。

　第２～16課の各課の構成は，主に会話，読み物，文法，練習問題の順です。基礎文法は，項目別に重要単語とその使い方を例文と共に紹介し，解説しています。基礎文法をマスターするためには，まずは各項目の囲み枠の中の太字の重要単語とその語順を覚えましょう。インドネシア現地の文法書と一部説明が異なる部分もありますが，これは実用インドネシア語の短期習得を目的とし，日本人学習者が理解しやすい説明

にしているためです。単語の語幹は＜　＞，略語の元の語は（＝　　），入れ替え可能な単語は／で表記しました。インドネシア語の文中に英語が入ることがありますが，その場合は英語の単語を斜体表記します。

▶ 3. 必須フレーズ満載！ 基本表現マスター

　前述の基礎文法では，どれもすぐに実践で使える単語や例文を紹介しています。例文は基本表現ばかりですので，そのまま覚えてしまいましょう。多少，間違えても構いませんので，覚えた表現は現地ですぐに使ってみてください。片言のインドネシア語でも，おおらかなインドネシア人は微笑みながら，Tidak apa-apa.［ディダ　アパアパ］「大丈夫です」と言ってくれるはずです。そうなると，インドネシア人との距離感がぐーんと縮まり，好印象と親近感を持って接してもらえます。

▶ 4. 日常よく使われる！ 会話マスター

　阿部さん一家とデワさん一家を中心とした日常会話でストーリーが展開します。**インドネシアの習慣や文化に関する様々なトピックの会話を楽しみながら，会話を通じて自然に現地の生活習慣も知ることができます。** 後半は口語も入れました。

▶ 5. メールや WEB 記事も読める！ 読解マスター

　前述の会話のトピックにまつわる短い読み物を読みながら，**語彙力と読解力をさらに強化**します。本書の前半の読み物が読めれば，徐々にインドネシア人からのメールや平易な WEB の記事も読めるようになります。読解は文語を使用しているため，会話で使われている口語との違いも比較してください。

▶ 6. 単語や文法を確認！ 練習問題マスター

　各課の最後にある練習問題を実際に解いてみて，各課で学んだ単語や文法を確実に習得できたかどうかを確認してください。 模範解答付きなので，答え合わせをして間違っていたら，再度，文法の説明をよく読んでみましょう。

▶ 7. 日常会話に不可欠！ 必修単語マスター

　巻末には必修単語 3600 を項目別に掲載しました。日常生活に必要な単語ばかりですので，すべて覚えれば日常会話には不自由しません。動詞はアルファベット順に記載しました。動詞以外の名詞，形容詞などは同意語や反意語など関連単語をまとめて掲載したので，そのまま覚えましょう，覚えた単語は，会話，読み物，文法，練習問題に掲載されている文中の関連単語と入れ替えれば，応用表現も可能です。

快速マスター
インドネシア語

文字と発音,
基本文型と基本語彙,
必修文法をマスター!

① インドネシア語とマレー語

　インドネシア語は人口約2億7千万人（世界第4位，2020年）のインドネシア共和国の国語で，7世紀にスマトラ東海岸とマレー半島で話されていたマレー語（bahasa Melayu）が起源です。現在，マレー語はマレーシアとシンガポールの国語，ブルネイの公用語で，マレーシア，シンガポール，ブルネイ，東ティモール，フィリピン南部，タイ南部など東南アジアの広域で話されています。インドネシア語とマレー語は発音や語彙に若干の違いが見られますが，コミュニケーションは可能です。

② インドネシア語の特徴

1. アルファベット表記で，発音もほぼローマ字読み

　air は英語は［エア］「空気」ですが，インドネシア語は［アイル］「水」です。

2. 単語の語形変化がない

・名詞は単数・複数を区別しない

　通常，名詞は単複同形です。ただし，日本語に「人々」などの言い方があるように，インドネシア語も単語を重複させると複数を表します。ただし，単語の重複は必ずしも複数を表しません。

➤ pohon	木	→	pohon-pohon	木々
➤ hati	心	→	hati-hati	気をつけて
➤ cumi	意味なし	→	cumi-cumi	イカ

・主格（〜は），所有格（〜の），目的格（〜を）などの格変化がない

　「私は」「私の」「私を」は，すべて saya「私」を用います。

➤ Saya makan.	私は食べます。
➤ Ini buku saya.	これは私の本です。
➤ Dia mengajak saya.	彼は私を誘います。

「私は食べました」「私は食べます」「私は食べる予定です」など，時制を明確にするには，**時制の助動詞**（→ p. 74），時を表す**年月日**（→ p. 88）や**日付**（→ p. 287）などを用います。

> ➤ Saya sudah makan.　　　私はもう食べました。《完了》
> 　　　　　　　　　　　　　　＊助動詞（もう〜した）
>
> ➤ Saya sedang makan.　　　私は食事中です。《現在進行形》
> 　　　　　　　　　　　　　　＊助動詞（〜しているところだ）
>
> ➤ Saya makan pagi tadi.　　今朝，私は食べました。《過去》
> 　　　　　　　　　　　　　　＊時を表す年月日や日付（今朝）
>
> ➤ Saya makan nanti.　　　私はあとで食べます。《未来》
> 　　　　　　　　　　　　　　＊副詞（あとで）

 単語の構成

単語の語形変化がないため，語幹（元になる単語）に接頭辞や接尾辞を付け加えたり，語幹の畳語と組み合わせるなど，主に次の5通りの派生語を形成します。

本書の< >は語幹です。単語と単語を重ねる畳語は，単語の間にハイフン - (tanda hubung）を入れます。

1）語幹	minum	飲む
2）語幹 ＋ 語幹	minum-minum	楽しんで酒を飲む
3）接頭辞 ＋ 語幹	peminum terminum	酒飲み うっかり飲む
4）語幹 ＋ 接尾辞	minuman	飲み物
5）接頭辞 ＋ 語幹 ＋ 接尾辞	meminumkan meminumi	〜を飲ませる 〜に飲ませる

第 **1** 課

Pelajaran 1

アルファベット／略語／発音／母音／二重母音／
子音／アクセント／インドネーション

1 アルファベット

MP3 001

インドネシア語のアルファベットは，英語と同様に 26 文字です。

A a	B b	C c	D d	E e	F f	G g
a アー	be ベー	ce チェー	de デー	e エー	ef エフ	ge ゲー
H h	**I i**	**J j**	**K k**	**L l**	**M m**	**N n**
ha ハー	i イー	je ジェー	ka カー	el エル	em エム	en エン
O o	**P p**	**Q q**	**R r**	**S s**	**T t**	**U u**
o オー	pe ペー	ki キー	er エル	es エス	te テー	u ウー
V v	**W w**	**X x**	**Y y**	**Z z**		
fe フェー	we ウェー	eks エクス	ye イェー	zet ゼッ(ト)		

【注】1972 年に新つづりになりましたが，Soekarno「スカルノ」など 1972 年以前の人名など
は今でも旧つづりを使用しています。

▶ 旧つづり → 新つづり

ch	→	**kh**	Chairil	→ Khairil	カイリル
dj	→	**j**	Djarum	→ Jarum	ジャルム（たばこの銘柄で「針」の意味）
j	→	**y**	Jusuf	→ Yusuf	ユスフ
nj	→	**ny**	Njoman	→ Nyoman	ニョーマン
oe	→	**u**	Soekarno	→ Sukarno	スカルノ
sj	→	**sy**	Sjafrie	→ Syafrie	シャフリ
tj	→	**c**	Tjiptono	→ Ciptono	チプトノ

② 略語

インドネシアでは略語がよく使われます。

1）単語の頭文字をとるもの（singkatan）

連語の各語の頭文字を組み合わせた語で，アルファベットを1字ずつ読みます。AC は，習慣上［a-ce アーチェー］ではなく，［a-se アーセー］と読みます。

略語	読み方	インドネシア語	日本語
AC	a-se	*air conditioner*	エアコン
HP	ha-pe	*hand phone*	携帯電話
ATM	a-te-em	Anjungan Tunai Mandiri	ATM
SMP	es-em-pe	Sekolah Menengah Pertama	中学校
UGM	u-ge-em	Universitas Gadjah Mada	ガジャマダ大学
KBRI	ka-be-er-i	Kedutaan Besar Republik Indonesia	インドネシア共和国大使館

2）単語の一部分を組み合わせるもの（akronim）

連語の各語の頭文字や頭部分を組み合わせた語で，1つづりで読みます。

略語	読み方	インドネシア語	日本語
Sulut	sul-ut	Sulawesi Utara	北スラウェシ
Unhas	un-has	Universitas Hasanuddin	ハサヌディン大学
Kanwil	kan-wil	Kantor Wilayah	地方事務所
Wapres	wa-pres	Wakil Presiden	副大統領

③ 発音

発音はほぼローマ字読みで通じますが，一部，注意すべき発音があります。

次に母音，二重母音，子音の発音を詳しく説明しますので，発音のコツをつかんでください。

インドネシア語の母音は6つです。その中の5つ **a, i, u, é, o** は日本語の母音, [ア][イ][ウ][エ][オ] とほぼ同じで, そのほかに口を軽く開いた [エ] の口の形で [ウ] を弱くあいまいに発音する **e**「あいまい音ウ」が加わります。

2種類の **e** の発音は区別して表記しませんが, 便宜上, 第1課では, [エ] の発音を **é** と表記します。**e** の発音の違いに規則はないので, 単語ごとに覚えてください。音節（ひとまとまりの音の単位）の区切りは, ハイフン – (tanda hubung) で表記しました。

a	a-nak	子供	na-si	ご飯	ku-da	馬
i	i-bu	母	ti-ba	到着する	sa-pi	牛
u	u-lang	繰り返す	gu-la	砂糖	ba-tu	石
é	é-nak	おいしい	sé-hat	健康な	ku-é	菓子
e	e-mas	金	be-ras	米	ti-pe	型
o	o-rang	人	to-long	助ける	to-ko	店

5 二重母音 003

二重母音は **ai** [ay], **au** [aw], **oi** [oy] の3つです。1つの母音ですので1つめの音から2つめの音に移る時はスムーズに音を切らずに発音します。日常会話では **ai** [ay] は [é], **au** [aw] は [o] と発音することもあります。

ai	**ba-gai-ma-na** どんな	**pan-dai** 上手な	**ca-pai** 疲れた
	[ba-gay-ma-na, ba-gé-ma-na]	[pan-day, pan-dé]	[ca-pay, ca-pé]
au	**sau-da-ra** 兄弟	**ka-lau** もし～ならば	**ker-bau** 水牛
	[saw-da-ra, so-da-ra]	[ka-law, ka-lo]	[ker-baw, ker-bo]
oi	**toi-lét** トイレ	**am-boi** へえ！	**se-poi** そよそよ吹く
	[toy-lét]	[am-boy]	[se-poy]

注）母音の連続

音節が2つの単語は母音が連続していても二重母音ではありません。2つの母音の連続は, 母音と母音の間を軽く区切って発音します。

a-i	ca-ir	液体	ma-in	遊ぶ
a-u	ha-us	のどが渇いた	ma-u	ほしい
o-i	ko-il	コイル	po-in	点, ポイント

⑥ 子音

インドネシア語の子音は 21 個で，二重子音は 4 つです。似ている子音の発音の違いを語頭，語中，語末で比較しながら説明します。

① p, b　🎵 004

p は「パ行」，b は「バ行」の子音です。閉じている唇を開いた時に一気に息を出します。語末の p や b は，直前で発音を止め，余韻だけ残し，p や b は発音しません。

p	☐ po-la　パターン	☐ ka-pal　船	☐ a-tap　屋根
b	☐ bo-la　ボール	☐ ka-bar　便り	☐ a-dab　礼儀

② t, d　🎵 005

t は「タ行」，d は「ダ行」の子音です。舌先を上の歯ぐきに押しあて，舌先を歯ぐきからはずすと同時に一気に息を出します。語末の t や d は，直前で発音を止めて余韻だけ残して t や d は発音しません。

t	☐ ta-ri　踊り	☐ tu-tup　閉まる	☐ ba-bat　伐採する
d	☐ da-ri　〜から	☐ du-duk　座る	☐ ba-bad　歴史物語

③ k, g　🎵 006

k は「カ行」，g は「ガ行」の子音です。奥舌面を上あごの奥の柔らかい部分にあて，舌を上あごの奥からはずすと同時に一気に息を出します。音節末と語末の g や k は，直前で発音を止め，余韻だけ残して g や k は発音しません。

k	☐ ka-ya　金持ちの	☐ a-kar　根
	☐ pak-sa　強制的な	☐ bu-buk　粉
g	☐ ga-ya　様式	☐ a-gar　〜するように
	☐ mag-ma　マグマ	☐ gu-deg　グドゥッ《料理名》

④ kh　🎵 007

kh は k よりものどの奥から強く息を「ハッ」と吐きながら「カ行」を発音するため，「ハ行」と「カ行」の中間音になります。

kh	☐ khas　独自の	☐ a-khir　終わり	☐ ta-rikh　暦

⑤ c, j 🎵 **008**

 cは「チャ行」，jは「ジャ行」の子音です。唇を丸くとがらせ，舌先を上の歯ぐきの後ろにあてて息の流れを一旦止め，舌先を離すと同時に舌と歯ぐきの後ろの部分との隙間から息をこすらせるように押し出します。語末のjはiの発音になります。

c	□ **ca-ri** 探す	□ **lu-cu** 面白い	
j	□ **ja-ri** 指	□ **ma-ju** 進む	□ **ba-jaj** [ba-jai] 三輪自動車

⑥ f, v 🎵 **009**

 fもvも「ファ行」の子音です。下唇に上の歯を軽くあて，そのすき間から息をこすらせるように押し出します。

f	□ **fa-jar** 夜明け	□ **mu-na-fik** 偽善の	□ **ak-tif** 活発な
v	□ **vi-déo** ビデオ	□ **uni-ver-si-tas** 大学	
	[fi-déo]	[uni-fer-si-tas]	

⑦ s, z, sy 🎵 **010**

 sは「サ行」，zは「ザ行」，syは「シャ行」の子音です。
 sとzは，舌先を上の歯ぐきに触れない程度に近づけ，前舌の表面と歯ぐきの裏とのすきまから息を押し出します。
 syは唇を丸くとがらせ，前舌を歯ぐきの後ろの部分に触れない程度に近づけ，そのすきまから息を押し出します。

s	□ **sa-ya** 私	□ **ma-sa** 時代	□ **pa-nas** 暑い
z	□ **zat** 要素	□ **i-zin** 許可	□ **jaz** ジャズ
sy	□ **syu-kur** 神への感謝	□ **i-sya-rat** 合図	

⑧ m, n, ng, ny 🎵 **011**

 mは「マ行」，nは「ナ行」，ngは「（ン）ガ行」，nyは「ニャ行」の子音ですが，いずれも鼻から声を出すつもりで発音します。
 mは唇を閉じてから発音しますが，特に語末のmは唇をしっかり閉じてください。
 nはt, dと同様に舌先を上の歯ぐきにしっかり押し当て，ngはk, gと同様に後舌を軟口蓋にしっかりつけて発音します。ngは，後ろに母音を伴うと鼻濁音の「（ン）ガ行」の子音になり，ngの後ろに母音がなければ鼻音の「ン（グ）」になります。

m	☐ ma-hal	（値段が）高い	☐ tem-pat	場所	☐ pa-dam	消える
n	☐ na-kal	いたずらな	☐ ten-tu	確かな	☐ ma-kan	食べる
ng	☐ nga-rai	渓谷	☐ tung-gu	待つ	☐ ma-lang	不幸な
ny	☐ nya-la	燃える	☐ ta-nya	尋ねる		

【注】de-ngan「〜と共に」を den-gan, deng-an と音節を区切るのは誤りです。

⑨ l, r 🎵 012

　l は舌先を上の歯ぐきにしっかりと押しあて，そのまま息を舌の両側から出して発音します。日本語の「ラ行」の子音は，舌先のあたる位置が歯ぐきより後ろで舌をはじきますが，l は舌先をはじかせないでゆっくり歯ぐきから離してください。

　r は唇を軽く丸めて舌先を口内のどの部分にも触れないようにして巻き舌にします。

l	☐ la-yu	しおれた	☐ ke-las	クラス	☐ pa-sal	章, 条
r	☐ ra-yu	口説く	☐ ke-ras	硬い	☐ pa-sar	市場

⑩ h 🎵 013

　h は「ハ行」の子音です。

　語頭の h は明確に発音されるものと，音が弱くなったり発音されないものがあります。

　語中の h は前後を同じ母音にはさまれた場合は明確に発音しますが，異なる母音にはさまれた場合は弱くなったり発音されないことがあります。

　音節末と語末の h は「ハッ」と軽く息を吐く息の音です。

　ta-hu は［ta-hu］「豆腐」，［ta-u］「知る」で，発音により意味が変わります。

h	☐ ha-ti [ha-ti]	心	☐ mo-hon [mo-hon]	願う	☐ ka-lah [ka-la(h)]	負ける
	☐ hi-dup [hi-dup]	生きる	☐ lé-hér [lé-hér]	首	☐ mu-rah [mu-ra(h)]	安い
	☐ hu-tan [(h)u-tan]	森	☐ li-hat [li-(h)at]	見る	☐ sa-lah [sa-la(h)]	間違いの
	☐ ha-bis [(h)a-bis]	使い果たす	☐ ja-hit [ja-(h)it]	縫う	☐ le-lah [le-la(h)]	疲労した
			☐ bah-kan [ba(h)-kan]	それどころか		

⑪ w 🎵 **014**

wは「ワ行」の子音です。唇に力を入れてしっかり丸め，そこから力を抜いた時の音です。日本語の「ワ」よりも唇を丸めてください。

w	□ wa-jah　顔	□ ka-wan　友人

⑫ y 🎵 **015**

yは「ヤ行」の子音。舌先を下の前歯に軽くつけ，前舌を上あごの方に持ち上げて発音します。

y	□ ya-tim　孤児	□ ka-ya　金持ちの

⑬ q, x 🎵 **016**

qとxはほとんど出てきません。qはkの発音と同じで「カ行」の子音です。xはsの発音と同じで「サ行」の子音です。

q	□ Qur-an［kur-an］　コーラン
x	□ xé-non［sé-non］　キセノン（希ガス元素）

⑦ アクセント

🎵 **017**

インドネシア語はアクセントの位置によって単語の意味が変わることがないので，それほど気にする必要はありません。しかし，次のアクセントの規則に基づいて発音すると，正しくきれいに発音することができます。

1）単語の最後から2番目の音節にアクセントを置きます。

□ sa-ya　私	□ be-ker-ja　働く	□ a-su-ran-si　保険
□ o-rang　人	□ ma-ha-sis-wa　大学生	□ per-u-sa-ha-an　会社
□ me-ré-ka　彼ら	□ In-do-né-sia　インドネシア	

2）2音節の単語で最初の音節に「エ」の口で「ウ」とあいまいに弱く発音するeがある場合は，2番目の音節にアクセントを置きます。

□ be-sar　大きい	□ tem-pat　場所	□ Je-pang　日本

⑧ イントネーション

平叙文は文末を下げ，疑問文は文末を上げます。

1）平叙文

| □ Saya orang Jepang. ↘ | 私は日本人です。 |
| □ Saya bekerja di perusahaan asuransi. ↘ | 私は保険会社で働いています。 |

2）疑問文

| □ Mereka orang Indonesia? ↗ | 彼らはインドネシア人ですか？ |
| □ Dia mahasiswa? ↗ | 彼は大学生ですか？ |

都市部で日曜日の朝に開催される Car Free Day「カーフリーデー」。
対象の幹線道路では，散策，ジョギング，サイクリングなど歩行者天国
を満喫する市民であふれています。

● 会話　Percakapan　　　　　　　　　　　　　　　🔊 019

SALAM

Bapak Dewa	:	Selamat siang, Bu Yui. Selamat datang di Indonesia.
Ibu Yui	:	Wah, sudah lama tidak berjumpa. Apa kabar?
Bapak Dewa	:	Baik-baik saja. Terima kasih.
Ibu Yui	:	Kenalkan. Ini suami saya, Kaito. Itu anak kami, Nao dan Aoi.
Bapak Dewa	:	Kenalkan. Nama saya Dewa. Dulu saya teman kuliah Ibu Yui di Jakarta. Senang berjumpa dengan Anda sekalian.
Bapak Kaito	:	Kami juga senang bertemu dengan Bapak.
Bapak Dewa	:	Barang-barang ini punya keluarga Ibu?
Ibu Yui	:	Ya, betul. Ini barang-barang kami.
Bapak Dewa	:	Itu mobil saya. Ayo, kita pergi bersama.

□ salam	平穏，あいさつ	□ dan	～と，そして
□ Bapak / Pak	～さん《男性》	□ nama	名前
□ Selamat siang.	こんにちは。	□ dulu	以前
□ Ibu / Bu	～さん《女性》	□ teman kuliah	大学の友だち
□ Selamat datang.	ようこそ。	□ senang	楽しい，うれしい
□ di	～に，～で	□ berjumpa <jumpa>	会う
□ wah	わあ	□ dengan	～と
□ Sudah lama tidak berjumpa.	おひさしぶりです。	□ Anda sekalian <kali>	あなた方，皆様
		□ juga	～も
□ Apa kabar?	お元気ですか？	□ bertemu <temu>	会う
□ Baik-baik saja.	元気です。	□ barang-barang <barang>	荷物，品物
□ Terima kasih.	ありがとう。	□ punya	所有物，持ち物
□ Kenalkan. <kenal>	紹介します。／ はじめまして。《自己紹介の場合》	□ keluarga	家族
		□ Ya, betul.	はい，そうです。
		□ mobil	車
□ ini	これ	□ ayo	さあ
□ suami	夫	□ kita	私たち《話し相手を含める》
□ saya	私		
□ itu	それ，あれ	□ pergi	行く
□ anak	子供	□ bersama <sama>	一緒に
□ kami	私たち《話し相手を含めない》		

< >は語幹

● 日本語訳　Terjemahan

あいさつ

デワさん：こんにちは，結衣さん。ようこそインドネシアにいらっしゃいました。

結衣さん：わあ，おひさしぶりです。お元気ですか？

デワさん：おかげさまで元気です。ありがとうございます。

結衣さん：紹介します。こちらは私の夫の快斗です。そちらは私たちの子供で奈央と葵です。

デワさん：はじめまして。私の名前はデワです。以前，ジャカルタで私は結衣さんとは大学の友人でした。あなた方にお会いできてうれしいです。

快斗さん：私たちもあなたにお会いできてうれしいです。

デワさん：こちらの荷物は結衣さんご家族のものですか？

結衣さん：はい，そうです。こちらは私たちの荷物です。

デワさん：あれは私の車です。さあ，一緒に行きましょう。

BAPAK DEWA SEKELUARGA

Nama beliau Bapak Dewa Pandu. Bapak Dewa orang Jawa dan karyawan perusahaan manufaktur di Jakarta. Istri Bapak Dewa, Ibu Sonia, orang Sunda asal Bandung. Beliau ibu rumah tangga. Anak mereka Rudi dan Tina. Mereka mahasiswa Universitas Indonesia. Rudi jurusan politik dan Tina jurusan sastra Jepang. Rumah keluarga Bapak Dewa di Kuningan, Jakarta.

Abang Bapak Dewa pegawai negeri di Kementerian Luar Negeri, namanya Bapak Raka. Adik perempuan Bapak Dewa, Ibu Rini, dosen bahasa Indonesia di Universitas Padjadjaran. Kampusnya di Bandung.

□ sekeluarga \<keluarga\>	一家	□ politik	政治
□ beliau	あの方	□ sastra	文学
□ orang	人，〜人	□ Jepang	日本
□ karyawan	会社員	□ rumah	家
□ perusahaan manufaktur \<usaha\>	製造会社	□ abang	兄
		□ pegawai negeri	公務員
□ istri	妻	□ Kementerian Luar Negeri \<menteri\>	外務省
□ asal	出身，起源		
□ ibu rumah tangga	主婦	□ namanya \<nama\>	彼の名前
□ mereka	彼ら	□ adik perempuan	妹
□ mahasiswa	大学生	□ dosen	大学講師
□ universitas	大学	□ bahasa	言語，〜語
□ jurusan \<jurus\>	専攻，学科	□ kampusnya \<kampus\>	キャンパス

● 日本語訳　Terjemahan

デワさん一家

　あの方の名前はデワ・パンドゥさんです。デワさんはジャワ人で，ジャカルタのメーカーの社員です。デワさんの妻のソニアさんはスンダ人でバンドン出身です。その方は主婦です。彼らの子供はルディとティナです。彼らはインドネシア大学の学生です。ルディは政治学科で，ティナは日本文学科です。デワさん家族の家はジャカルタのクニンガンにあります。

　デワさんの兄は外務省の職員で，名前はラカさんです。デワさんの妹のリニさんは，パジャジャラン大学のインドネシア語講師です。キャンパスはバンドンにあります。

1 人称代名詞

1）一人称（単数，複数）

MP3 023

相手によって使い分けますが，まずは一般的な太字のものを覚えてください。

☐	**saya**	私	➤ 最もよく使われます。
☐	aku	僕，私	➤ 家族や親しい人に使うくだけた言い方です。
☐	gua / gue	俺，あたし	➤ やや乱暴な言い方です《ジャカルタ弁》。
☐	**kita**	私たち	➤ 話し相手を含めます。
☐	**kami**	私たち	➤ 話し相手を含めません。

☐ A: **Saya** orang Jepang.　　私は日本人です。
　 B: **Kami** orang Indonesia.　私たちはインドネシア人です。
　 A: **Kita** bangsa Asia.　　　私たちはアジアの民族です。

2）二人称（単数，複数）

MP3 024

二人称は，相手の性別，年齢，身分によって使い分けましょう。

☐	**Anda**　　あなた	**Anda sekalian**　　あなた方

➤ 年齢，性別，身分を問わずに使われますが，フォーマルでやや親しみに欠けます。最初の文字は大文字です。

☐	**Bapak / Pak**　あなた《目上の男性》	**Bapak-bapak**　　あなた方《男性》
☐	**Ibu / Bu**　あなた《目上の女性》	**Ibu-ibu**　　あなた方《女性》

➤ Bapak は「父」，Ibu は「母」の意味で，目上の男性と目上の女性に使う尊敬と親しみ込めた言い方です。Pak, Bu は省略形で，Selamat pagi, Pak.「こんにちは」，Terima kasih, Bu.「ありがとうございます」など文末に付けると丁寧な表現になります。

☐	kamu, engkau / kau　君	kalian, kamu sekalian　君たち
	lu / elu　おまえ，あんた《gua の対語》	lu pada　おまえたち，あんたたち

➤ 家族や親しい人に使うくだけた言い方です。最初の文字は小文字です。

☐	Saudara　　君	Saudara-saudara　　君たち
☐	Saudari　　君《女性》	Saudara-saudari　　君たち

➤ saudara は「兄弟」の意味で，目下や親しい人に使います。Saudari は女性のみ。

☐	Tuan	ご主人様，だんな様	Tuan-tuan	ご主人様方
☐	Nyonya / Nya	奥様	Nyonya-nyonya	奥様方
☐	Nona / Non	お嬢様	Nona-nona	お嬢様方

➤ 最近はあまり使われませんが，使用人が雇い主に使うフォーマルな言い方。

【注1】二人称単数のうち Bapak, Ibu, Saudara, Saudari は後ろに固有代名詞を伴うと「～さん」
などの敬称になります。

☐	**Bapak** Imam	イマムさん（氏，先生）
☐	**Ibu** Sonia	ソニアさん（夫人，先生）
☐	**Saudara** Roni	ロニさん
☐	**Saudari** Sinta	シンタさん

【注2】親族関連の単語には次のようなものがあり，親族や親族以外の二人称への呼びかけの言
葉として用いられるほかに，一人称として自分自身を「お父さんは」「お母さんは」など
と言うときにも使います。Mas, Mbakyu / Mbak はジャワ語でジャワ人に使います。

☐	Bapak / Pak, Papa, Papi	お父さん
☐	Ibu / Bu, Mama, Mami, Bunda	お母さん
☐	Abang / Bang / Bung, Mas	お兄さん，兄貴
☐	Kakak / Kak, Mbakyu / Mbak	お姉さん，姉貴
☐	Adik / Dik	《弟妹など目下に対する呼称》
☐	Paman / Man, Om	おじさん
☐	Bibi / Bi, Tante	おばさん
☐	Kakek / Kek, Opa	おじいさん
☐	Nenek / Nek, Oma	おばあさん

3) 三人称 （単数，複数）

🎵 025
MP3

☐	**dia / ia**	彼，彼女	➤ dia と ia には男女の区別はありません。
☐	**beliau**	あの方	➤ 尊敬を込めた丁寧な言い方です。
☐	**mereka**	彼ら，彼女ら，あの方々	➤ 年齢，性別，身分を問わず使います。

【注】dia は主格，所有格，目的格にも使われますが，ia は主格にのみ使われます。
　　○ Dia/Ia sopir.　　　　　　　　　　彼は運転手です。《主格＝主語》
　　○ Ini anak dia.　　× Ini anak ia.　　こちらは彼の子供です。《所有格》
　　○ Saya kenal dia.　× Saya kenal ia.　私は彼と面識があります。《目的格＝目的語》

② 基本文型

MP3 026

　基本文型は「**主語**＋**述語**」で，会話では主語が省略されることもあります。目的語は動詞の後に置き，文頭は大文字で，平叙文の文末には．（titik）を付けます。述語が名詞の場合，英語の be 動詞に相当する adalah「～です」を用いることもあります。

主語 ＋ 述語（名詞，形容詞，動詞＋目的語）		

☐	**名詞**	Saya (adalah) dokter. 私 ＋ 医師	私は医師です。
☐	**形容詞**	Dia ramah. 彼 ＋ 親切な	彼は親切です。
☐	**動詞＋目的語**	Kami makan nasi. 私たち ＋ 食べる ＋ ご飯	私たちはご飯を食べます。

③ 修飾語

MP3 027

1）修飾語は名詞の後に置き，修飾語の語順は日本語と全く逆になります。

名詞 ＋ 修飾語（＋ 修飾語）	

☐	teman saya 友だち ＋ 私	私の友だち
☐	buku baru 本 ＋ 新しい	新しい本
☐	cara belajar 方法 ＋ 勉強する	勉強する方法
☐	guru bahasa Indonesia 先生 ＋ 言語 ＋ インドネシア	インドネシア語の先生
☐	restoran masakan Jepang レストラン ＋ 料理 ＋ 日本	日本料理レストラン

2) 数字や数量に関する語は，名詞の前に置きます。

> 数詞（数量に関する語）＋ 名詞

☐	tiga tahun 3 ＋ 年	3年

☐	banyak orang 多い ＋ 人	多くの人

3) 一部の単語は名詞と修飾語の位置が変わると意味が異なります。

☐	air mata 水 ＋ 目	涙

⇔

☐	mata air 目 ＋ 水	泉

☐	jari ibu 指 ＋ 母	母の指

⇔

☐	ibu jari 母 ＋ 指	親指

④ 指示代名詞 ini と itu

🎵 MP3 028

1) 近いものは ini「これ」，遠いものは itu「それ，あれ」で表します。

☐	**ini**	これ
☐	**itu**	それ，あれ

☐ Ini rumah saya. これは私の家です。
☐ Itu Mas Anto. そちらはアント兄さんです。
☐ Itu Tante Wati. あちらはワティおばさんです。

2) 指示代名詞が修飾語の場合は，ini「この」，itu「その，あの」になります。

☐ rumah ini この家
☐ tas itu そのかばん／あのかばん
☐ nama orang itu その人の名前／あの人の名前

5 所有格「〜の」と所有代名詞「〜のもの」 ♪ 029

所有格と所有代名詞のうち aku「僕，私」，kamu「君」，dia「彼，彼女」は，そのままの形で使うほか，-ku, -mu, -nya に形を変えて名詞に接尾辞化することがあります。ただし，engkau「君」の省略形 kau は接尾辞化せずに，engkau と同様に 1 スペース空けて書きます。kepunyaan は口語では punya をよく使います。

☐	Ini bukuku.	これは僕の本です。
☐	Buku ini milikku./ kepunyaanku.	この本は僕のものです。
☐	Buku ini punyaku.《口語》	この本は僕のです。
☐	Itu kamusmu. / kamus kau.	それは君の辞書です。
☐	Kamus itu milikmu. / kepunyaanmu.	その辞書は君のものです。
☐	Kamus itu milik kau. / kepunyaan kau.	その辞書は君のものです。
☐	Kamus itu punyamu. / punya kau.《口語》	その辞書は君のです。
☐	Itu sepedanya.	あれは彼の自転車です。
☐	Sepeda itu miliknya./kepunyaannya.	あの自転車は彼のものです。
☐	Sepeda itu punyanya.《口語》	あの自転車は彼のです。

6 方向を示す前置詞 di, ke, dari ♪ 030

di, ke, dari があれば，ada「ある，いる」，pergi「行く」，datang「来る」などの動詞は省略できます。

di	〜に，〜で	ke	〜へ	dari	〜から

☐ Kami (ada) di Jakarta.　　私たちはジャカルタにいます。
☐ Mereka (pergi) ke Bandung.　彼らはバンドンへ行きます。
☐ Beliau (datang) dari Osaka.　あの方は大阪から来ました。

7 日常のあいさつ ♪ 031

selamat は「平安な」の意味で，各時間帯の別れ際には「さようなら」としても使います。親しい人には selamat を省略して "Pagi."「おはよう」などとも言います。

Selamat petang. は主にテレビのアナウンサーが使用し，日常では使いません。
Assalamualaikum. はイスラム教徒のあいさつで Waalaikum salam. はその返答です。
Salam sejahtera はキリスト教徒のあいさつです。

☐	**Selamat pagi.**	おはようございます。(〜 10:00)
☐	**Selamat siang.**	こんにちは。(10:00 〜 15:00)
☐	**Selamat sore.**	こんにちは。(15:00 〜日没)
☐	**Selamat petang.**	こんにちは。(15:00 〜日没)
☐	**Selamat malam.**	こんばんは。(日没〜　　)
☐	**Salam sejahtera.**	あなたに平安がありますように。
☐	**Assalamualaikum.**	あなたに平安がありますように。
☐	**Waalaikum salam.**	あなたにも平安がありますように。

 送迎，別れのあいさつ

Selamat jalan. と Selamat tinggal. は，旅行に出かける人を見送る時など長期間の別れのあいさつです。仕事や学校に行く人を見送る際には使われません。

☐	**Selamat datang.**	ようこそいらっしゃいました。
☐	**Selamat tidur.**	おやすみなさい。《就寝時》
☐	**Selamat akhir pekan.**	よい週末を。
☐	**Selamat jalan.**	さようなら。／行ってらっしゃい。《旅立つ人に》
☐	**Selamat tinggal.**	さようなら。／行ってきます。《見送る人に》

 お祝いのあいさつ

Selamat. は「おめでとう」の意味もあり，お祝いのあいさつとしても使われます。

☐	**Selamat tahun baru.**	新年おめでとう。
☐	**Selamat Idulfitri.**	断食明けおめでとう。
☐	**Selamat Natal.**	メリークリスマス。
☐	**Selamat ulang tahun.**	お誕生日おめでとう。
☐	**Selamat menempuh hidup baru.**	ご結婚おめでとう。

⑩ 知り合いへのあいさつ 034

お昼時の「ご飯食べた？」「どこへ行くの？」は社交辞令のあいさつなので，Sudah.「食べた」，Ke sana.「あちらへ」などと適当に答えても構いません。

丁寧	☐	Apa kabar?	お元気ですか？
	☐	Bagaimana kabarnya/keadaannya?	ごきげんいかがですか？
	☐	Sudah lama tidak bertemu/berjumpa.	おひさしぶりです。
	☐	Baik-baik saja. / Sehat-sehat saja.	おかげさまで元気です。
	☐	Tidak enak badan.	体調がよくありません。
日常	☐	Halo.	やあ，こんにちは。
	☐	Sudah makan? — Sudah. / Belum.	もうご飯食べた？ —食べたよ。／まだだよ。
	☐	Mau ke mana? — Jalan-jalan saja.	どこへ行くの？ —ちょっと散歩に。

⑪ 別れとおいとまのあいさつ 035

Dadah. / Dah. は若者や子供に使います。「お先に」の返事は Silakan.「どうぞ」。

丁寧	☐	Sampai bertemu/berjumpa lagi.	またお会いしましょう。
	☐	Sampai besok.	また明日。
	☐	Saya permisi dulu.	お先に失礼します。
	☐	Saya pamit dulu.	お先に失礼します。
日常	☐	Sampai ketemu/jumpa lagi.	また会いましょう。
	☐	Mari.	じゃあ，また。
	☐	Dadah. / Dah.	バイバイ。
	☐	Saya duluan, ya!	お先に！

⑫ お礼とおわび

🎵 **036**

Tidak apa-apa. はおわびのみならず，Tidak apa-apa?「大丈夫ですか？」など相手の気づかいに対する返答にも使います。

丁寧	☐	Terima kasih.	ありがとう。
	☐	Terima kasih banyak/sekali.	どうもありがとう。
	☐	Terima kasih kembali.	どういたしまして。
日常	☐	Makasih. / Trims.	ありがとう。
	☐	Sama-sama. / Kembali.	こちらこそ。

丁寧	☐	Mohon maaf. / Minta maaf.	申し訳ありません。
	☐	Maaf.	ごめんなさい。
	☐	Tidak apa-apa.	大丈夫です。／何でもありません。
日常	☐	Sori.	ごめん。

第2課 練習問題

1 次の会話文で，最も適当なものを a ～ d の中から選びましょう。

1) Bagaimana kabarnya?
   a. Sehat-sehat saja.
   b. Sudah makan.
   c. Selamat siang.
   d. Jalan-jalan saja.

2) Selamat datang di Jakarta.
   a. Selamat datang.
   b. Terima kasih.
   c. Selamat malam.
   d. Tidak apa-apa.

3) Selamat jalan.
   a. Selamat tidur.
   b. Selamat pagi.
   c. Selamat jalan.
   d. Selamat tinggal.

4) Sudah makan?
   a. Mari.
   b. Tidak enak badan.
   c. Belum.
   d. Baik-baik saja.

5) Terima kasih banyak.
   a. Kembali.
   b. Maaf.
   c. Sudah.
   d. Dadah.

1)	2)	3)	4)	5)

第2課　人称代名詞，基本文型，修飾語，指示代名詞，所有格と所有代名詞，あいさつほか　　*23*

2 次の会話文を日本語に訳しましょう。

1) A: Ibu orang Jepang? （　　　　　　　　　　　　　　）
   B: Ya, saya orang Jepang. （　　　　　　　　　　　　　　）

2) A: Saya duluan, ya! （　　　　　　　　　　　　　　）
   B: Silakan. Sampai jumpa lagi. （　　　　　　　　　　　　　　）

3) A: Mau ke mana? （　　　　　　　　　　　　　　）
   B: Ke sana. （　　　　　　　　　　　　　　）

4) A: Mohon maaf. （　　　　　　　　　　　　　　）
   B: Tidak apa-apa. （　　　　　　　　　　　　　　）

5) A: Bagaimana keadaannya? （　　　　　　　　　　　　　　）
   B: Saya tidak enak badan. （　　　　　　　　　　　　　　）

3 次の文を日本語に訳しましょう。

1) Selamat datang di Jakarta.
   → （　　　　　　　　　　　　　　　　　　　　　）

2) Saya senang bertemu dengan Ibu.
   → （　　　　　　　　　　　　　　　　　　　　　）

3) Itu restoran masakan Indonesia.
   → （　　　　　　　　　　　　　　　　　　　　　）

4) Ini kakak saya Rudi. Itu ibu saya Sonia.
   → （　　　　　　　　　　　　　　　　　　　　　）

5) Tas itu kepunyaan Ibu Tina.
   → （　　　　　　　　　　　　　　　　　　　　　）

6) Bapak Ali datang dari Surabaya.
   → （　　　　　　　　　　　　　　　　　　　　　）

7) Bapak Budi sopir dan adik laki-lakinya dokter.
   → （　　　　　　　　　　　　　　　　　　　　　）

8) Itu sepeda kakak perempuan Aoi.

→ (   )

9) Mereka pergi ke universitas.

→ (   )

10) Selamat menempuh hidup baru.

→ (   )

4 次の文をインドネシア語に訳しましょう。

1) すみません，それは私の辞書です。

→ (   )

2) エカ氏は日本で働いています。

→ (   )

3) この家は僕の叔父さんのものです。

→ (   )

4) 彼のおばあさんはインドネシア語の先生です。

→ (   )

5) こんばんは。おひさしぶりです。

→ (   )

6) 日本にようこそいらっしゃいました。

→ (   )

7) 彼女の名前は阿部結衣です。

→ (   )

8) その本は君のものです。

→ (   )

9) お誕生日おめでとうございます。

→ (   )

10) またお会いしましょう。よい週末を。

→ (   )

▶解答　p. 266

この課の学習内容

第**3**課
Pelajaran 3

数詞（基数）／小数／通貨／分数／年／序数／回数／頻度／
不特定の数量を表す語／助数詞／疑問詞／方法を示す begini
「このように」begitu「そのように」

● 会話 Percakapan 037

PERKENALAN

Bapak Dewa	:	Di Jepang sekarang Ibu Yui tinggal di mana?
Ibu Yui	:	Saya tinggal di Tokyo.
Bapak Dewa	:	Kota Tokyo bagus, ya? Suami Ibu juga asal Tokyo?
Ibu Yui	:	Bukan, dia berasal dari Osaka.
Bapak Dewa	:	Beliau bekerja di mana?
Ibu Yui	:	Dia bekerja di perusahaan dagang cabang Jakarta.
Bapak Dewa	:	Kapan keluarga Ibu datang di rumah saya?
Ibu Yui	:	Terima kasih. Kapan saja. Nomor HP Bapak berapa?
Bapak Dewa	:	Nomor HP saya 09087654321.

□ perkenalan \<kenal\>	出会い，紹介
□ sekarang	今，現在
□ tinggal	住む
□ mana	どこ
□ kota	市
□ bagus	すばらしい
□ ～, ya	～ね
□ bukan	ちがいます
□ dia	彼，彼女
□ berasal \<asal\>	～出身である
□ dari	～から

□ bekerja \<kerja\>	働く，仕事をする
□ perusahaan dagang \<usaha\>	商社
□ cabang	支店，支部
□ kapan	いつ
□ datang	来る
□ kapan saja	いつでも
□ nomor	番号
□ HP (=*hand phone*)	携帯電話
□ berapa	いくら，いくつ

● 日本語訳 Terjemahan

出会い

デワさん： 日本では，今，結衣さんはどちらにお住まいですか？

結衣さん： 私は東京に住んでいます。

デワさん： 東京都はすばらしいですね。ご主人も東京出身ですか？

結衣さん： いいえ，（彼は）大阪出身です。

デワさん： ご主人（彼）はどちらにお勤めですか？

結衣さん： 商社のジャカルタ支店に勤めています。

デワさん： いつあなたのご家族は私の家にいらっしゃいますか？

結衣さん： ありがとうございます。いつでもかまいません。あなたの携帯番号は何番ですか？

デワさん： 私の携帯番号は 090-8765-4321 です。

PERKENALAN DIRI

Selamat pagi. Saya Yui Abe. Saya orang Jepang berasal dari Tokyo, sekarang tinggal di wilayah Kelapa Gading. Suami saya, Kaito, bekerja di perusahaan dagang. Anak saya tiga orang, seorang laki-laki dan dua orang perempuan. Anak laki-laki saya, Kenta, kuliah di jurusan teknik, Universitas Nanto. Anak perempuan saya, Nao, siswa kelas satu SMA, dan Aoi, murid kelas enam SD. Kenta bekerja paruh waktu sebagai guru privat matematika. Sekarang dia tinggal di Tokyo. Hobi saya menonton konser musik dan bermain golf. Saya senang sekali dapat bertemu dengan Bapak-bapak dan Ibu-ibu semua.

☐ perkenalan diri \<kenal\>	自己紹介	☐ SD (= sekolah dasar)	小学校
☐ Selamat pagi.	おはようございます。	☐ enam	6
☐ wilayah	地区	☐ bekerja paruh waktu \<kerja\>	アルバイトする
☐ tiga	3		
☐ seorang \<orang\>	1人	☐ sebagai \<bagai\>	～にとして
☐ laki-laki \<laki\>	男	☐ guru privat	家庭教師
☐ dua	2	☐ matematika	数学
☐ perempuan	女	☐ hobi	趣味
☐ kuliah	大学の講義，大学で学ぶ	☐ menonton \<tonton\>	観る
		☐ konser musik	音楽コンサート
☐ teknik	工学，技術	☐ bermain golf \<main\>	ゴルフをする
☐ siswa / murid	（小中高の）生徒	☐ sekali	とても
☐ kelas	クラス，教室	☐ dapat	できる
☐ satu	1	☐ Bapak-bapak \<bapak\>	皆様《男性》
☐ SMA (= sekolah menengah atas)	高等学校	☐ Ibu-ibu \<ibu\>	皆様《女性》
		☐ semua	全ての

● 日本語訳　Terjemahan

自己紹介

　おはようございます。私は阿部結衣です。東京出身の日本人で，現在，クラパ・ガディン地区に住んでいます。私の夫，快斗は商社で働いています。子供は3人で，息子1人と娘2人です。息子の健太は南東大学の学生で工学専攻です。娘の奈央は高校1年生で，葵は小学校6年生です。健太は数学の家庭教師のアルバイトをしています。現在，彼は東京に住んでいます。私の趣味はライブ鑑賞とゴルフをすることです。皆様にお会いできてとてもうれしいです。

1 数詞（基数）

☐	0	nol/kosong	☐	61	enam puluh satu
☐	1	satu	☐	79	tujuh puluh sembilan
☐	2	dua	☐	100	seratus
☐	3	tiga	☐	108	seratus delapan
☐	4	empat	☐	115	seratus lima belas
☐	5	lima	☐	190	seratus sembilan puluh
☐	6	enam	☐	200	dua ratus
☐	7	tujuh	☐	326	tiga ratus dua puluh enam
☐	8	delapan	☐	555	lima ratus lima puluh lima
☐	9	sembilan	☐	1.000	seribu
☐	10	sepuluh	☐	1.104	seribu seratus empat
☐	11	sebelas	☐	1万 = 10.000	sepuluh ribu
☐	12	dua belas	☐	10万 = 100.000	seratus ribu
☐	13	tiga belas	☐	100万 = 1.000.000	sejuta, satu juta
☐	20	dua puluh	☐	10億 = 1.000.000.000	semiliar, satu miliar
☐	30	tiga puluh	☐	1兆 = 1.000.000.000.000	setriliun, satu triliun

1) 0〜10

0 は 2 種類あり，nol は数字一般，kosong は主に電話番号に使います。

2) 10, 100, 1000, 100万, 10億, 1兆

各単位の前に数字を入れますが，satu「1」のみ接頭辞 se- を用います。ただし，100 万以上の大きな数字には，接頭辞 se- ではなく satu を用いることもあります。

3) 11〜19

「十一」「十二」の「十」に当たるのは belas です。「十いくつ」は各数字の後に belas を付けますが，11 のみ satu の代わりに接頭辞 se- を用います。

4) 1000 以上のケタの大きな数字

英語と同様に 3 ケタ（百）ごとに区切って読みます。書く時には，3 ケタごとの区切りには．(titik) をつけ，小数点以下の区切りには，(koma) を用います。

285.	716.	429.	036.	005. 85
triliun	miliar	juta	ribu	koma
兆	十億	百万	千	点

Dua ratus delapan puluh lima triliun tujuh ratus enam belas miliar empat ratus dua puluh sembilan juta tiga puluh enam ribu lima koma delapan (puluh) lima.

（285 兆 7164 億 2903 万 6005.85）

 小数

小数点は koma と読み，小数点以下の数字は 1 つずつ読みますが，2 ケタの場合は「何十何」と読むこともあります。

□ 4,3　　　empat koma tiga
□ 0,07　　　nol koma nol tujuh
□ 5,83　　　lima koma delapan (puluh) tiga
□ 24,615　dua puluh empat koma enam satu lima

【注】数字に使用する koma（，）「コンマ」と titik（．）「小数点」の表示はインドネシア語と日本語は逆です。
　　　1,534.03　←日本語
　　　1.254,03　←インドネシア語

 通貨

通貨の単位は数字の前に書きますが，読む時は最後に読みます。

□	rupiah（Rp）	ルピア
□	yen（¥）	円
□	dolar Amerika（US$）	米ドル

□	Rp820.000	delapan ratus dua puluh ribu rupiah
□	US$2.500,00	dua ribu lima ratus dolar Amerika

④ 分数

MP3 044

分子が1のみ1の代わりに接頭辞 se- を用いて，seperdua「2分の1」などのようにひとつづりで書きます。per と分母もひとつづりで書きます。

$$\frac{1}{2}$$ 分子 se
per per
分母 dua

分子＋ **per** ＋分母 → 分数

読み方は **seperdua**

- □ **1/2** seperdua, setengah（半分），separuh（半分）
- □ **1/4** seperempat ✕ se perempat
- □ **2/3** dua pertiga ✕ dua per tiga
- □ **2 3/4** dua, tiga perempat

【注】「半分」には，setengah と separuh がありますが，separuh は名詞と共に用います。
setengah-setengah には「中途半端な」という意味があります。

- □ setengah hari 半日
- □ satu jam setengah 1時間半
- □ setengah matang 半熟，生焼け，生煮え
- □ setengah-setengah 中途半端な
- □ separuh harga 半額
- □ separuh baya 半生 (はんせい)

⑤ 年

MP3 045

年月日は第7課（→ p. 88）で学びます。年は，seribu sembilan ratus delapan puluh lima「1985」など数字をそのまま読むほか，次の読み方もあります。

1)「1010 ～ 1999」の年の読み方は，次の2通りが一般的です。

1. 2ケタずつ区切ります。

□ 19 | 85 sembilan belas delapan puluh lima

2. 最初の2ケタで区切って読み，次の2ケタは1つずつ読みます。

□ 19 | 8 | 5 sembilan belas delapan lima

2)「1101 ～ 1909」の 100 の倍数と 1 ケタは 10 の位に nol「0」を用います。

□ 19 | 0 | 3 sembilan belas nol tiga

⑥ 序数

序数は数字の前に接頭辞 ke- を付けますが,「第 1 番目」のみ pertama とも言います。
《名詞＋序数》は「～番目の」,《序数＋名詞》はグループを表します。

☐	**pertama / kesatu**	最初の, 第 1 番目の	➤ orang pertama	最初の人
☐	**kedua**	第 2 番目の	➤ negara kedua	2 番目の国
		両, 双	➤ kedua negara	両国
☐	**ketiga**	第 3 番目の	➤ anak ketiga	3 番目の子供
		3 つの	➤ ketiga anak	3 人の子供
☐	**terakhir**	最後の	➤ hari terakhir	最終日

⑦ 回数

回数は《序数詞＋kali》と《kali＋序数詞》の両方用いられます。

☐	**pertama kali / kali pertama**	1 度目, 1 回目	**sekali**	1 度, 1 回
☐	**kedua kali / kali kedua**	2 度目, 2 回目	**dua kali**	2 度, 2 回
☐	**ketiga kali / kali ketiga**	3 度目, 3 回目	**tiga kali**	3 度, 3 回
☐	**terakhir kali / kali terakhir**	最後に, 最近に		

☐ Saya pergi ke Pulau Sumatra dua kali.　私はスマトラ島に 2 回行きます。

☐ Pertama kali ke Medan dan kedua kali ke Bukittinggi.
　　　　　　　　　　1 回目はメダン, 2 回目はブキティンギに行きます。

selalu, sering, jarang は動詞の前に置きますが，それ以外の頻度を表す副詞は文頭，文中，文末のどこに置いても構いません。第5課以降で学ぶ動詞や一部の形容詞と共に用います。

☐	**sekali-sekali, sesekali**	たまに
☐	**kadang-kadang, kadang kala**	時々
☐	**beberapa kali**	何度か，何回か
☐ ☐	**berkali-kali, berulang kali, sering kali, banyak kali, acap kali, kerap kali**	何度も，何回も
☐	**sering**	しばしば，たびたび，頻繁に
☐	**selalu**	いつも，常に，しょっちゅう
☐	**jarang**	めったに～ない

☐ Mega kadang-kadang datang, tetapi Rita jarang datang.

メガは時々来ますが，リタはめったに来ません。

9 不特定の数量を表す語

 049

不特定の数量を表す語は，sekalian 以外は名詞の前に置きます。

☐	**banyak**	多くの	➤ banyak wisatawan	多くの観光客
☐	**sedikit**	少しの	➤ sedikit uang	少しのお金
☐	**beberapa**	いくつかの，いく人かの	➤ beberapa anak	何人かの子供
☐	**semua**	全ての，全部の《個々》	➤ semua kamar	全ての部屋
☐	**sekalian**	全ての，全～，みんな《人》	➤ karyawan sekalian	全社員
☐	**segala**	あらゆる，全ての《種々》	➤ segala foto	全ての写真
☐	**seluruh**	全～，全ての《全体》	➤ seluruh Jepang	日本全国
☐	**para**	～方，～たち，諸氏，諸君	➤ para tamu	お客様方
☐	**sebagian**	一部の	➤ sebagian wanita	一部の女性
☐	**sebagian besar**	大部分の，大多数の	➤ sebagian besar wilayah	大部分の地域

助数詞

助数詞は名詞の前後に用いて，satu「1」のみ seorang pria「1 人の男性」，bir sebotol「ビール 1 本」のように助数詞に se- を接頭辞化させることがあります。

☐	orang	人間《人，名》	➤ pemuda 若者，anak 子供，siswa 生徒
☐	ekor	動物，魚《匹，頭》	➤ kucing ネコ，udang エビ，nyamuk 蚊
☐	buah	生物以外《個，台，軒》	➤ meja 机，rumah 家，mobil 車，buku 本
☐	batang	細長いもの《本》	➤ pohon 木，rokok たばこ，pena ペン，万年筆
☐	helai/lembar	薄い，長い《枚，本》	➤ kertas 紙，baju 服，rambut 髪
☐	bilah	薄い，長い《本，枚》	➤ pisau ナイフ，pedang 刀，papan 板
☐	jiwa	人口《人，名》	➤ penduduk 住民，人口
☐	jilid	本，雑誌《冊，巻》	➤ buku 本，kamus 辞書，majalah 雑誌
☐	pasang	組，対《組，足》	➤ sepatu 靴，giwang ピアス，kekasih 恋人
☐	tangkai	花《輪，枝，本》	➤ bunga 花，bunga mawar バラの花
☐	bidang	土地《面，枚，区画》	➤ tanah 土地，sawah 田，ladang 畑
☐	patah	言葉《言》	➤ kata 言葉
☐	butir/biji	小さいもの《個，粒》	➤ telur 卵，beras 米，jeruk 柑橘類
☐	utas	細長いもの《本》	➤ tali ひも，benang 糸，pita テープ，リボン
☐	ikat	束ねたもの《束》	➤ rambutan ランブータン，kangkung 空芯菜
☐	pucuk	尖ったもの《本，通，丁》	➤ jarum 針，surat 手紙，senapan 鉄砲
☐	bentuk	曲線のもの《個》	➤ cincin 指輪，gelang ブレスレット
☐	potong	切ったもの《塊，個》	➤ roti パン，daging 肉，celana ズボン
☐	bungkus	包み《包み，箱》	➤ nasi ご飯，rokok たばこ，kacang 豆
☐	tusuk	串刺し《串，本》	➤ satai ayam 焼き鳥，satai ikan 魚のつくね
☐	porsi	料理《人前，人分》	➤ mi goreng 焼きそば，ayam goreng 鶏の唐揚げ
☐	piring	皿に盛った料理《皿》	➤ nasi goreng チャーハン，gado-gado 温野菜サラダ
☐	mangkok	碗に盛った料理《杯》	➤ bubur 粥，bakso 肉団子，mi kuah 汁そば
☐	gelas	コップの飲み物《杯》	➤ air putih お冷，jus apel リンゴジュース
☐	cangkir	カップの飲み物《杯》	➤ teh お茶，kopi コーヒー，sup スープ
☐	botol	ビン入り《ビン》	➤ anggur ワイン，sambal サンバル
☐	kaleng	缶入り《缶》	➤ bir ビール，soda ソーダ，ikan tuna ツナ
☐	sendok teh	ティースプーン《小さじ》	➤ gula 砂糖，garam 塩，merica コショウ
☐	sendok makan	食事用スプーン《大さじ》	➤ minyak goreng サラダ油，kecap asin 辛口醤油

 疑問詞

疑問詞は文頭や文末に用います。

① apa	何
② siapa	だれ
③ kapan / bila / bilamana	いつ
④ mana	どれ，どの
⑤ yang mana / mana yang	どれ，どの，どちら（の）
⑥ di mana	どこで
⑦ ke mana	どこへ
⑧ dari mana	どこから
⑨ bagaimana	どのように
⑩ berapa	いくつ，いくら
⑪ mengapa / kenapa	なぜ，どうして
→ karena / sebab / lantaran《口語》	→ なぜなら

□ ① Itu apa? / Apa itu?　　　　　　それは何ですか？
　　— Ini manggis.　　　　　　　　— これはマンゴスチンです。
　　Hobi Ibu apa?　　　　　　　　あなたの趣味は何ですか？
　　— Hobi saya bermain gitar.　　　— 私の趣味はギターを弾くことです。

□ ② Siapa nama Anda?　　　　　　あなたの名前は何ですか？
　　— Nama saya Doni.　　　　　　— 私の名前はドニです。

□ ③ Kapan Anda datang?　　　　　いつあなたは来ましたか？
　　— Pagi ini.　　　　　　　　　— 今朝です。

□ ④ Bapak orang mana?　　　　　あなたはどちらの方ですか？
　　— Saya orang Makassar.　　　　— マカッサル人です。

□ ⑤ Yang mana buku bahasa Indonesia?　インドネシア語の本はどれですか？
　　— Buku yang merah itu.　　　　— その赤い本です。
　　Mana yang populer?　　　　　　人気があるのはどれですか？
　　— Yang ini.　　　　　　　　　— これです。

□ ⑥ Bapak bekerja di mana? どちらにお勤めですか？

— Saya berwiraswasta di bidang teknologi informasi.

IT 分野で自営業を営んでいます。

【注】《名詞＋接尾辞 -nya》の -nya は，人称代名詞三人称の所有格（→ p. 20）のほかに，すでに話題に上ったり，その場の状況で明らかな人や物を示すことがあります。

➤ Di mana toiletnya?（トイレはどこですか？）

➤ Toiletnya di situ.（トイレはそこです。）

□ ⑦ Ibu Yani mau ke mana? ヤニさんはどこに行きたいですか？

— Saya mau ke pasar. — 私は市場に行きたいです。

□ ⑧ Pesawat terbang ini dari mana? この飛行機はどこから来ましたか？

— Pesawat terbang ini dari Manado. — この飛行機はマナドから来ました。

□ ⑨ Bagaimana orangnya? 彼はどんな人ですか？

— Orangnya baik hati. — 彼はやさしい人です。

□ ⑩ Berapa harganya? 値段はいくらですか？

— Satu juta rupiah. — 100 万ルピアです。

Berapa orang? 何人ですか？

— Tiga orang. — 3 人です。

Umurnya berapa? ／ Usianya berapa? （彼／あなたは）何歳ですか？

— Umurnya 20 tahun. ／ Usianya 20 tahun. — 20 歳です。

□ ⑪ Mengapa terlambat? なぜ遅刻したのですか？

— Karena macet. — 渋滞していたからです。

⑫ 方法を示す begini「このように」・begitu「そのように」 🎵 MP3 053

次はよく使う表現ですので，そのまま覚えましょう。

A: Bagaimana caranya?	どうやりますか（どのような方法ですか）？
B: Caranya begini.	やり方はこうです。

A: Ceritanya begitu.	話しはそんなところです。
B: Oh, begitu.	ああ，そうですか。

1 次の（　　　）にあてはまる最も適当な語を **a** ～ **d** の中から選びましょう。

1) Jakarta adalah kota nomor satu di (　)
Indonesia.
a. semua
b. sebagian
c. segala
d. seluruh

2) Murid-murid SD di Indonesia belajar
(　) hari.
a. sebuah
b. setengah
c. selembar
d. sepuluh

3) Tamu (　) makan di restoran hotel itu.
a. para
b. seluruh
c. sekalian
d. beberapa

4) Rudi anak (　) Bapak Dewa.
a. satu
b. setengah
c. pertama
d. sedikit

5) Saya mau dua telur (　).
a. setengah matang
b. setengah-setengah
c. separuh baya
d. separuh-separuh

1)	2)	3)	4)	5)

2 次の会話文で，最も適当なものを **a** ～ **d** の中から選びましょう。

1) Hobi Bapak apa?
a. Tenis.
b. Dewa.
c. Jepang.
d. Manggis.

2) Anak Bapak bekerja di mana?
a. Pagi ini.
b. Orang Jakarta.
c. Perusahaan dagang.
d. Saya Anton.

3) Berapa harga baju itu?
a. Dua lembar.
b. Sejuta rupiah.
c. Baju saya.
d. Baju terakhir.

4) Pagi ini mahasiswa itu mau ke mana?
a. Kamus.
b. Dosen.
c. Macet.
d. Kampus.

5) Ibu mau nasi goreng berapa banyak?
a. Satu porsi.
b. Dua pasang.
c. Tiga kaleng.
d. Empat cangkir.

1)	2)	3)	4)	5)

3 次の助数詞として適当でないものを１つ選びましょう。

1. ekor	a. monyet サル　　b. kuda 馬　　c. ikan 魚　　d. cumi-cumi イカ e. anak 子供　　f. lalat ハエ　　g. ayam 鶏　　h. kodok カエル
2. batang	a. rambut 髪　　b. rokok たばこ　　c. payung 傘　　d. tongkat 杖 e. bolpoin ボールペン　　f. pensil えんぴつ　　g. tiang 柱
3. lembar	a. uang kertas 紙幣　　b. saputangan ハンカチ　　c. selimut 毛布 d. kaus oblong Tシャツ　　e. piring 皿　　f. prangko 切手
4. bungkus	a. kue 菓子　　b. rokok たばこ　　c. obat 薬　　d. cabai 唐辛子 e. nasi ご飯　　f. permen あめ　　g. handuk タオル
5. pasang	a. sandal サンダル　　b. kaus kaki 靴下　　c. burung 鳥 d. rumah 家　　e. anting-anting イアリング　　f. sepatu 靴
6. porsi	a. nasi goreng 焼き飯　　b. telur 卵　　c. ikan bakar 焼き魚 d. sate ayam 焼き鳥　　e. capcai 八宝菜　　f. bakso 肉団子スープ
7. jilid	a. majalah 雑誌　　b. koran 新聞　　c. novel 小説　　d. kitab 聖典 e. buku tulis ノート　　f. buku komik 漫画本　　g. buku harian 日記
8. botol	a. bir ビール　　b. kecap manis 甘口醤油　　c. air 水　　d. susu 牛乳 e. saus tomat ケチャップ　　f. soto スープ　　g. madu はちみつ
9. butir	a. mutiara 真珠　　b. obat 薬　　c. batu 石　　d. pisau ナイフ e. kacang 豆　　f. kelapa ヤシの実　　g. nanas パイナップル
10. ikat	a. kayu bakar 薪　　b. bunga mawar バラの花　　c. celana ズボン d. padi 稲　　e. rambutan ランブータン　　f. kangkung 空芯菜

1		2		3		4		5	
6		7		8		9		10	

4 次の(1)～(10)にあてはまる最も適当な語を a ～ j の中から選びましょう。ただし，同じ単語は使えません。また，文頭の大文字も小文字になっています。

Dulu Ibu Yui adalah (1) kuliah Bapak Dewa di Jakarta. Ibu Yui (2) di wilayah Kelapa Gading, Jakarta. Suaminya (3) di perusahaan dagang. Anak Ibu Yui tiga (4). Anak (5) mahasiswa, anak (6) siswa kelas satu SMA, dan anak (7) murid SD. Kenta, anak Ibu Yui, (8) di jurusan teknik, Universitas Nanto. Dia bekerja (9) waktu sebagai guru privat matematika. (10) Kenta menonton film.

a. tinggal	b. pertama	c. terakhir	d. kuliah	e. orang
f. paruh	g. hobi	h. kedua	i. bekerja	j. teman

(1)		(2)		(3)		(4)		(5)	
(6)		(7)		(8)		(9)		(10)	

5 次の文を日本語に訳しましょう。

1) Ini jus apel dan itu jus jeruk.
　→ (　　　　　　　　　　　　　　　　　　　　　　　　　　　　)

2) Ada tiga puluh orang siswa di kelas ini.
　→ (　　　　　　　　　　　　　　　　　　　　　　　　　　　　)

3) Banyak wisatawan sering datang di Pulau Bali.
　→ (　　　　　　　　　　　　　　　　　　　　　　　　　　　　)

4) Orang itu pergi ke sebagian besar wilayah Indonesia.
　→ (　　　　　　　　　　　　　　　　　　　　　　　　　　　　)

5) Di Jakarta ada banyak mobil Jepang.
　→ (　　　　　　　　　　　　　　　　　　　　　　　　　　　　)

6) Dua orang pemuda itu teman anak saya.
　→ (　　　　　　　　　　　　　　　　　　　　　　　　　　　　)

7) Jumlah penduduk Indonesia sekitar dua ratus tujuh puluh juta jiwa.
　→ (　　　　　　　　　　　　　　　　　　　　　　　　　　　　)

8) Harga kamus bahasa Indonesia-Inggris ini enam puluh lima dolar Amerika.

→ (　　　　　　　　　　　　　　　　　　　　　　　)

9) Dua bungkus rokok itu milik Bapak Dewa.

→ (　　　　　　　　　　　　　　　　　　　　　　　)

10) Nomor telepon rumah saya 3924657.

→ (　　　　　　　　　　　　　　　　　　　　　　　)

6 次の文をインドネシア語に訳しましょう。

1) その服は半額です。

→ (　　　　　　　　　　　　　　　　　　　　　　　)

2) インドネシア人はレア（生焼け）の肉をめったに食べません。

→ (　　　　　　　　　　　　　　　　　　　　　　　)

3) その5匹の子ネコは部屋にいます。

→ (　　　　　　　　　　　　　　　　　　　　　　　)

4) 私の家には3冊のインドネシア語の雑誌があります。

→ (　　　　　　　　　　　　　　　　　　　　　　　)

5) 私のパンは2個で妹のパンは4個です。

→ (　　　　　　　　　　　　　　　　　　　　　　　)

6) 彼の趣味はピアノを弾くことです。

→ (　　　　　　　　　　　　　　　　　　　　　　　)

7) あなたはいつ日本に行きますか？

→ (　　　　　　　　　　　　　　　　　　　　　　　)

8) この車の値段は300万円です。

→ (　　　　　　　　　　　　　　　　　　　　　　　)

9) 私の叔父はバンドンで自営業を営んでいます。

→ (　　　　　　　　　　　　　　　　　　　　　　　)

10) デワさんの年齢は45歳です。

→ (　　　　　　　　　　　　　　　　　　　　　　　)

▶解答　p. 266

	この課の学習内容
第4課 Pelajaran 4	名詞／否定語 bukan ／疑問文と apakah ／疑問文の答え方／等位接続詞 dan, tetapi, tapi, atau ／場所を表す語／存在を表す ada「ある，いる」／意思表示に便利な表現 suka, mau, mau coba

◉ 会話 1　Percakapan 1　　　　　　　　　　🎵 **054**

MENANYAKAN JALAN

Ibu Yui　　:　Permisi, numpang tanya.

Laki-laki　:　Silakan.

Ibu Yui　　:　Apakah di dekat sini ada toko batik?

Laki-laki　:　Ibu mau cari batik apa?

Ibu Yui　　:　Saya mau batik tulis.

Laki-laki　:　Oh, kalau begitu, ada toko yang terkenal.

Ibu Yui　　:　Toko itu ada di mana?

Laki-laki　:　Jalan terus sampai kantor pos itu, lalu belok ke kiri. Di sebelah kantor pos itu ada toserba dan tokonya ada di dalam toserba itu.

Ibu Yui　　:　Terima kasih banyak.

□ menanyakan \<tanya>	～を尋ねる	□ apa	何
□ jalan	道，歩く	□ batik tulis	手描きのバティック
□ permisi	失礼します，すみません	□ oh	ああ，おお
□ numpang tanya \<tumpang>	少々おうかがいします	□ kalau begitu	もしそうなら
□ silakan \<sila>	どうぞ	□ yang	～であるところの《関係代名詞》
□ apakah \<apa>	～ですか《疑問を表す助詞》	□ terkenal \<kenal>	有名な
□ dekat	近い	□ terus	まっすぐ
□ sini	ここ	□ sampai	～まで
□ ada	ある，いる	□ kantor pos	郵便局
□ toko	店	□ lalu	それから
□ batik	ジャワ更紗，バティック	□ belok	曲がる
□ mau	ほしい，～したい	□ kiri	左
□ cari	探す，捜す	□ sebelah \<belah>	隣，側
		□ toserba (= toko serba ada)	デパート
		□ dalam	中，内

● 日本語訳　Terjemahan

道を尋ねる

結衣さん： すみません，少々，おうかがいしますが。

男性： どうぞ。

結衣さん： この近くにバティックの店はありますか？

男性： どんなバティックをお探しですか？

結衣さん： 手描きのバティックがほしいです。

男性： ああ，それなら，有名な店があります。

結衣さん： その店はどこにありますか？

男性： あの郵便局までまっすぐ歩いて，それから左に曲がってください。郵便局の隣にはデパートがあり，その店はデパートの中にあります。

MEMBELI BAJU BATIK

Ibu Yui	:	Permisi, di mana tempat blus batik?
Pegawai toko	:	Silakan ke sini. Ada macam-macam blus dan kemeja batik.
Ibu Yui	:	Saya suka warna hijau itu, tetapi saya tidak suka motifnya.
Pegawai toko	:	Bagaimana kalau baju ini? Ini batik tulis dan bahannya sutra.
Ibu Yui	:	Motifnya bagus, ya. Apakah itu juga batik tulis?
Pegawai toko	:	Bukan, itu bukan batik tulis. Itu batik cap.
Ibu Yui	:	Kalau begitu, saya mau coba baju batik hijau ini.
Pegawai toko	:	Baik, Bu. Kamar pas ada di sana.

☐ membeli \<beli\>	買う	☐ tidak	～ない
☐ baju	服，上着	☐ motifnya \<motif\>	模様，柄
☐ tempat	場所	☐ bagaimana	どんな，いかがな
☐ blus	ブラウス	☐ kalau	もし～ならば
☐ macam-macam \<macam\>	様々な	☐ bahannya \<bahan\>	材料
☐ kemeja	シャツ	☐ sutra	絹
☐ suka	好き	☐ batik cap	型押しバティック
☐ warna	色	☐ coba	試す，～してみる
☐ hijau	緑	☐ Baik.	承知しました。
☐ tetapi	でも，しかし	☐ kamar pas	試着室
		☐ sana	あちら

● 日本語訳　Terjemahan

バティックの服を買う

結衣さん： すみません，バティックのブラウス売り場はどこにありますか？

店員： どうぞ，こちらへ。様々なバティックのブラウスやシャツがございます。

結衣さん： 私はその緑色は好きですが，その柄は好きではありません。

店員： こちらの服はいかがでしょうか？　こちらは手描きのバティックで，素材はシルクです。

結衣さん： 柄はすばらしいですね。これも手描きのバティックですか？

店員： いいえ，それは手描きのバティックではありません。それは型押しバティックです。

結衣さん： それでは，私はこの緑色のバティックの服を試着したいのですが。

店員： かしこまりました。試着室はあちらにございます。

名詞

1) 名詞の重複 (畳語 (じょうご))

通常，単数と複数を区別しませんが，日本語で「国々」と畳語で表現するのと同様に，複数を強調する場合は negara-negara と同じ単語を 2 度繰り返してハイフンでつなぎます。negara² と書くこともありますが，正式ではありません。

	negara	国	➤ negara-negara	国々
☐	**negara**	国	➤ negara-negara	国々
☐	**anak**	子供	➤ anak-anak	子供たち
☐	**Ibu**	あなた《目上の女性》	➤ Ibu-ibu	あなた方《目上の女性の方々》

【注1】名詞の重複が必ずしも複数を表すわけではありません。
- ➤ **kura-kura** 亀　　　➤ **kupu-kupu** 蝶
- ➤ **laba-laba** クモ　　➤ **lumba-lumba** イルカ

【注2】複合語は最初の単語のみ重複します。
- ➤ **rumah sakit** 病院　➤ **rumah-rumah sakit** 複数の病院
- ➤ **alat musik** 楽器　➤ **alat-alat musik** 複数の楽器

2) 固有名詞

人名，国名，地名，曜日などの固有名詞の最初の文字は大文字で書きます。kamu，engkau など一部を除く二人称単数も最初の文字は大文字で書きます。(→ p. 16)

☐	人名	➤ **Siti** シティ，**Yudi Anwar** ユディ・アンワル
☐	国名	➤ **Singapura** シンガポール，**Thailand** タイ，**Tiongkok** 中国
☐	地名	➤ **Yogyakarta** ジョグジャカルタ，**Asia Tenggara** 東南アジア
☐	言葉	➤ **bahasa Inggris** 英語，**bahasa Mandarin** 中国語
☐	月，曜日	➤ **bulan Agustus** 8 月，**hari Rabu** 水曜日
☐	敬称	➤ **Bapak Joko** ジョコ氏，**Ibu Rita** リタ夫人
☐	二人称単数	➤ **Anda** あなた，**Bapak** あなた《目上の男性》
☐	役職	➤ **Kepala Cabang** 支店長，**Sekretaris Jenderal** 事務局長

【注】2014 年より Cina「中国」は，Tiongkok「中国（国）」，Tionghoa「中国人，華人，中国系の人（人）」，Mandarin「標準中国語（言語）」に名称変更されました。しかし，masakan Cina「中華料理」，restoran Cina「中華料理店」は Cina がよく使われています。

② 否定語 bukan

名詞の否定は名詞の前に bukan「〜ではない」を用います。juga は「〜も」です。

bukan + 名詞（A）.	A ではありません。
bukan 名詞（A）, melainkan 名詞（B）.	A ではなく B です。
bukan 名詞（A）dan juga bukan 名詞（B）.	A でも B でもありません。

☐ Ini bukan barang saya. これは私の荷物ではありません。
☐ Itu juga bukan barang saya. それも私の荷物ではありません。
☐ Saya bukan orang Korea. 私は韓国人ではありません。
☐ Dia bukan orang Jawa, melainkan orang Bali.
　　　　　　　　　　　　　　　彼はジャワ人ではなく，バリ人です。
☐ Ini bukan miliknya, melainkan milik saya. これは彼のものではなく，私のものです。
☐ Itu bukan mobilku dan juga bukan mobilnya.
　　　　　　　　　　　　　　　それは僕の車でも彼の車でもありません。

③ 疑問文と apakah

　平叙文を疑問文にするには，次の方法があります。文末には？を付けます。

1）平叙文の文末を上げ調子に言います。日常会話で最もよく使われます。
2）平叙文の前に apakah「〜ですか？」を付けます。口語では省略形の apa を使うこともありますが，疑問詞の apa「何」と間違えないようにしましょう。

平叙文 + ?	〜ですか？《口語》
Apakah + 平叙文 + ?	〜ですか？
Apa + 平叙文 + ?	〜ですか？《口語》

☐ Ini gula? ↗ これは砂糖ですか？ ＊文末を上げ調子に言います。
☐ Apakah ini gula? これは砂糖ですか？
☐ Apa ini gula? これは砂糖ですか？ ＊apa は apakah の省略形
【比較】Apa ini? これは何ですか？ ＊疑問詞 apa

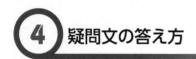

④ 疑問文の答え方

🎧 **061**

　肯定の Ya.「はい」, Ya, betul. / Ya, benar.「はい, そうです」は名詞, 形容詞, 動詞のいずれの返答にも使います。一方, 否定の Bukan.「違います」は名詞の返答に使い, Tidak.「いいえ」は形容詞と動詞の返答に使います。形容詞と動詞の否定については第5課以降で詳しく学びます。

肯定	☐ **Ya.**	はい。
	☐ **Ya, betul. / Ya, benar.**	はい, そうです。はい, そのとおりです。
否定	☐ **Bukan.**	違います。《名詞》
	☐ **Tidak.**	いいえ。《形容詞, 動詞》

☐ | A: Apakah ini bolpoin Bapak? | これはあなたのボールペンですか?《名詞》
　| B: Ya. | はい。

☐ | A: Itu juga bolpoin Bapak? | それもあなたのボールペンですか?《名詞》
　| B: Ya, betul. / Ya, benar. | はい, そうです。

☐ | A: Apakah Toni kakakmu? | トニは君のお兄さんですか?《名詞》
　| B: Bukan. Dia adikku. | 違います。彼は僕の弟です。

☐ | A: Apa Saudara capai? | あなたは疲れていますか?《形容詞》
　| B: Tidak. Saya tidak capai. | いいえ。私は疲れていません。

☐ | A: Apakah Ibu bekerja? | あなたはお仕事をなさっていますか?《動詞》
　| B: Tidak. Saya tidak bekerja. | いいえ。私は仕事をしていません。

☐ | A: Ibu orang Batak? | あなたはバタック人ですか?《名詞》
　| B: Ya, betul. / Ya, benar. | はい, そうです。

☐ | A: Apakah Kota Surabaya ramai? | スラバヤ市はにぎやかですか?《形容詞》
　| B: Ya, betul. / Ya, benar. | はい, そのとおりです。

☐ | A: Ibu berasal dari Surabaya? | あなたはスラバヤ出身ですか?《動詞》
　| B: Ya, betul. / Ya, benar. | はい, そうです。

5　等位接続詞 dan, tetapi, tapi, atau

等位接続詞は，語と語，句と句，文と文を対等な関係で結びます。tetapi，tapi の前の単語の後には , を付けます。tapi は口語です。

dan	〜と〜，そして
tetapi / tapi《口語》	だが，しかし
atau	または，もしくは，あるいは

☐ Saya direktur dan dia sekretaris saya. 　　私は役員で，彼は私の秘書です。
☐ Ini rumah sakit dan itu kantor polisi. 　　これは病院で，それは警察署です。

☐ Mereka siswa SMP, tetapi dia siswa SMA. 　彼らは中学生ですが，彼は高校生です。
☐ Itu sekolah, tapi itu museum. 　　　　　それは学校ですが，あれは博物館です。

☐ Apakah beliau polisi atau tentara? 　　　あの方は警察官ですか，それとも軍人ですか？
☐ Payung ini milikmu atau miliknya? 　　　この傘は君のですか，それとも彼のですか？

辛さで有名な西スマトラ州のパダン料理は，席に着くと注文しないうちにテーブルいっぱいに，肉，魚，野菜などの小皿料理が次々と並べられます。食べた分だけ支払う料金システムですが，少しでも手を付けた皿は勘定に入れられるので，食べられる分の皿から料理を取りましょう。

第 4 課　名詞，否定語 bukan，疑問文と apakah，等位接続詞，場所を表す語，存在を表す ada ほか　　**49**

 **6** 場所を表す語

方向を示す前置詞 di, ke, dari（→ p. 20）と組み合わせて使います。 **063**

atas	上	antara	間, 中	sekitar	周辺
bawah	下	sebelah	隣, 側	utara	北
dalam	中, 内	samping	横, 傍	selatan	南
luar	外	seberang	向かい側	timur	東
depan / muka	前	pinggir / tepi	端, 縁	barat	西
belakang	後, 裏	sudut	隅, 角	timur laut	北東, 東北
kiri	左	sini	ここ	barat laut	北西, 西北
kanan	右	situ	そこ	tenggara	南東, 東南
tengah	中央, 中心	sana	あそこ	barat daya	南西, 西南
		sana sini	あちこち		

064

- □ di bawah kursi　椅子の下に
- □ ke luar kota　郊外へ
- □ dari depan rumah　家の前から
- □ di belakang saya　私の後ろに
- □ ke sebelah kiri　左側へ
- □ di pinggir laut　海辺に

- □ di tengah meja　テーブルの真ん中に
- □ di antara kita　私たちの間に
- □ di seberang jalan itu　その道の向こう側に
- □ ke situ　そこへ
- □ di sana sini　あちこちで
- □ dari utara ke selatan　北から南へ

Bintang「ビンタン」や Anker「アンカー」はインドネシアを代表するビール。ノンアルコールのビンタンゼロ, ビンタンレモン味, ビンタングレープフルーツ味もあります。

7 存在を表す ada「ある，いる」

1) **ada**「（物）がある」「（人）がいる」は，「場所」を問う場合は《名詞＋ada》，「物や人」を問う場合は《ada ＋名詞》の順になります。

🎵 **065**
MP3

名詞（A）＋ **ada** ＋ 場所．	Aは〜にある。／Aは〜にいる。
ada ＋名詞（A）＋ 場所．	〜にAがある。／〜にAがいる。

☐	A: Buku ada di mana?	本はどこにありますか？
	B: Buku ada di atas meja.	本は机の上にあります。

☐	A: Ada apa di dalam kulkas?	冷蔵庫の中には何がありますか？
	B: Ada jus di dalam kulkas.	冷蔵庫の中にはジュースがあります。

☐	A: Di dalam kelas ada siapa?	教室の中にはだれがいますか？
	B: Ada seorang guru dan beberapa siswa.	1人の先生と数人の生徒がいます。

【注】ada には「所有している，持っている」という意味もあります。
- ➤ Saya ada sepeda motor.　　私はオートバイを持っています。
- ➤ Dia ada banyak teman.　　彼にはたくさんの友人がいます。

2) 否定語 **tidak** は **ada** の前に用いると「ない，いない」になり，さらに文頭もしくは文末に **sama sekali** を追加すると「全く〜ない」の意味になります。

🎵 **066**
MP3

名詞（A）＋ **tidak ada**. **Tidak ada** ＋名詞（A）．	Aがない。／Aがいない。
名詞（A）＋ **tidak ada sama sekali**. **Tidak ada** ＋名詞（A）＋ **sama sekali**. **Sama sekali** ＋名詞（A）＋ **tidak ada**. **Sama sekali tidak ada** ＋名詞（A）．	Aが全くない。／Aが全くいない。

☐ Bapak Joko tidak ada di kantor.　　ジョコさんは会社にいません。
☐ Di halaman sekolah tidak ada murid.　　校庭には生徒がいません。
☐ Saya tidak ada uang rupiah sama sekali.　　私はルピアのお金を全く持っていません。
☐ Saya juga sama sekali tidak ada uang yen.　私は円のお金も全く持っていません。

8 意志表示に便利な表現 suka, mau, mau coba

mau coba は，試食，試着，試乗など何でも試してみたいものに使います。

suka ＋ 名詞	〜が好きです。
mau ＋ 名詞	〜がほしいです。
mau coba ＋ 名詞	〜を試したいです。

☐ Saya suka penyanyi Indonesia itu. 　　私はそのインドネシアの歌手が好きです。
☐ Banyak orang suka lagu ini. 　　多くの人はこの歌が好きです。

☐ Mana yang kamu lebih suka, daging atau ikan?
　　　　　　　　　　　　　　　　　君は肉と魚はどちらが好きですか？
☐ Aku lebih suka daging daripada ikan. 　僕は魚よりも肉の方が好きです。

☐ Saya mau oleh-oleh khas Bali. 　　私はバリ名物のおみやげがほしいです。
☐ Ia mau buku komik bahasa Indonesia. 彼はインドネシア語のマンガ本がほしい。

☐ Bapak mau yang mana? 　　あなたはどれがほしいですか？
☐ Saya mau semuanya. 　　私は全部ほしいです。

☐ Mereka mau coba masakan Padang. 　彼らはパダン料理を食べてみたいです。
☐ Kami mau coba pakaian adat. 　　私たちは民族衣装を着てみたいです。
☐ Dia mau coba becak. 　　彼はベチャ（人力三輪車）を乗ってみたいです。

1 次の（　　　）にあてはまる最も適当な語を **a** 〜 **d** の中から選びましょう。

1) Ini bukan majalah saya. Itu (　　) bukan majalah saya.
a. ada
b. juga
c. melainkan
d. apakah

2) Dia bukan orang Jepang, (　　) orang Korea.
a. juga
b. melainkan
c. dan
d. bukan

3) Apakah ayahmu guru SMA (　　) tentara?
a. dan
b. tetapi
c. juga
d. atau

4) Di dalam rumah (　　) ada orang sama sekali.
a. melainkan
b. tidak
c. apakah
d. bukan

5) Ini batik tulis, (　　) itu batik cap.
a. bukan
b. tidak
c. atau
d. tetapi

1)		2)		3)		4)		5)	

2 次の（　）にあてはまる最も適当な語を **a** 〜 **d** の中から選びましょう。

Andi : Keiko, kamu lebih suka nasi goreng (1) nasi campur?

Keiko : Aku lebih suka nasi goreng (2) nasi campur.

Andi : Di sini ada banyak jenis nasi goreng. Mau yang (3)?

Keiko : Aku mau (4) nasi goreng Jawa.

Andi : Aku (5) mau nasi goreng itu.

1)	a. dan	b. juga	c. atau	d. tidak
2)	a. atau	b. daripada	c. lebih	d. dan
3)	a. mana	b. siapa	c. apakah	d. kapan
4)	a. suka	b. mana	c. lebih	d. coba
5)	a. coba	b. suka	c. juga	d. bukan

1)		2)		3)		4)		5)	

3 次の(1)～(10)にあてはまる最も適当な語を a～j の中から選びましょう。ただし，同じ単語は使えません。また，文頭の大文字も小文字になっています。

Wati mau pergi (1) pasar. Pasar itu tidak jauh (2) rumahnya. Dia berjalan ke jalan besar, kemudian belok ke (3). Setelah berjalan lurus, di (4) ada kantor polisi dan toko roti. Di (5) kantor polisi dan toko roti ada pohon besar. Di (6) kanan toko roti itu ada jalan kecil. Pasar ada di (7) toko roti. Pasar itu menghadap ke arah (8). Banyak orang ada di (9) pasar. Di (10) banyak kue dan buah-buahan.

【注】jauh 遠い，berjalan <jalan> 歩く，belok 曲がる，setelah <telah> ～の後，lurus まっすぐに，menghadap <hadap> ～に向く，～に面する，kue 菓子，buah-buahan <buah> 果物

a. kiri	b. sana sini	c. timur	d. dari	e. sebelah
f. antara	g. belakang	h. ke	i. dalam	j. sana

(1)		(2)		(3)		(4)		(5)	
(6)		(7)		(8)		(9)		(10)	

4 次の文を日本語に訳しましょう。

1）Apakah di sebelah rumah Bapak ada pasar swalayan?
　→ (　　　　　　　　　　　　　　　　　　　　　　　　　　　　)

2）Penyanyi Amerika itu suka musik dan tari Jepang.
　→ (　　　　　　　　　　　　　　　　　　　　　　　　　　　　)

3）Itu bukan balai kota, melainkan kantor pos.
　→ (　　　　　　　　　　　　　　　　　　　　　　　　　　　　)

4）Pria itu teman saya dan wanita itu juga teman saya.
　→ (　　　　　　　　　　　　　　　　　　　　　　　　　　　　)

5）Anak itu suka daging dan tidak mau makan sayur.
　→ (　　　　　　　　　　　　　　　　　　　　　　　　　　　　)

6）Apakah beliau pegawai negeri atau karyawan?
　→ (　　　　　　　　　　　　　　　　　　　　　　　　　　　　)

7）Indonesia ada di sebelah selatan Filipina.
　→ (　　　　　　　　　　　　　　　　　　　　　　　　　　　　)

8) Saya lebih suka bulu tangkis daripada tenis meja.

   → (　　　　　　　　　　　　　　　　　　　　　　　　　　　　)

9) Mahasiswa asing itu mau coba pakaian ini di kamar pas.

   → (　　　　　　　　　　　　　　　　　　　　　　　　　　　　)

10) Di toko buku itu tidak ada kamus bahasa Indonesia sama sekali.

   → (　　　　　　　　　　　　　　　　　　　　　　　　　　　　)

5 次の文をインドネシア語に訳しましょう。

1) リタさんの夫は車の中にいます。

   → (　　　　　　　　　　　　　　　　　　　　　　　　　　　　)

2) あなたはどのシャツがほしいですか？

   → (　　　　　　　　　　　　　　　　　　　　　　　　　　　　)

3) ティナの学校は映画館の向かい側にあります。

   → (　　　　　　　　　　　　　　　　　　　　　　　　　　　　)

4) このおみやげは彼のものではなく，あなたのものです。

   → (　　　　　　　　　　　　　　　　　　　　　　　　　　　　)

5) この店にはいろいろな色の帽子があります。

   → (　　　　　　　　　　　　　　　　　　　　　　　　　　　　)

6) すみません，モスクと博物館はどこにありますか？

   → (　　　　　　　　　　　　　　　　　　　　　　　　　　　　)

7) それは救急車ですか，それとも消防車ですか？

   → (　　　　　　　　　　　　　　　　　　　　　　　　　　　　)

8) 私の学校の友人は駐車場の前にいます。

   → (　　　　　　　　　　　　　　　　　　　　　　　　　　　　)

9) その外国人は新幹線に乗ってみたいです。

   → (　　　　　　　　　　　　　　　　　　　　　　　　　　　　)

10) 健太はバリ島へ行くよりジョグジャカルタへ行くほうが好きです。

   → (　　　　　　　　　　　　　　　　　　　　　　　　　　　　)

▶解答　p. 267

第5課 Pelajaran 5

形容詞／ yang の用法①／形容詞の否定／程度を表す副詞／
比較 (同等比較，比較級，最上級)

● 会話1　Percakapan 1　　　　　　　　　　　　　068

MEMBELI SANDAL BARU

Ibu Yui	: Saya mau sandal.
Pegawai toko	: Ini sandal yang cantik dan mewah. Ibu mau coba?
Ibu Yui	: Wah, terlalu kecil. Ada yang lebih besar?
Pegawai toko	: Ini juga sangat cantik. Ukurannya cukup besar.
Ibu Yui	: Maaf, saya tidak begitu suka bahannya. Ini bukan kulit asli.
Pegawai toko	: Kalau sandal ini, bagaimana?
Ibu Yui	: Ukurannya pas. Saya suka sekali sandal ini. Berapa harganya?
Pegawai toko	: Rp350.000. Harganya agak mahal, tetapi kualitasnya paling baik.
Ibu Yui	: Wah, terlalu mahal. Boleh tawar?
Pegawai toko	: Boleh, saya beri diskon 20 persen. Sudah sangat murah, Bu.
Ibu Yui	: Baik. Saya ambil ini. Barang-barang di Indonesia lebih murah daripada barang-barang di Jepang.

☐ sandal	サンダル	☐ sekali	とても
☐ baru	新しい	☐ harganya <harga>	値段
☐ cantik	美しい，きれいな	☐ agak	少し
☐ mewah	豪華な，高級な	☐ mahal	（値段が）高い
☐ terlalu	～すぎる	☐ kualitasnya <kualitas>	品質
☐ kecil	小さい	☐ paling	最も
☐ lebih	もっと	☐ baik	よい
☐ besar	大きい	☐ boleh	～してもよい
☐ sangat	とても	☐ tawar	値切る
☐ ukurannya <ukuran>	サイズ	☐ beri	与える，提供する
☐ cukup	十分な，結構な	☐ diskon	割引，値引き
☐ maaf	すみません	☐ persen	パーセント
☐ tidak begitu	あまり～ではない	☐ sudah	すでに～した
☐ kulit	革，皮	☐ murah	（値段が）安い
☐ asli	本物	☐ ambil	取る，取り上げる
☐ pas	ぴったりの	☐ daripada	～より

● 日本語訳　Terjemahan

新しいサンダルを買う

結衣さん： 私はサンダルがほしいです。

店員： こちらは美しくて高級なサンダルです。試してみますか？

結衣さん： あら，小さすぎます。もっと大きなのはありますか？

店員： こちらもとてもきれいです。サイズはかなり大きいです。

結衣さん： ごめんなさい，素材があまり好きではありません。これは本革ではありません。

店員： このサンダルはいかがでしょうか？

結衣さん： サイズはぴったりです。このサンダルはとても気に入りました。値段はいくらですか？

店員： 35万ルピアです。お値段は少し高いのですが，品質は最高級です。

結衣さん： わあ，高すぎます。まけてもらえませんか？

店員： いいですよ，20パーセント引きにします。すでにとても安いです。

結衣さん： わかりました。こちらをいただきます。インドネシアの品物は日本の品物よりも安いですね。

BUAH-BUAHAN DI PASAR

Nao : Wah, banyak buah-buahan di pasar ini.

Rudi : Iya, buah-buahan di pasar ini cukup lengkap.

Nao : Ini buah apa?

Rudi : Ini buah manggis. Meskipun kecil, rasanya manis sekali.

Nao : Kalau yang merah itu?

Rudi : Itu rambutan. Rasanya tidak semanis manggis, tetapi sangat enak.

Nao : Wah, saya mau coba kedua buah itu.

Rudi : Mangganya bagaimana? Ada banyak macam mangga di sini.

Nao : Mana yang paling enak?

Rudi : Mangga ini. Dagingnya juga tebal, tetapi agak mahal. Ada pepaya juga.

Nao : Wah, pepaya di Indonesia jauh lebih besar daripada pepaya di Filipina. Saya suka baik pepaya maupun mangga.

☐ **buah-buahan** \<buah\>	果物類	☐ **semanis** \<manis\>	同じ甘さ
☐ **pasar**	市場	☐ **enak**	おいしい
☐ **banyak**	多い	☐ **kedua** \<dua\>	2つの，両方の
☐ **iya**	ええ，はい	☐ **mangganya** \<mangga\>	マンゴー
☐ **lengkap**	そろっている	☐ **macam**	種類
☐ **buah**	果物，実	☐ **dagingnya** \<daging\>	果肉，肉
☐ **manggis**	マンゴスチン	☐ **tebal**	厚い
☐ **meskipun** \<meski\>	～にもかかわらず	☐ **pepaya**	パパイヤ
☐ **rasanya** \<rasa\>	味	☐ **jauh lebih**	はるかに
☐ **manis**	甘い	☐ **Filipina**	フィリピン
☐ **merah**	赤い	☐ **baik** *A* **maupun** *B*	A も B も
☐ **rambutan**	ランブータン		

● 日本語訳　Terjemahan

市場の果物

奈央：　わあ，この市場にはたくさんの果物がありますね。

ルディ：そう，この市場には果物が十分にそろっているよ。

奈央：　これは何の果物ですか？

ルディ：これはマンゴスチンだ。小さいけど，味はとても甘いんだ。

奈央：　その赤いのは？

ルディ：それはランブータン。マンゴスチンほど甘くないけど，とてもおいしいよ。

奈央：　わあ，その2つの果物を試してみたいわ。

ルディ：マンゴーはどう？ここにはたくさんの種類のマンゴーがあるよ。

奈央：　どれが一番おいしいですか？

ルディ：このマンゴーだね。果肉も厚いけど，少し高いな。パパイヤもあるよ。

奈央：　へえ，インドネシアのパパイヤは，フィリピンのパパイヤよりはるかに大きいですね。私はパパイヤもマンゴーも好きです。

1) 形容詞が名詞を修飾する場合は，形容詞は名詞の後に置きます。

名詞 (A) ＋ 形容詞	〜い A，〜な A

☐ **sepeda baru**	新しい自転車	
☐ **air dingin**	冷たい水	

☐ **pemuda tampan**	かっこいい若者	
☐ **langit biru**	青空	

2) 形容詞が述語になる場合（名詞を修飾しない場合）の語順に注意しましょう。

名詞 (A) ＋ ini / itu ＋ 形容詞 (B)	この／その［あの］A は B です。

☐ **Teh ini manis.**	⇔	☐ **Ini teh manis.**
この紅茶は甘いです。	比較	これは甘い紅茶です。

☐ **Siswa itu pandai.**	⇔	☐ **Itu siswa pandai.**
あの生徒は賢いです。	比較	あちらは賢い生徒です。

3) kamar kecil「トイレ」のように《名詞＋形容詞》が普通名詞として用いられるものもあります。

☐ **Kamar ini kecil.**	⇔	☐ **Ini kamar kecil.** *¹
この部屋は小さい。	比較	これはトイレです。

☐ **Orang itu tua.**	⇔	☐ **Itu orang tua saya.** *²
その人は年配です。	比較	そちらは私の両親です。

➤ *¹ 〜 *² と次ページの **¹ 〜 **² の違いに注意。

4) 名詞の修飾語の語順は次のとおりです。指示代名詞は常に最後に置きます。

名詞 ＋ 形容詞 ＋ 人称代名詞 ＋ 指示代名詞 (ini / itu)

☐	mobil merah	赤い車
☐	mobil merah ini	この赤い車
☐	mobil merah saya	私の赤い車
☐	mobil merah saya ini	この私の赤い車 *3

➤ *3 と **3 の違いに注意。

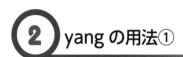

yang の用法①

MP3 073

1) 形容詞による修飾

yang「～であるところの」は，先行する名詞や代名詞を限定する関係代名詞で，複数の名詞の中からある名詞を限定します。また，yang は形容詞を複数重ねる場合にも用います。

> 名詞 ＋ 形容詞 ＋ 人称代名詞 ＋ **yang** ＋ 形容詞 ＋ 指示代名詞 （ini / itu）

☐	kamar yang kecil	小さい部屋 **1
☐	orang yang tua	年配の人 **2
☐	mobil saya yang merah ini	この赤い私の車 **3
☐	gedung putih yang tinggi	高くて白いビル
☐	gadis cantik yang ramah dan pintar itu	その親切で聡明な美少女

➤ **1 ～ **3 と前出の *1 ～ *3 の違いに注意。

2) 主格の関係代名詞

主語が同じ 2 つの文を結合する関係代名詞の機能を持ちます。

☐	Guru itu rajin sekali.	その先生はとても熱心です。
☐	Dia bekerja di Bandung.	彼はバンドンで働いています。

↓

☐	➤ Guru yang bekerja di Bandung itu rajin sekali. バンドンで働いているその先生は，とても熱心です。
☐	➤ Guru yang rajin sekali itu bekerja di Bandung. とても熱心なその先生は，バンドンで働いています。

	Kamus itu tebal.	その辞書は分厚いです。
□	**Kamus itu tebal.**	その辞書は分厚いです。
□	**Itu ada di dalam lemari buku.**	それは本棚の中にあります。

↓

□	➤ **Kamus yang tebal itu ada di dalam lemari buku.**
	その分厚い辞書は，本棚の中にあります。
□	➤ **Kamus yang ada di dalam lemari buku itu tebal.**
	本棚の中にあるその辞書は，分厚いです。

2）先行詞のない yang

「～であるところの（人，物，こと）」など先行詞を伴わない yang もあります。

□	➤ Yang **ada di situ ayah saya.**	そこにいるのは私の父です。
□	➤ **Saya mau yang biru itu.**	私はその青いのがほしい。

③ 形容詞の否定

1） 形容詞の前に **tidak**「～ない」を用いると否定文になります。未完了は **belum**「まだ～ない」。事実ではなく理由がほかにある場合は，**bukan**「～なわけではない」を用います。

tidak ＋ 形容詞	～ない。
belum ＋ 形容詞	まだ～ない。
bukan ＋ 形容詞	～なわけではない。

□ Daging ini tidak empuk. Keras sekali.
　この肉は柔らかくありません。とても硬いです《食事中など》。

□ Daging ini belum empuk. Belum matang.
　この肉はまだ柔らかくありません。まだ煮えていません《調理中など》。

□ Pemuda itu tidak sakit. Dia sehat.
　その若者は病気ではありません。彼は健康です。

□ Pemuda itu bukan sakit. Dia hanya capai.
　その若者は病気というわけではありません。彼は疲れているだけです。

□ Ruang ini tidak kotor. Ruang ini bersih.
　この部屋は汚れていません。この部屋は清潔です。
□ Ruang ini bukan kotor. Ruang ini lama.
　この部屋は汚れているわけではありません。この部屋は古いです。

2) tidak begitu が普通の否定に対し，「足りない，欠ける」という意味の kurang は「いまひとつ〜でない」とやや不満な気持が言外に含まれます。

tidak begitu ＋ 形容詞	あまり〜ない。それほど〜ない。
kurang ＋ 形容詞	あまり〜ない。いまひとつ〜ない。

□ Nangka ini tidak begitu matang.　このジャックフルーツはあまり熟していません。
□ Nangka ini kurang matang.　　　　　〃　　　　　　　〔➤ 熟した方がよい〕。

□ Gaji saya tidak begitu besar.　　私の給料はあまり高くありません。
□ Gaji saya kurang besar.　　　　　　〃　　　　　　　〔➤ 高くしてほしい〕。

3)「全く〜ない，少しも〜ない」の否定で，形容詞との位置に注意してください。

tidak ＋ 形容詞 ＋ sama sekali	全く〜ない。全然〜ない。
sama sekali tidak ＋ 形容詞	
tidak ＋ 形容詞 ＋ sedikit pun	少しも〜ない。ちっとも〜ない。
sedikit pun tidak ＋ 形容詞	

□ Soal ujian ini tidak sulit sama sekali.　　この試験問題は全然難しくありません。
□ Di dalam taksi sama sekali tidak sejuk.　　タクシーの中は全く涼しくありません。
□ Saya tidak lapar sedikit pun.　　私はちっともお腹がすいていません。
□ Barang-barang di sini sedikit pun tidak murah.

　　　　　　　　　　ここの商品は少しも安くありません。

4 程度を表す副詞

 075

程度を表す副詞の位置は，口語を除いて主に形容詞の前ですが，sekali は形容詞の後ろに用います。口語では「とても」の単語を 2 語以上組み合わせて，さらに意味を強調します。

agak sedikit					やや，少し
lumayan					結構，まあまあ
cukup		**+**	形容詞	**+**	十分に，かなり
amat sangat				**sekali** **amat**《口語》 **banget**《口語》	とても，大変，非常に
terlalu					～すぎる
接頭辞 **ke-**				接尾辞 **-an**《口語》	

□	agak besar	少し大きい	enak sekali	とてもおいしい
□	sedikit mahal	少し（値段が）高い	amat baik sekali	すごくいい《口語》
□	lumayan pedas	結構辛い	sempit banget	すごく狭い《口語》
□	cukup banyak	かなり多い	terlalu manis	甘すぎる
□	sangat luas	とても広い	kekecilan	小さすぎる《口語》

【注】ke--an は単語によっては名詞化するため，初心者は使用を避けた方が無難です。
  ➤ indah → keindahan 美しさ，美　　×美しすぎる
  ➤ cepat → kecepatan 速さ，スピード　×速すぎる

比較（同等比較，比較級，最上級）

 076

接頭辞 se- を使った同等比較の否定の訳し方に注意してください。最上級の接頭辞 ter- は，ringan「軽い」が teringan「最も軽い」になるなど，r で始まる単語には te- を付けます。

同等比較	A ＋《接頭辞 se- ＋ 形容詞》＋ B.	A は B と同じくらい〜です。
	A ＋ tidak ＋《接頭辞 se- ＋ 形容詞》＋ B.	A は B ほど〜ではない。
	A ＋ sama ＋《形容詞 ＋（接尾辞 -nya）》＋ dengan B.	A は B と同じくらい〜です。
	A dan B ＋ sama ＋《形容詞 ＋ 接尾辞 -nya》.	A は B と同じくらい〜です。
比較級	A ＋ lebih ＋ 形容詞 .	A はもっと〜です。
	A ＋ jauh lebih ＋ 形容詞 .	A ははるかに〜です。
	A ＋ lebih ＋ 形容詞 ＋ daripada / dari《口語》B.	A は B より〜です。
最上級	A ＋ paling ＋ 形容詞 .	A は一番（最も）〜です。
	A ＋《接頭辞 ter- ＋ 形容詞》.	

□ Saya setinggi ibu. 私は母と同じくらい背が高いです。

□ Saya tidak setinggi adik perempuan. 私は妹ほど背は高くありません。

□ Saya sama tinggi(nya) dengan ibu. 私は母と同じくらい背が高いです。

□ Saya dan ibu sama tingginya. 私と母は同じくらい背が高いです。

□ Kakak laki-laki saya lebih tinggi. 私の兄はもっと背が高いです。

□ Ayah saya jauh lebih tinggi. 私の父ははるかに背が高いです。

□ Kakek lebih tinggi daripada nenek. 祖父は祖母よりも背が高いです。

□ Suami saya paling tinggi. 私の夫は一番背が高いです。

□ Suami saya tertinggi di antara keluarga. 私の夫は家族の中で最も背が高いです。

 6 baik A maupun B 「A も B も〜です」 🎧 077

A と B には名詞，形容詞，動詞が入ります。便利な表現なので覚えましょう。

> **baik** ＋ A（名詞，形容詞，動詞）＋ **maupun** ＋ B（名詞，形容詞，動詞）
>
> A も B も〜です。

□ Dia mau coba baik jas maupun celana. 彼は上着もズボンも試着したいです。

□ Saya suka kopi baik manis maupun pahit. 私はコーヒーは砂糖入りもブラックも好きです。

□ Saya suka baik makan maupun tidur. 私は食べるのも寝るのも好きです。

1 次の下線部の反意語を a 〜 d の中から選びましょう。

1）Kopi ini agak panas dan cukup manis.
    a. pahit
    b. asin
    c. asam
    d. pedas

2）Pemuda dari desa itu amat rajin.
    a. sopan
    b. liar
    c. malas
    d. lucu

3）Hari ini sangat cerah, tetapi hawanya dingin.
    a. mendung
    b. panas
    c. sejuk
    d. kotor

4）Rudi adalah siswa yang paling pandai di kelas.
    a. ceria
    b. ramah
    c. sombong
    d. bodoh

5）Mangga ini belum matang dan masih asam.
    a. mentah
    b. lebar
    c. masak
    d. tua

6）Kereta api itu panjang sekali. Ada 12 gerbong.
    a. luas
    b. lurus
    c. pendek
    d. macet

7）Pemain bulu tangkis itu kurang kuat dan cepat kalah.
    a. tipis
    b. lemah
    c. kurus
    d. ramai

8）Saya tidak mau baju ini. Terlalu ketat.
    a. besar
    b. gemuk
    c. murah
    d. longgar

9）Beliau sangat kaya, tetapi selalu rendah hati.
    a. miskin
    b. kasar
    c. buruk
    d. gelap

10）Soal ujian tahun ini tidak begitu sulit.
    a. capai
    b. keras
    c. penuh
    d. mudah

(1)		(2)		(3)		(4)		(5)	
(6)		(7)		(8)		(9)		(10)	

2 次の（　）にあてはまる最も適当な語を **a ～ d** の中から選びましょう。

1) Tubuh pemain basket itu lebih (　) dari teman-temannya.
　a. jangkung
　b. rendah
　c. dalam
　d. panjang

2) Cuaca minggu ini kurang (　).
　a. hangat
　b. baik
　c. jelek
　d. hujan

3) Sup ini terlalu banyak air dan amat (　).
　a. bersih
　b. basah
　c. encer
　d. kental

4) Jarak rumah saya ke sini lebih (　) daripada ke rumah Adi.
　a. besar
　b. sepi
　c. sederhana
　d. jauh

5) Ukuran celana ini (　) sekali. Ada yang lain?
　a. kecil
　b. kasar
　c. pendek
　d. sempit

1)		2)		3)		4)		5)	

3 次の（　）にあてはまる最も適当な語を **a ～ d** の中から選びましょう。

1) Lalu lintas pada hari Minggu tidak lancar (　).
　a. sangat
　b. terlalu
　c. sedikit pun
　d. tidak begitu

2) Hari ini ada diskon 50 persen. Harga sabuk itu (　) mahal.
　a. tidak begitu
　b. kurang
　c. amat
　d. terlalu

3) Tas ini (　) bagus, tetapi modelnya (　) lama.
　a. lumayan, sekali
　b. amat, tidak
　c. banget, sedikit
　d. cukup, agak

4) Kota Surabaya tidak (　) ramai (　) Kota Tokyo.
　a. lebih, dengan
　b. sama, dengan
　c. sama, daripada
　d. lebih, sama

5) Puncak Jaya (　) tinggi (　) gunung-gunung di Indonesia.
　a. paling, di antara
　b. sangat, dengan
　c. sama, daripada
　d. lumayan, sekali

1)		2)		3)		4)		5)	

4 次の文を日本語に訳しましょう。

1) Orang tua Rudi sangat jujur dan berani.

→ (   )

2) Lelaki yang tampan dan keren itu model dari Singapura.

→ (   )

3) Anak itu bukan jahat. Dia hanya bandel sekali.

→ (   )

4) Lantai lobi hotel ini licin dan lampunya kurang terang.

→ (   )

5) Cerita pelawak itu tidak lucu sedikit pun.

→ (   )

6) Saya bukan tidak mau makan. Saya masih kenyang.

→ (   )

7) Keluarga saya suka baik sepak bola maupun bola basket.

→ (   )

8) Siswa itu sangat nakal, tetapi bukan yang ternakal di kelas ini.

→ (   )

9) Masakan di restoran tidak sesedap masakan ibu.

→ (   )

10) Bisnis Amir lebih sukses daripada bisnis ayahnya.

→ (   )

5 次の文をインドネシア語に訳しましょう。

1) その大学生は，社交性があり積極的です。

→ (　　　　　　　　　　　　　　　　　　　　　　　　　　　)

2) カリマンタン島は，ジャワ島よりはるかに大きいです。

→ (　　　　　　　　　　　　　　　　　　　　　　　　　　　)

3) この花は，香水と同じくらいよい香りがします。

→ (　　　　　　　　　　　　　　　　　　　　　　　　　　　)

4) 最も値段の高いコーヒーは，ルアックコーヒー* です。

→ (　　　　　　　　　　　　　　　　　　　　　　　　　　　)

5) 私はまだ疲れていませんが，とてものどがかわいています。

→ (　　　　　　　　　　　　　　　　　　　　　　　　　　　)

6) その地域は全く危険ではありません。とても安全です。

→ (　　　　　　　　　　　　　　　　　　　　　　　　　　　)

7) この靴下はとても安いけれど，結構丈夫です。

→ (　　　　　　　　　　　　　　　　　　　　　　　　　　　)

8) そのお金持ちは，それほどけちで横柄ではありません。

→ (　　　　　　　　　　　　　　　　　　　　　　　　　　　)

9) このスーツケースは重すぎます。もっと軽いのはありますか？

→ (　　　　　　　　　　　　　　　　　　　　　　　　　　　)

10) その建物はこの国で一番高いけれども，世界一高い建物ではありません。

→ (　　　　　　　　　　　　　　　　　　　　　　　　　　　)

▶解答　**p. 268**

* ルアックコーヒーは，ジャコウネコの糞から採取した未消化のコーヒー豆で，その希少性から幻の
　コーヒーと言われています。

第**6**課
Pelajaran 6

動詞の否定／時制の助動詞／語幹動詞

● 会話 Percakapan MP3 078

BERTEMU DENGAN RUDI DAN TINA

Rudi : Halo Nao, silakan masuk. Ini adikku, Tina.

Nao : Halo Tina, saya Nao. Ini Aoi, adik saya.

Tina : Halo, Nao, Aoi. Selamat datang di rumah kami.

Rudi : Kalian tinggal di mana?

Nao : Kami tinggal di Kelapa Gading, tapi kakak saya di Tokyo.

Rudi : Aoi juga bisa bahasa Indonesia?

Aoi : Dulu saya pernah belajar sebentar, tapi sudah lupa.

Rudi : Kalian suka masakan Indonesia?

Nao : Ya. Kami suka sekali masakan Indonesia.

Rudi : Pernah makan nasi goreng kambing?

Nao : Belum pernah. Kami mau coba, tapi tidak tahu restorannya di mana.

Rudi : Kalian baru tiba di Jakarta, ya. Aku tahu tempatnya.

Nao : Boleh minta nama dan alamat restoran itu? Kami ingin pergi ke sana bersama keluarga.

□ masuk	入る	□ makan	食べる
□ adikku <adik>	弟，妹	□ nasi goreng	チャーハン
□ adik	弟，妹	□ kambing	山羊
□ kalian	あなたたち，君たち	□ belum	まだ〜ない
□ tapi《口語》	しかし	□ tahu	知る
□ kakak	兄，姉	□ restorannya<restoran>	そのレストラン
□ bisa	できる	□ baru	〜したばかり
□ pernah	〜したことがある	□ tiba	到着する
□ belajar <ajar>	勉強する	□ tempatnya <tempat>	場所
□ sebentar	少しの間	□ minta	求める，頼む
□ lupa	忘れる	□ alamat	住所
□ masakan <masak>	料理	□ restoran	レストラン
□ Ya.	はい。	□ ingin	〜したい，希望する

● 日本語訳　Terjemahan

ルディとティナに会う

ルディ：　こんにちは，奈央，どうぞ入ってください。こちらは僕の妹のティナです。

奈央：　　こんにちは，ティナ。私は奈央です。こちらは私の妹の葵です。

ティナ：　こんにちは，奈央，葵。私たちの家にようこそ。

ルディ：　君たちはどこに住んでいますか？

奈央：　　私たちはクラパ・ガディンに住んでいますが，私の兄は東京です。

ルディ：　葵もインドネシア語ができますか？

葵：　　　以前，私はちょっと習ったことがありますが，もう忘れました。

ルディ：　君たちはインドネシア料理は好きですか？

奈央：　　ええ。私たちはインドネシア料理が大好きです。

ルディ：　山羊肉のナシゴレンを食べたことはありますか？

奈央：　　まだです。私たちは食べてみたいけど，レストランがどこなのか知りません。

ルディ：　君たちはジャカルタに着いたばかりですね。僕が場所を知っていますよ。

奈央：　　そのレストランの名前と住所を教えてもらえますか？　私たちは家族と行きたいです。

PERGI KE RESTORAN

Nao dan keluarganya pergi ke restoran di dalam mal yang besar dan populer di Jakarta. Restoran itu adalah restoran masakan Jawa yang buka tiap hari. Nao lupa akan namanya, tetapi ingat akan tempatnya. Mereka naik mobil dan turun di depan mal itu. Ternyata restoran itu ada di lantai lima. Mereka naik lift untuk pergi ke sana. Di sana sudah ada banyak tamu karena restorannya sangat terkenal. Mereka masuk ke dalam dan duduk di bagian tengah.

Motif restoran itu adalah gaya khas Jawa. Ada banyak hiasan dari bambu dan musik gamelan juga. Bapak Kaito sangat suka musik gamelan dan pernah pergi ke konser gamelan di Tokyo.

Mereka mau makan nasi goreng kambing, menu andalan restoran itu. Bapak Kaito dan Ibu Yui mau minum es teh. Nao dan Aoi belum pernah minum jus avokad. Mereka mau jus itu. Nasi goreng kambing benar-benar enak. Dagingnya empuk dan rasanya agak pedas. Jus avokadnya juga enak. Selain avokad, ada cokelat dan sirop di dalamnya. Mereka sangat puas makan di sana. Mereka ingin datang lagi.

☐ mal	ショッピングモール		☐ hiasan \<hias\>	飾り
☐ populer	人気の		☐ bambu	竹
☐ buka	営業する		☐ musik	音楽
☐ tiap hari	毎日		☐ gamelan	ガムラン
☐ akan	～を，～について		☐ konser	コンサート
☐ ingat	覚えている		☐ menu	メニュー
☐ naik	乗る		☐ andalan \<andal\>	おすすめの
☐ turun	降りる		☐ minum	飲む
☐ depan	前		☐ es teh	アイスティー
☐ ternyata \<nyata\>	実際には，実は		☐ jus	ジュース
☐ lantai	階		☐ avokad	アボカド
☐ lift	エレベーター		☐ benar-benar \<benar\>	本当に
☐ tamu	客，ゲスト		☐ empuk	柔らかい
☐ karena	～なので，～だから		☐ pedas	辛い
☐ duduk	座る		☐ avokadnya \<avokad\>	そのアボカド
☐ bagian \<bagi\>	部分		☐ cokelat	チョコレート
☐ tengah	真ん中		☐ sirop	シロップ
☐ motif	模様，モチーフ		☐ dalamnya \<dalam\>	中
☐ gaya	様式，スタイル		☐ puas	満足した
☐ khas	特有の，独特の			

● 日本語訳　Terjemahan

レストランへ行く

　奈央とその家族は，ジャカルタで人気の大型ショッピングモール内のレストランへ行きました。そのレストランは，毎日，営業しているジャワ料理レストランです。奈央はレストランの名前を忘れましたが，場所は覚えていました。彼らは車に乗り，そのモールの前で降りました。実際，そのレストランは5階にありました。彼らはそこへ行くためにエレベーターに乗りました。そのレストランは大変有名なので，そこにはすでに多くのお客様がいました。彼らは中に入り，中央部に座りました。

　レストランのモチーフはジャワ特有の様式です。多くの竹の装飾とガムラン音楽もあります。快斗さんはガムランが大好きで，東京でガムランコンサートに行ったことがあります。

　彼らはそのレストランのおすすめメニューの山羊肉のナシゴレンを食べるつもりです。快斗さんと結衣さんはアイスティーを飲みたがっています。奈央と葵はアボカドジュースを飲んだことがありません。彼女たちはそのジュースにしました。山羊肉のナシゴレンは本当においしかったです。肉は柔らかく味は少し辛めです。アボカドジュースもおいしかったです。中にはアボカドのほかにチョコレートとシロップも入っていました。彼らはそこでの食事に大満足でした。彼らはまた来るつもりです。

① 動詞の否定

形容詞と同様に，動詞の否定には，tidak「〜ない」を用います。

| 主語 + **tidak** + 動詞 +（目的語）. | 〜ない。 |

☐ Saya tidak ingat lagi. 　　　　　　　私はもう覚えていません。
☐ Dia sama sekali tidak paham. 　　　　彼は全く理解しません。

 # ② 時制の助動詞

　助動詞は動詞や一部の形容詞の前に置き，動詞や形容詞の補足説明をします。telah は過去にのみ，sudah は時制にかかわらず過去，現在，未来の完了に用います。sudah akan のように助動詞を組み合わせて使うこともあります。

| 主語 +（否定語）+ 助動詞 + 動詞／形容詞 +（目的語）. |

☐	**sudah, telah《文語》**	もう〜した，すでに〜した《完了》
☐	**belum**	まだ〜ない《未完了》
☐	**masih**	まだ〜である《継続》
☐	**pernah**	〜したことがある《経験》
☐	**sudah pernah**	すでに〜したことがある《経験》
☐	**belum pernah**	まだ〜したことがない《未経験》
☐	**akan**	〜する予定，〜するつもり《未来》
☐	**baru, baru saja, barusan《口語》**	〜したばかり《完了，結果》
☐	**sedang, tengah, lagi《口語》, baru《口語》**	〜しているところ《現在進行》

☐ Saya sudah lapar sekali. 　　　　　　　私はとてもおなかがすきました。《形容詞》
☐ Beliau sudah pensiun tahun lalu. 　　　　昨年，あの方は定年退職しました。
☐ Proyek ini sudah akan selesai bulan depan. 　来月，このプロジェクトは終了するでしょう。
　　＊ sudah akan selesai「（未来のある時期には）終わっているだろう」という意味の未来完了。
☐ Dia telah berangkat ke Singapura. 　　　彼はすでにシンガポールに出発しました。

□ Pakaian ini belum kering. この服はまだ乾いていません。《形容詞》
□ Ayah belum pulang dari kantor. 父はまだ会社から帰っていません。

□ Buah-buahan ini masih segar. この果物はまだ新鮮です。《形容詞》
□ Kakak laki-laki masih mandi. 兄はまだ水浴びしています。

□ Saya pernah tinggal di Jakarta. 私はジャカルタに住んだことがあります。
□ Kami sudah pernah makan durian. 私たちはドリアンを食べたことがあります。

□ Saya belum pernah ke Medan. 私はまだメダンに行ったことがありません。
□ Ia belum pernah bolos kerja. 彼は仕事をさぼったことがありません。

□ Mereka akan pindah ke Malang. 彼らはマランに引っ越す予定です。

□ Adik perempuan baru bangun. 妹は起きたばかりです。
□ Tamu itu baru saja tiba di Bali. そのお客様はバリに到着したばかりです。

□ Anak itu sedang tidur nyenyak. その子供はぐっすりと寝ています。
□ Pencuri itu lagi kabur ke luar kota. そのどろぼうは郊外へ逃走中です。

【注1】 tidak「〜ない」は今後も可能性がない，もしくは可能性が低い時に用いるのに対して，belum「まだ〜ない」は今後の可能性があることに用います。

➤ Muslim tidak makan daging babi. イスラム教徒は豚肉を食べません。(今後も食べない)
➤ Dia belum makan siang. 彼はまだ昼食を食べていません。(これから食べる予定)

【注2】 現在進行を表す助動詞は，状態や動作の完結を表す動詞には使えません。
× Saya sedang lupa PR-nya. ×私は宿題を忘れています。
× Baterainya lagi habis. ×電池が切れているところです。

レストランや屋台でおなじみの nasi goreng「インドネシア風チャーハン」。nasi goreng spesial「スペシャルチャーハン」は，スペシャルの目玉焼きをトッピングしてくれます。

③ 語幹動詞

接頭辞や接尾辞のない語幹動詞は，主に自動詞（目的語を取らない動詞）です。類義語や反意語はまとめて覚えましょう。

MP3 084

1.	makan	食べる	29.	duduk	座る
2.	minum	飲む	30.	lari	走る，逃げる
3.	pergi	行く	31.	terbang	飛ぶ
4.	datang	来る	32.	jatuh	落ちる，倒れる，日があたる
5.	pulang	帰る	33.	gugur	（葉や花が）落ちる，散る
6.	kembali	戻る	34.	lewat	通る，通過する
7.	mampir / singgah	立ち寄る	35.	lulus	合格する，（糸が）通る
8.	berangkat	出発する	36.	gagal	失敗する
9.	tiba / sampai	到着する，着く	37.	tamat	卒業する，終わる
10.	masuk	入る	38.	menang	勝つ
11.	keluar	出る，外出する	39.	kalah	負ける
12.	hadir	出席する	40.	terbit	昇る，発行される
13.	absen	欠席/欠勤する	41.	tenggelam	沈む，水に溺れる
14.	buka	（店が）開く	42.	ikut / turut	ついて行く，参加する
15.	tutup	（店が）閉まる	43.	mulai	始まる
16.	naik	乗る，上がる	44.	selesai	終わる，完了する
17.	turun	降りる，下る	45.	habis	なくなる，尽きる，終わる
18.	maju	進む，進歩する	46.	muncul	出現する，現れる
19.	mundur	退く，後退する	47.	hilang	消える，紛失する
20.	lahir	生まれる	48.	ingat	覚えている
21.	hidup	生きる，暮す	49.	lupa	忘れる
22.	mati	死ぬ，停電する	50.	tahu	知る，わかる
23.	tumbuh	生える，成長する	51.	kenal	面識がある
24.	tinggal	住む，残る	52.	paham	理解する，わかる
25.	pindah	移る，引っ越す	53.	minta	求める，願う，〜をください
26.	bangun	起きる	54.	tahan	耐える，保つ
27.	tidur	寝る	55.	cuti / libur	休暇をとる，休む
28.	mandi	水浴びする	56.	hancur	砕ける，崩壊する

☐ 1. Saya pernah makan bakso.　　　　私は肉団子スープを食べたことがあります。

☐ 2. Bapak mau minum apa?　　　　　あなたは何を飲みますか？

☐ 3. Anak itu pernah pergi ke taman ria.　その子は遊園地に行ったことがあります。

☐ 4. Orang tua saya akan datang bersama.　　私の両親は一緒に来ます。
　　　Pesawat terbang ini datang dari Belanda.　この飛行機はオランダから来ました。

☐ 5. Dia belum pulang dari Korea Selatan.　彼はまだ韓国から帰っていません。

☐ 6. Ayah sudah kembali dari kantor.　　　父はすでに会社から戻りました。
　　　Pesawat antariksa itu sudah kembali di bumi.
　　　　　　　　　　　　　　　　　　その宇宙船は地球に戻りました。

☐ 7. Saya suka mampir di kedai kopi.　　私はよくコーヒーショップに立ち寄ります。

☐ 8. Bus ini akan segera berangkat ke Ubud.　このバスはすぐにウブドへ出発します。

☐ 9. Tamu dari Tiongkok sudah tiba di bandara.
　　　　　　　　　　　　　　　　　　中国からのお客様は空港に着きました。
　　　Saya sampai di Jakarta tengah malam.　私は夜中にジャカルタに着きました。

☐ 10. Beberapa direktur masuk ke ruang tamu.　数名の役員が応接室に入りました。
　　　Siswa itu masuk sekolah.　　　　　1. その生徒は入学しました。
　　　　　　　　　　　　　　　　　　2. その生徒は登校しました。
　　　Bawahan saya belum masuk kerja/kantor.　私の部下はまだ出勤していません。

☐ 11. Murid-murid keluar dari ruang kelas.　生徒たちは教室から出てきました。
　　　Ia baru keluar dan tidak kembali hari ini.　彼は外出したばかりで今日は戻りません。
　　　Saya sudah keluar dari perusahaan itu.　私はその会社を退職しました。

☐ 12. Para mahasiswa akan hadir pada lomba pidato.
　　　　　　　　　　　　　　　　　　大学生たちは弁論大会に出場します。

☐ 13. Murid ini tidak pernah absen atau bolos sekolah.
　　　　　　　　　　　　　　　　この生徒は欠席したり学校をさぼったことはありません。

☐ 14. Kantor pos tidak buka pada hari libur nasional.
　　　　　　　　　　　　　　　　　国民の祝日に郵便局は開いてません。

☐ 15. Hari ini rumah makan Padang itu tutup.
　　　　　　　　　　　　　　　　　今日，そのパダン料理店は閉まっています。

☐ 16. Para penumpang sudah naik pesawat terbang.

乗客たちはすでに飛行機に乗りました。

Liftnya sedang rusak. Kita naik tangga saja.

エレベーターは故障中です。私たちは階段を上ります。

Gaji pegawai negeri belum naik. 公務員の給与はまだアップしていません。

☐ 17. Saya akan turun di Terminal Bus Ubung. 私はウブンバスターミナルで降ります。

Turis itu sudah turun gunung. その観光客はすでに下山しました。

☐ 18. Para peserta maju ke depan panggung. 参加者たちは舞台の前に進み出ます。

Perusahaan patungan itu maju pesat. その合弁会社は急速に進歩しています。

☐ 19. Direktur Jenderal itu akan mundur dari jabatannya.

その総局長は退職する予定です。

☐ 20. Dia lahir dan besar di Amerika Serikat. 彼はアメリカ合衆国で生まれ育ちました。

☐ 21. Suami istri itu hidup berdua saja. その夫婦は二人だけで暮らしています。

☐ 22. Orang yang sudah mati tidak hidup kembali. 死んだ人は生き返りません。

☐ 23. Hutan bakau tumbuh di daerah pantai. マングローブ林は海岸地域で生育します。

☐ 24. Uang rupiahnya masih tinggal sedikit. ルピアのお金はまだ少し残っています。

☐ 25. Paman sekeluarga sudah pindah ke Bali. 叔父さん一家はバリに引越しました。

Kita akan pindah kereta di Stasiun Manggarai.

私たちはマンガライ駅で列車を乗換えます。

086

☐ 26. Setiap pagi ibu bangun pada pukul 6. 毎朝，母は6時に起きます。

☐ 27. Adik sedang tidur di kamarnya. 弟は自分の部屋で就寝中です。

☐ 28. Aku baru saja selesai mandi. 僕は水浴びを終えたばかりです。

☐ 29. Saya mau duduk di kursi dekat jendela. 私は窓の近くの椅子に座りたいです。

☐ 30. Penjahat itu telah lari dari penjara. その悪人は刑務所から逃げました。

☐ 31. Beberapa ekor burung terbang ke sana sini.

数羽の鳥があちこちへ飛んでいます。

☐ 32. Ayah saya jatuh dari atap rumah. 私の父は家の屋根から転落しました。

Lansia itu jatuh di pinggir jalan. その老人は道ばたで転びました。

Hari raya Nyepi tahun ini jatuh pada hari Jumat.

今年のニュピ祝日は金曜日に当たります。

☐ 33. Daun-daun beraneka warna sedang gugur. 様々な色の葉が落ちています。

☐ 34. Kereta api tujuan Surabaya ini lewat Semarang.

このスラバヤ行き列車はスマランを通ります。

☐ 35. Semua mahasiswa telah lulus ujian akhir semester.

全ての学生は期末試験に合格しました。

Jarinya tidak lulus ke cincin yang kekecilan itu.

その小さすぎる指輪に指が通りません。

☐ 36. Cucu saya gagal ujian masuk universitas. 私の孫は大学入試に失敗しました。

☐ 37. Dia tamat dari Universitas Gajah Mada. 彼はガジャマダ大学を卒業しました。

☐ 38. Negara itu menang dalam Perang Dunia Kedua.

その国は第二次世界大戦に勝ちました。

☐ 39. Pemain itu tidak pernah kalah dalam 35 pertandingan.

その選手は35試合負けたことがありません。

☐ 40. Majalah mingguan ini terbit tiap hari Sabtu.

この週刊誌は毎土曜日に発行されます。

Matahari terbit di sebelah mana? 太陽はどちら側に昇りますか？

☐ 41. Perahu nelayan itu telah tenggelam. その漁船はすでに沈没しました。

☐ 42. Saya juga mau ikut bersama ke bandara. 私も一緒に空港に行きたいです。
Mereka juga turut acara makan malam. 彼らも夕食会に参加します。

☐ 43. Juru masak itu sudah mulai bekerja lagi. そのシェフはまた働き始めました。

☐ 44. Pekerjaan rumahnya belum selesai. 宿題はまだ終わっていません。

☐ 45. Baterai HP-nya sudah hampir habis. 携帯電話の電池はほぼなくなりました。
Masa kontrak kerja saya sudah habis. 私の雇用契約期間は終了しました。

☐ 46. Aktris itu sering muncul di televisi. その女優はよくテレビに出ています。

☐ 47. Berapa jumlah bagasi yang hilang? 紛失した手荷物の総数はいくつですか？

☐ 48. Dia masih ingat akan lirik lagu itu. 彼はまだその歌の歌詞を覚えています。

☐ 49. Saya lupa akan nomor pin rekening bank itu.

私はその銀行口座の暗証番号を忘れました。

Dia tidak pernah lupa akan peristiwa itu.

彼はその事件を忘れたことがありません。

☐ 50. Dia lebih tahu (tentang) soal komputer daripada saya.

彼は私よりパソコンについて知っています。

☐ 51. Aku belum kenal dengan calon istrimu.　　僕はまだ君の婚約者を知りません。

☐ 52. Saya tidak paham apa artinya.　　私はどのような意味かわかりません。

Minta maaf, saya salah paham.　　ごめんなさい，私が誤解していました。

☐ 53. Minta nasi goreng satu dan teh tawar dua.

焼き飯1つとストレートティー2つください。

☐ 54. Kue basah ini tidak tahan lama.　　この生菓子は日持ちしません。

Mahasiswa itu tidak tahan tinggal di asrama.

その学生は寮住まいに耐えられません。

☐ 55. Bulan ini dia mau cuti dua minggu.　　今月，彼は2週間休暇を取りたいと思っています。

Saya akan libur panjang tahun depan.　　来年，私は長期休暇を取ります。

☐ 56. Kue kering ini sudah hancur.　　このクッキーは粉々になりました。

第6課　練習問題

1 次の（　　　）にあてはまる最も適当な語を a 〜 d の中から選びましょう。

1) Matahari sudah tenggelam, tetapi Melia
（　）pulang dari sekolah.
a. sudah
b. belum
c. masih
d. jarang

2) Saya baru saja mandi dan（　）pergi
ke pesta.
a. masih
b. sudah pernah
c. akan
d. belum pernah

3) Dia tidak tahu apa-apa tentang Papua.
   Dia (   ) pernah ke sana.
   a. akan
   b. belum
   c. baru
   d. sudah

4) Toko baju itu (   ) buka, tetapi sudah
   ada banyak tamu di dalamnya.
   a. baru
   b. masih
   c. belum
   d. sedang

5) Anda tidak boleh masuk ke ruang itu!
   (   ) ada rapat.
   a. Sudah
   b. Sedang
   c. Belum
   d. Jarang

1)		2)		3)		4)		5)	

2 次の下線部の反意語を a 〜 d の中から選びましょう。

1) Keluarga saya mau naik bus ke Kota
   Bandung.
   a. turun
   b. pergi
   c. lari
   d. maju

2) Hari ini Ria bangun pagi dan joging di
   lapangan dekat rumah.
   a. jatuh
   b. tidur
   c. kembali
   d. lewat

3) Kapan drama televisi yang baru itu akan
   mulai?
   a. berangkat
   b. terbit
   c. selesai
   d. gagal

4) Tim bulu tangkis ganda putra Indonesia
   menang atas tim Tiongkok.
   a. gugur
   b. hidup
   c. paham
   d. kalah

5) Atasan saya sudah keluar dari kantor
   pusat di Osaka.
   a. masuk
   b. singgah
   c. tiba
   d. hilang

1)		2)		3)		4)		5)	

3 次の （　） にあてはまる最も適当な語を a 〜 d の中から選びましょう。

1) Kaca-kaca jendela gedung itu (　　) saat gempa bumi.
   a. hancur
   b. gagal
   c. mati
   d. habis

2) Orang itu (　　) di lantai 50 gedung pencakar langit itu.
   a. masuk
   b. pindah
   c. pulang
   d. tinggal

3) Saya belum (　　) akan akar masalah dari konflik itu.
   a. hilang
   b. paham
   c. kenal
   d. tahan

4) Truk itu selalu (　　) jalan tol agar cepat sampai di tujuan.
   a. ikut
   b. buka
   c. lewat
   d. mampir

5) Dia selalu (　　) pada seminar tentang budaya Indonesia.
   a. hadir
   b. tamat
   c. tumbuh
   d. cuti

1)		2)		3)		4)		5)	

4 次の文を日本語に訳しましょう。

1) Drama serial TV yang panjang itu sudah tamat.
   → (　　　　　　　　　　　　　　　　　　　　　　　　　　)

2) Hubungan diplomatik dua negara itu belum pernah putus.
   → (　　　　　　　　　　　　　　　　　　　　　　　　　　)

3) Kita maju terus dan tidak mundur. Usaha kita tidak akan sia-sia.
   → (　　　　　　　　　　　　　　　　　　　　　　　　　　)

4) Petinju juara dunia itu telah tumbang oleh petinju muda.
   → (　　　　　　　　　　　　　　　　　　　　　　　　　　)

5) Tim nasional sepak bola Prancis telah kalah dalam babak final.
   → (　　　　　　　　　　　　　　　　　　　　　　　　　　)

6) Pesawat terbang yang ke Makassar akan singgah di Surabaya.
   → (　　　　　　　　　　　　　　　　　　　　　　　　　　)

7) Rambut bayi itu tumbuh dengan cepat dan lebat.
　　→ (　　　　　　　　　　　　　　　　　　　　　　　　　　　　　　　　　　　）

8) Remaja itu sudah pamit kepada orang tuanya untuk pergi ke luar negeri.
　　→ (　　　　　　　　　　　　　　　　　　　　　　　　　　　　　　　　　　　）

9) Banyak orang mudik ke kampung halaman saat Lebaran.
　　→ (　　　　　　　　　　　　　　　　　　　　　　　　　　　　　　　　　　　）

10) Masalah berat pada perusahaan itu belum hilang.
　　→ (　　　　　　　　　　　　　　　　　　　　　　　　　　　　　　　　　　　）

5 次の文をインドネシア語に訳しましょう。

1) その新入社員は, とても勤勉で欠勤したことがありません。
　　→ (　　　　　　　　　　　　　　　　　　　　　　　　　　　　　　　　　　　）

2) この商品はほぼなくなりました。とてもよく売れています。
　　→ (　　　　　　　　　　　　　　　　　　　　　　　　　　　　　　　　　　　）

3) 彼は家族と一緒にバリ島の観光地に行きたいです。
　　→ (　　　　　　　　　　　　　　　　　　　　　　　　　　　　　　　　　　　）

4) 父はまだ寝ていますが, 母はすでに起きています。
　　→ (　　　　　　　　　　　　　　　　　　　　　　　　　　　　　　　　　　　）

5) その高価な花瓶は, 落ちて割れました。
　　→ (　　　　　　　　　　　　　　　　　　　　　　　　　　　　　　　　　　　）

6) その工場の職員は, いつも時間どおりに出勤します。
　　→ (　　　　　　　　　　　　　　　　　　　　　　　　　　　　　　　　　　　）

7) 私の姉は双子を妊娠しています。
　　→ (　　　　　　　　　　　　　　　　　　　　　　　　　　　　　　　　　　　）

8) その子供はまだ小さすぎます。彼はマラソン大会には参加しません。
　　→ (　　　　　　　　　　　　　　　　　　　　　　　　　　　　　　　　　　　）

9) 祖母は小学校の友だちをまだ覚えています。
　　→ (　　　　　　　　　　　　　　　　　　　　　　　　　　　　　　　　　　　）

10) 今日, 私は休みですがどこにも行く予定はありません。
　　→ (　　　　　　　　　　　　　　　　　　　　　　　　　　　　　　　　　　　）

○ 会話　Percakapan　　　　　　　　　　　　　　　　　🎧 087

MENGATUR JADWAL DENGAN SEKRETARIS

Bapak Kaito	:	Linda, lusa saya ada rapat rutin bulanan.
Ibu Linda	:	Hari Rabu pukul 9 pagi, ya Pak?
Bapak Kaito	:	Iya benar.
Ibu Linda	:	Kira-kira rapatnya selesai pukul berapa?
Bapak Kaito	:	Mungkin hanya 2 jam. Mengapa bertanya begitu?
Ibu Linda	:	Bapak harus berangkat ke PT ABC pada pukul 12.00.
Bapak Kaito	:	Oh iya, saya lupa.
Ibu Linda	:	Pak, tadi ada telepon dari Bapak Amir.
Bapak Kaito	:	Ada apa?
Ibu Linda	:	Beliau ingin bertemu untuk berkonsultasi tentang rencana ekspor tahun depan.
Bapak Kaito	:	Baik, saya juga ingin berbicara dengan beliau. Ada berita baru mengenai hal itu dari kantor pusat di Tokyo.

□ mengatur <atur>	調整する，整理する	□ harus	～しなければならない
□ jadwal	スケジュール	□ berangkat	出発する，出かける
□ sekretaris	秘書	□ PT (= perseroan terbatas)	株式会社
□ lusa	明後日，あさって	□ pada	～に
□ rapat	会議	□ tadi	先ほど
□ rutin bulanan <bulan>	月例	□ telepon	電話
□ Rabu	水曜日	□ untuk	～ために
□ pukul	～時	□ berkonsultasi <konsultasi>	相談する
□ pagi	朝	□ tentang	～について
□ kira-kira <kira>	だいたい，おおよそ	□ rencana	計画，プラン
□ rapatnya <rapat>	その会議	□ ekspor	輸出
□ selesai	終わる	□ tahun depan	来年
□ mungkin	たぶん	□ berbicara <bicara>	話す
□ hanya	～だけ	□ berita	ニュース，通知
□ ~ jam	～時間	□ mengenai <kena>	～について
□ mengapa <apa>	なぜ	□ hal	事柄，案件
□ bertanya <tanya>	尋ねる	□ kantor pusat	本社
□ begitu	そのように		

● 日本語訳　Terjemahan

秘書とスケジュール調整をする

快斗さん：　リンダ，明後日，私は月例会議があります。

リンダさん：水曜日，午前 9 時ですね。

快斗さん：　はい，そうです。

リンダさん：会議は何時頃に終わりますか？

快斗さん：　おそらく 2 時間だけです。なぜそのようなことを聞くのですか？

リンダさん：12 時に ABC 株式会社に出かけなくてはなりません。

快斗さん：　ああ，そうですね。忘れていました。

リンダさん：部長，先ほどアミル氏から電話がありました。

快斗さん：　何かありましたか？

リンダさん：来年の輸出計画について相談するためにお会いしたいそうです。

快斗さん：　わかりました。私もアミル氏と話したいです。東京の本社からその件について新しい情報があります。

RAPAT RUTIN BULANAN

Bapak Kaito adalah salah satu kepala bagian di perusahaan dagang. Hari ini ada rapat rutin bulanan mengenai rencana bisnis untuk tahun depan. Beliau berangkat dari rumah pada pukul 7.30 dan bermobil ke kantor. Beliau selalu pergi berdua saja dengan sopir pribadi.

Karena hari ini agak macet, beliau sampai di kantor pada pukul 8.30. Beliau bergegas masuk ke ruangnya karena rapat akan mulai 30 menit lagi. Ibu Linda, sekretarisnya sudah ada di sana. Bapak Kaito bertanya kepada Ibu Linda, "Apakah berkas-berkas rapat sudah siap?" "Berkas-berkas itu sudah ada di atas meja Bapak," kata Ibu Linda.

Bapak Kaito bergegas ke ruang rapat bersama Ibu Linda. Peserta lain sudah berkumpul di sana. Saat Bapak Kaito masuk ke ruang rapat, para peserta berdiri dan memberi salam kepada Bapak Kaito. Rapat mulai dan Bapak Kaito langsung berbicara mengenai rencana ekspor produk dari Indonesia ke Jepang tahun depan. Karena ini proyek baru dan besar, para karyawan harus bekerja lebih keras. Bapak Kaito berencana berangkat ke Jepang minggu depan untuk berbicara dengan Presiden Direktur di Tokyo tentang proyek baru ini.

☐ adalah <ada>	～です	☐ sekretarisnya <sekretaris>	秘書
☐ salah satu	ある1つの, ある1人の	☐ berkas-berkas <berkas>	資料, ファイル
☐ kepala bagian <bagi>	部長	☐ siap	準備／心構えができている
☐ hari ini	今日	☐ atas	上
☐ bisnis	ビジネス	☐ meja	机
☐ bermobil <mobil>	乗車する	☐ kata	言う
☐ selalu	いつも	☐ peserta <serta>	参加者
☐ berdua <dua>	2人で	☐ lain	他の
☐ saja	～だけ	☐ berkumpul <kumpul>	集まる
☐ sopir	運転手	☐ berdiri <diri>	立つ, 建立する
☐ pribadi	個人の	☐ memberi salam <beri>	挨拶する
☐ macet	渋滞した	☐ langsung	直ちに, すぐに
☐ sampai	到着する	☐ produk	製品
☐ kantor	事務所, 会社	☐ proyek	プロジェクト
☐ bergegas <gegas>	急いで, あわてて	☐ keras	硬い, 強い, 熱心に
☐ ruangnya <ruang>	部屋	☐ berencana <rencana>	計画を持つ
☐ mulai	始まる	☐ minggu depan	来週
☐ ～ menit	～分	☐ presiden direktur	社長
☐ lagi	あと～, それから		

● 日本語訳　Terjemahan

月例会議

　快斗さんは商社の部長の一人です。今日は来年の営業計画について月例会議があります。快斗さんは7時半に家を出発し,車で会社へ行きました。快斗さんはいつも専属ドライバーと2人だけで行きます。

　今日は少し渋滞していたので,8時半に会社に着きました。30分後に会議が始まるので,急いで自分の部屋に入りました。秘書のリンダさんはもうそこにいました。快斗さんはリンダさんに「会議の資料はもう準備しましたか？」と尋ねました。「その資料は部長の机の上にあります」とリンダさんは言いました。

　快斗さんはリンダさんと一緒に会議室へ急ぎました。すでにほかの参加者はそこに集まっていました。快斗さんが会議室に入ったとき,参加者たちは立ち上がって快斗さんにあいさつをしました。会議が始まり,快斗さんはすぐに来年のインドネシアから日本への製品輸出計画について話しました。これは新規の大規模プロジェクトなので,社員たちはさらに懸命に働かなければなりません。この新規プロジェクトについて東京で社長と話しをするために,来週,快斗さんは日本へ出発する予定です。

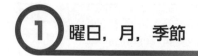

1 曜日，月，季節

MP3 091

曜日は，minggu に「週」の意味もあるため，hari Minggu「日曜日」の hari は省略できませんが，そのほかの hari は省略できます。また，bulan Januari「1月」など各月の前に bulan「月」を入れることもあります。

日曜日	hari Minggu / Ahad
月曜日	(hari) Senin
火曜日	(hari) Selasa
水曜日	(hari) Rabu
木曜日	(hari) Kamis
金曜日	(hari) Jumat
土曜日	(hari) Sabtu

1月	Januari	7月	Juli
2月	Februari	8月	Agustus
3月	Maret	9月	September
4月	April	10月	Oktober
5月	Mei	11月	November
6月	Juni	12月	Desember

雨季	musim hujan	春	musim semi	夏	musim panas
乾季	musim kemarau	秋	musim gugur	冬	musim dingin

2 年月日

MP3 092

○には「日，週，月，年」，△には「週，月，年」，〜には「数字」を入れます。日にちは，日本語と逆で「日，月，年」の順番になります。

日	hari	週	minggu
月／〜か月	bulan	年	tahun

今○	○ ini	➤	今日	hari ini

昨日	kemarin	明日	besok / esok
一昨日	kemarin dulu	明後日	lusa

先△／昨△	△ lalu	➤	先週	minggu lalu
来△	△ depan	➤	来週	minggu depan

～○前	～ ○ (yang) lalu	➤	2 日前	2 hari (yang) lalu
～○後	～ ○ lagi	➤	2 日後	2 hari lagi
毎○	setiap / tiap ○	➤	毎日	setiap / tiap hari
～○間	～ ○	➤	2 日間	2 hari

☐ Hari ini hari apa? . 　　　　今日は何曜日ですか？
☐ Hari ini hari Senin. 　　　　今日は月曜日です。

☐ Bulan depan bulan apa? 　　　来月は何月ですか？
☐ Bulan depan bulan Mei. 　　　来月は 5 月です。

☐ Tahun lalu tahun berapa? 　　昨年は何年ですか？
☐ Tahun lalu tahun 2020. 　　　昨年は 2020 年です。

☐ Tanggal berapa? 　　　　　　何日ですか？
☐ Tanggal 23 Juli 2021. 　　　　2021 年 7 月 23 日です。

 期間

 MP3 093

期間を尋ねるには，疑問詞 berapa「どのくらい」を用います。

☐	Berapa lama?	どのくらいの期間（時間）ですか？	Setengah hari.	半日です。
☐	Berapa jam?	何時間ですか？	Tiga jam.	3 時間です。
☐	Berapa hari?	何日間ですか？	Lima hari.	5 日間です。
☐	Berapa minggu?	何週間ですか？	Satu minggu.	1 週間です。
☐	Berapa bulan?	何か月間ですか？	Dua bulan.	2 か月間です。
☐	Berapa tahun?	何年間ですか？	Enam tahun.	6 年間です。
☐	Berapa umurnya/usianya?	何歳ですか？	Tujuh tahun.	7 歳です。

 時刻

MP3 094

1) 時刻は《**pukul / jam ＋ 数字（1 ～ 12）**》で表します。setengah「～半」の場合，後に来る数字がプラス 1 になることに注意しましょう。24 時間表記の数字は 20:00 ではなく 20.00 と書きます。jam は口語でよく使います。

□	Sekarang pukul / jam《口語》berapa?			今，何時ですか？
□	**tepat**	ちょうど	➤ Tepat pukul 2.	2時ちょうどです。
□	**kira-kira**	～頃	➤ Kira-kira pukul 5.	5時頃です。
□	**lebih kurang**	～頃	➤ Lebih kurang pukul 6.	6時頃です
□	**lewat**	～過ぎ	➤ Pukul 3 (lewat) 5 (menit).	3時5分過ぎです。
□	**kurang**	～前	➤ Pukul 7 kurang 10 (menit).	7時10分前です。
□	**tiga puluh (menit)**	30分	➤ Pukul 8 tiga puluh (menit).	8時30分です。
□	**setengah**	半	➤ Pukul setengah 9.	8時半です。
□	**lima belas (menit)**	15分	➤ Pukul 1 lima belas (menit).	1時15分です。
□	**seperempat**	15分 (4分の1)	➤ Pukul 1 seperempat.	1時15分です。

【注】単語の順番が違うと意味が変わるので，気をつけましょう。

 ➤ Jam berapa? 何時ですか？ ⇔ 比較) Berapa jam? 何時間ですか？

 ➤ Bulan berapa? 何月ですか？ ⇔ 比較) Berapa bulan? 何か月間ですか？

2) pukul 20.00 の場合，pukul dua puluh「20時」ではなく，pukul delapan malam「午後8時」と時刻の後に「朝，昼，夕，夜」を付ける言い方が一般的です。

□	朝（～10時）	pagi	午前6時	➤ pukul enam pagi
□	昼（10～15時）	siang	正午	➤ pukul dua belas siang
□	夕（15時～日没）	sore / petang	午後4時	➤ pukul empat sore/petang
□	夜（日没～）	malam	午前0時	➤ pukul dua belas malam

【注1】インドネシアには3つの時間帯があります。WIB は日本より2時間遅れ，WITA は日本より1時間遅れ，WIT は日本と同時間です。

 WIB = Waktu Indonesia Barat 西部インドネシア時間（ジャワ島など）

 WITA = Waktu Indonesia Tengah 中部インドネシア時間（バリ島など）

 WIT = Waktu Indonesia Timur 東部インドネシア時間（マルク諸島など）

【注2】イスラム教徒の祈りの時間

 イスラム教徒が毎日5回お祈りをする時間の名前です。

subuh	日の出直前，(fajar 夜明け)	4.00	
zuhur = lohor	1. 正午 2. 昼過ぎ	12.00	12.00～16.00
asar	昼下がり，夕方	15.00	
magrib	日没，(senja 夕暮れ)	18.00	
isya	1. 日没直後 2. 日没から夜明けまで	19.00	19.00～6.00

【参考】時間に関する語
　時間に関する語をまとめて覚えましょう。

秒	detik	四半期，3か月間	triwulan
分	menit	年	tahun
時間	jam	うるう年	tahun kabisat
日	hari	8年間，8周年	windu
週	minggu	10年間，10周年	dasawarsa, dekade
月	bulan	世紀	abad

 方向以外の前置詞

先に学んだ方向の前置詞（→ p. 20）以外の前置詞を紹介します。buat は口語です。

akan	～を	selama	～の間
untuk / buat	～のために	sejak / dari / mulai	～以来，～から
bagi / buat	～にとって	sampai / hingga	～まで
dengan	～と共に，～で	sepanjang	～中ずっと，～に沿って
tanpa	～なしで	menjelang	～をひかえて，～が迫ると
kecuali	～を除いて	tentang / mengenai	～について，～に関して
termasuk	～を含めて	seperti	～のように
selain	～の他に	supaya / agar	～するように
kepada	（人）に	sebagai	～として
terhadap	～に対して	menurut	～によると
pada	（時間，場所，人）に	melalui / lewat	～を通して

□ Dia tidak pernah lupa akan janjinya. 　　彼は約束を忘れたことがありません。

□ Oleh-oleh ini untuk keluarga Bapak. 　　このおみやげはあなたのご家族のためです。

□ Bagi saya hal itu tidak penting. 　　私にはそのことは重要ではありません。

□ Dia mau berbicara dengan atasannya. 　　彼は上司と話がしたいと思っています。

□ Kita pergi ke sana dengan taksi. 　　私たちはタクシーでそこに行きます。

□ Orang Jepang suka teh tanpa gula. 　　日本人は砂糖なしのお茶が好きです。

第7課　曜日，月，季節，年月日，期間，時刻，方向以外の前置詞，接頭辞 ber-，直接話法　　*91*

☐ Museum itu buka kecuali hari Senin. その博物館は月曜日以外開いています。

☐ Semuanya hadir termasuk saya. 私を含めて全員出席します。

☐ Selain golf dia pandai bermain tenis. ゴルフの他に彼はテニスが上手です。

☐ Mereka berkata kasar kepada saya. 彼らは私に暴言を吐きました。

☐ Anak itu takut terhadap anjing. その子供は犬に対して怖がっています。

☐ Toko suvenir ini tutup pada pukul 5 sore. このおみやげ店は夕方5時に閉まります。
☐ Semua anggota hadir pada sidang umum. 全会員が総会に出席します。
☐ Buku saya ada pada dia. 私の本は彼のところにあります。

☐ Selama ini suami istri itu belum pernah bertengkar.
これまでにその夫婦はけんかしたことがありません。

☐ Saya berada di Jakarta sejak kanak-kanak. 私は幼少の頃からジャカルタにいます。

☐ Ia berlibur mulai tanggal 25 April hingga tanggal 8 Mei.
彼は4月25日から5月8日まで休暇を過ごします。

☐ Obral ini berlangsung sampai besok. このセールは明日まで行われます。

☐ Para pemuda berjoget sepanjang malam. 若者たちは一晩中踊ります。

☐ Menjelang tengah malam ia baru sampai di tanah airnya.
真夜中近くに彼はようやく祖国に着きました。

☐ Aku ingin tahu banyak tentang dirimu. 僕は君自身について多くを知りたいです。

☐ Wajahnya persis seperti wajah ibunya. 彼の顔は母親の顔にそっくりです。

☐ Saya minum obat supaya cepat sembuh. すぐに治るように私は薬を飲みました。

☐ Ia rajin belajar agar lulus ujian. 試験に合格するように彼は熱心に勉強しました。

☐ Saya bekerja sebagai pegawai bank. 私は銀行員として働いています。

☐ Menurut dokter tidak ada masalah dengan lukanya.
医師によると彼のケガは問題ありません。

☐ Saya naik pesawat terbang melalui pintu A6.
私はA6ゲートから飛行機に乗ります。

6 接頭辞 ber-

1）接頭辞 ber- の付け方

通常は語幹に接頭辞 ber- を付けますが，r で始まる語幹と第 1 音節に er が含まれる語幹には接頭辞 be- を付けます。例外の belajar「勉強する」はそのまま覚えましょう。

🎵 097
MP3

語幹	接頭辞	語幹	ber- 動詞
通常	ber-	jalan（道） janji（約束） dagang（商売）	☐ berjalan（歩く） ☐ berjanji（約束する） ☐ berdagang（商売する）
r で始まる語幹	be-	renang（水泳） rias（化粧） rambut（髪）	☐ berenang（泳ぐ） ☐ berias（化粧する） ☐ berambut（～の髪をしている）
第 1 音節に er が含まれる語幹	be-	kerja（仕事，労働） serta（並びに） ternak（家畜）	☐ bekerja（働く） ☐ beserta（伴う） ☐ beternak（家畜を飼育する）
例外	bel-	ajar（－）	☐ belajar（勉強する）

2）接頭辞 ber- の意味

名詞，動詞，形容詞，数詞などの語幹に接頭辞 ber- が付くと ber- 動詞になります。ber- 動詞は主に自動詞ですが，他動詞もあります。接頭辞 ber- には様々な意味があり，bermobil「車に乗る，車を持つ」など複数の意味を持つものもあります。

2-1）所有（語幹は名詞）

🎵 098
MP3

☐	saudara	兄弟姉妹	➤ bersaudara	兄弟姉妹がいる
☐	keluarga	家族	➤ berkeluarga	家族がいる（既婚である）
☐	mata	目	➤ bermata	～の目をしている
☐	warna	色	➤ berwarna	～色をしている

☐ Saya bersaudara tiga orang.　　　　　　私は兄弟が 3 人います／ 4 人兄弟です。
☐ Lelaki itu sudah berkeluarga.　　　　　　その男性は結婚しています。
☐ Ia bermata besar dan berambut keriting.　彼は目が大きくて髪の毛は縮れています。
☐ Saya mau kaus oblong berwarna biru.　　私は青色の T シャツがほしいです。

2-2) 使用，着用（語幹は名詞）

☐	mobil	車	➤ bermobil	車に乗る
☐	kemeja	シャツ	➤ berkemeja	シャツを着る
☐	sepatu	靴	➤ bersepatu	靴をはく
☐	bahasa	言語	➤ berbahasa	言語を使う
☐	obat	薬	➤ berobat	薬を服用する，治療する

☐ Mahasiswa itu bermobil ke kampus. その大学生は車でキャンパスに行きます。
☐ Ayah berkemeja batik setiap hari. 毎日，父はバティックのシャツを着ます。
☐ Dia senang bersepatu baru. 彼は新しい靴を履いて喜んでいます。
☐ Orang asing itu pandai berbahasa Jawa. その外国人はジャワ語が堪能です。
☐ Dia akan berobat ke rumah sakit. 彼は病院に行って治療する予定です。

2-3) 出る，生産する（語幹は名詞）

☐	darah	血	➤ berdarah	血が出る
☐	telur	卵	➤ bertelur	卵を産む
☐	buah	実	➤ berbuah	実がなる

☐ Anak itu jatuh dan kakinya berdarah. その子供は転んで足から出血しました。
☐ Ayam bertelur sebutir sehari. ニワトリは1日1個の卵を産みます。
☐ Pohon kelapa itu belum berbuah. そのヤシの木にはまだ実がなっていません。

2-4) ある，含む（語幹は名詞）

☐	minyak	油	➤ berminyak	油を含む，（顔や髪が）脂っぽい
☐	lemak	脂，脂肪	➤ berlemak	脂肪を含む，脂の多い
☐	air	水	➤ berair	水がある，水分のある

☐ Mukanya selalu berminyak. 彼の顔はいつも脂ぎっています。
☐ Adik suka makan makanan berlemak. 弟は脂っこい食べ物が好きです。
☐ Saya berendam di kolam yang berair hangat. 私は温水プールに浸かりました。

2-5) 生業とする（語幹は名詞）

☐	niaga	商業	➤ berniaga	商売をする
☐	sawah	水田	➤ bersawah	稲作をする

☐ Kita mau berniaga tanpa modal.　　　私たちは資金なしで商売をしたいです。

☐ Remaja itu berminat untuk bersawah.　その青年は稲作に関心があります。

2-6) 相手と互いに動作（語幹は名詞，動詞）

☐	diskusi	討論，協議	➤ berdiskusi	討論する，協議する
☐	gaul	交際する，付き合う	➤ bergaul	交際する，付き合う
☐	tengkar	口論する，けんかする	➤ bertengkar	口論する，けんかする

☐ Pegawai itu sedang berdiskusi dengan atasannya. その職員は上司と協議中です。

☐ Dia suka bergaul dengan orang Jepang.　彼は日本人と付き合うのが好きです。

☐ Tamu itu bertengkar dengan pegawai toko. その客は店員と口論になりました。

2-7) 自分自身の動作（語幹は動詞）

☐	cukur	ひげをそる	➤ bercukur	ひげをそる
☐	dandan	着飾る，おしゃれをする	➤ berdandan	着飾る，おしゃれをする

☐ Ayah saya bercukur setiap pagi.　　　毎朝，父はひげをそります。

☐ Kakak sedang berdandan di kamarnya.　姉は自分の部屋でおめかししています。

2-8) 意味が変わる（語幹は名詞，動詞）

☐	diri	自身，自己	➤ berdiri	立つ，設立される
☐	ada	ある，いる，持つ	➤ berada	ある，いる，金持ちである
☐	lari	走る，逃げる	➤ berlari	走る

☐ Sopirnya berdiri di samping bus.　　　運転手はバスのそばに立っています。

☐ Perusahaan itu berdiri sejak tahun 1950. その会社は1950年から創業しています。

☐ Ayah saya bukan orang berada.　　　　私の父はお金持ちではありません。

☐ Mereka berlari pada lomba maraton itu. 彼らはそのマラソン大会で走ります。

　動詞，形容詞，名詞に接頭辞 ber- を付けると，語幹の意味を持つ動詞になります。語幹が動詞の場合，接頭辞 ber- がなくても意味は同じですが口語です。ただし，bertemu など語幹の temu だけでは意味を持たないものには接頭辞 ber- を付けます。語幹が名詞の場合は「〜する，行う」の意味になります。

　語幹が，1 以外の dua「2」，tiga「3」などの数詞の場合は「〜人で」，数詞の重複の場合は「〜人ずつ，〜つずつ」の意味になります。

🎵 106
MP3

動詞	kunjung	訪問する，訪れる	□＞ berkunjung	訪問する，訪れる
	kumpul	集まる	□＞ berkumpul	集まる
	main	遊ぶ，演奏する	□＞ bermain	遊ぶ，演奏する
形容詞	bohong	うその，偽りの	□＞ berbohong	うそをつく
	gembira	うれしい	□＞ bergembira	喜ぶ
	laku	有効な，通用する	□＞ berlaku	有効である
名詞	akhir	終了	□＞ berakhir	終了する
	istirahat	休憩	□＞ beristirahat	休憩する
	olahraga	運動，スポーツ	□＞ berolahraga	運動する，スポーツする
数詞	satu	1	□＞ bersatu	1つになる，団結する
	dua	2	□＞ berdua	2人で，2人一緒に
	dua	2	□＞ berdua-dua	2人ずつ，2つずつ

🎵 107
MP3

□ Direktur itu berkunjung ke kantor kami. その役員は私共の会社を訪れました。
□ Kita berkumpul di lobi pada pukul 9.00. 私たちは9時にロビーに集合します。
□ Teman saya pandai bermain gitar. 私の友人はギターが上手です。

□ Anak itu suka berbohong. その子供はよくうそをつきます。
□ Dia bergembira bertugas di luar negeri. 彼は海外勤務を喜びました。
□ SIM saya masih berlaku. 私の運転免許証はまだ有効です。

□ Kapan acara ini berakhir? いつこのイベントは終了しますか？
□ Saya mau beristirahat sebentar di kafe. 私はカフェで少し休憩したいです。
□ Tante berolahraga sekali seminggu. 叔母は1週間に1回運動をします。

□ Jerman Timur dan Barat telah bersatu. 東西ドイツは1つになりました。
□ Kami berdua setuju dengan syaratnya. 私たち2人はその条件に賛成です。
□ Silakan masuk berdua-dua secara bergilir. 順番に2人ずつお入りください。

3) 接頭辞 ber- ＋畳語

3-1) 接頭辞 ber- ＋ 単位の畳語 → 「何〜も」 🎵 108

puluh「十」, ratus「百」, ribu「千」, juta「百万」, meter「メートル」, jam「時間」
など数の単位の畳語に接頭辞 ber- を付けると「何〜も」を表します。

☐	puluh	10	➤ berpuluh-puluh	何十も
☐	meter	メートル	➤ bermeter-meter	何メートルも
☐	jam	時間	➤ berjam-jam	何時間も
☐	tahun	年	➤ bertahun-tahun	何年間も

☐ Dia berdagang selama berpuluh-puluh tahun. 　　彼は何十年間も商売しています。
☐ Sungai itu bermeter-meter dalamnya. 　　その川は深さが何メートルもあります。
☐ Ali berenang berjam-jam di kolam renang. 　　アリはプールで何時間も泳ぎました。
☐ Kondisi ini akan berlanjut selama bertahun-tahun. 　この状態は何年間も続きます。

3-2) 接頭辞 ber- ＋ 名詞／形容詞の畳語 → 副詞／動詞 🎵 109

☐	bondong	群衆, 大勢	➤ berbondong-bondong	大挙して（する）
☐	ramai	にぎやかな	➤ beramai-ramai	にぎやかに（する）
☐	malas	怠惰な	➤ bermalas-malas	だらだら（する）

☐ Suporter berbondong-bondong ke stadion.
　　　　　　　　　　　　　　　　サポーターは大挙して競技場へ行きました。
☐ Mereka beramai-ramai bermain bisbol. 　彼らは野球をして盛り上がりました。
☐ Kemarin saya bermalas-malas di rumah. 　昨日，私は家でごろごろしていました。

3-3) 接頭辞 ber- ＋ 名詞の畳語 → 動詞 🎵 110

☐	dering	リンリン, ベルの音	➤ berdering-dering	リンリン鳴る
☐	seri	輝き, 光	➤ berseri-seri	キラキラ輝く
☐	kilap	輝き, 光	➤ berkilap-kilap	ピカピカ輝く

☐ Bel di rumah sebelah berdering-dering. 　隣の家のベルがリンリン鳴っています。
☐ Wajahnya berseri-seri karena menang. 　勝利して彼の顔はキラキラ輝いています。
☐ Lantai hotel bersih berkilap-kilap. 　ホテルの床はピカピカしてきれいです。

7 直接話法

直接話法は人が述べた言葉を " " (tanda petik)「引用符」を用いて伝えます。" " の前には《主語 + ber- 動詞》, 後には《接頭辞 ber- を取った動詞 + 主語》が来ます。

主語（A）+ ber- 動詞, "-----."	Aは「-----」と～。
"-----," 接頭辞 ber- を取った動詞 + 主語（A）.	「-----」とAは～。

☐ 1. Ibu berkata kepada anaknya, "Kucing sedang bersembunyi di bawah ranjang."
　　　　　　お母さんは子供に「ネコはベッドの下に隠れている」と言いました。

"Kucing sedang bersembunyi di bawah ranjang," kata Ibu kepada anaknya.
　　　　　　　「ネコはベッドの下に隠れている」とお母さんは子供に言いました。

☐ 2. Doni bertanya kepada Tina, "Kenapa kamu suka bertengkar dengan teman?"
　　　　　　ドニはティナに「なぜ君はよく友だちと口げんかするの？」と尋ねました。

"Kenapa kamu suka bertengkar dengan teman?" tanya Doni kepada Tina.
　　　　　　「なぜ君はよく友だちと口げんかするの？」とドニはティナに尋ねました。

第 7 課　練習問題

1 次の（　　　）にあてはまる最も適当な語を a ～ d の中から選びましょう。

1) （　　）Ita akan pergi berdua dengan kakaknya ke kebun binatang.
   a. Kemarin dulu
   b. Minggu lalu
   c. Pagi tadi
   d. Hari ini

2) Wah, sudah musim (　　), ya. Hawanya sudah hangat.
   a. semi
   b. panas
   c. gugur
   d. dingin

3) Kami bertiga berlari keliling lapangan berjam-jam (　　) hari Sabtu.
   a. lusa
   b. setiap
   c. depan
   d. lalu

4) Setengah jam (　　) saya telah bertemu dengan Walikota.
   a. depan
   b. lalu
   c. esok
   d. lagi

5) Konser musisi luar negeri itu mulai (　　)
pukul 12.00.
a. lewat
b. kurang
c. tepat
d. lebih

1)		2)		3)		4)		5)	

2 次の（　）にあてはまる最も適当な語を a ～ d の中から選びましょう。

1) Dia pernah belajar semua bahasa Asia Tenggara (　　) bahasa Khmer.
a. kecuali
b. selain
c. terhadap
d. pada

2) Wartawan bertanya (　　) solusi atas masalah banjir.
a. dengan
b. mengenai
c. selama
d. menjelang

3) Sejak pulang dari Bali, bibi berminat (　　) tari Bali.
a. untuk
b. kepada
c. terhadap
d. seperti

4) (　　) prakiraan cuaca, hujan deras berlanjut berhari-hari.
a. Supaya
b. Menurut
c. Seperti
d. Melalui

5) Banyak orang berbelanja di *supermarket* (　　) tahun baru.
a. selama
b. sebagai
c. sepanjang
d. menjelang

1)		2)		3)		4)		5)	

3 次の（　）にあてはまる最も適当な語を a ～ d の中から選びましょう。

1) Orang yang (　　) Islam tidak boleh makan daging babi.
a. beragama
b. berselisih
c. berakhir
d. bekerja

2) Dia kawan dekat saya. Kami sudah (　　) sejak masih TK.
a. berdandan
b. berniaga
c. berteman
d. berkeluarga

3) Semua orang tua pasti berharap anak-anaknya (   )
   a. berkata
   b. berbahagia
   c. berbohong
   d. bertengkar

4) Wanita berambut panjang dan (   ) hitam itu istri Amir.
   a. berkacamata
   b. berwarna
   c. bertelur
   d. berbuah

5) Sepupu saya sering (   ) di Sungai Ciliwung.
   a. berkuda
   b. bersepeda
   c. berjalan
   d. berperahu

1)		2)		3)		4)		5)	

4 次の文を日本語に訳しましょう。

1) Kaus oblong bergambar Candi Prambanan ini cocok sebagai oleh-oleh.
   → (   )

2) Minuman favorit saya adalah kopi susu berbusa.
   → (   )

3) Tentara yang bertugas di Aceh itu pulang ke Jawa sekali dalam setahun.
   → (   )

4) Agar berhasil dalam bisnis ini, kita harus selalu berusaha dan bersabar.
   → (   )

5) Para siswa berbaris di lapangan untuk ikut dalam upacara bendera.
   → (   )

6) Penyanyi rok dari Kamboja itu bersuara serak-serak basah.
   → (   )

7) Kamu berkeringat sekali. Dengan deodoran ini badan tidak akan berbau.
   → (   )

8) Paman berladang singkong di lahan kosong sebelah rumahnya.
   → (   )

9) Siswa SMP di Indonesia berbaju seragam dan bertopi biru.
   → (   )

10) Ayah berdagang mobil bekas sejak tahun 1995.

→ (   )

5 次の文をインドネシア語に訳しましょう。

1) 何千人もの生徒がその有名大学の入学試験を受験しました。

→ (   )

2) 私は，長い間，離れ離れになっている友だちと会えるように願っています。

→ (   )

3) そのインドの映画スターは目が大きくて鼻が高いです。

→ (   )

4) 来年，彼は友だちとニュージーランドへ遊びに行きたいです。

→ (   )

5) 彼は母に外国で成功してまた戻ると約束しました。

→ (   )

6) この赤い目覚まし時計は，とても大きな音がします。

→ (   )

7) ティナは海岸で水遊びをしていますが，ルディは砂の上に寝転んでいます。

→ (   )

8) この特急列車は，私たちの目的の駅には止まりません。

→ (   )

9) その中国人女性は，エジプト人の夫と 2 人の子供がいます。

→ (   )

10) 全世界のイスラム教徒は断食月に断食をします。

→ (   )

▶解答　**p. 270**

第8課

Pelajaran 8

● 会話　Percakapan

INGIN KE YOGYAKARTA

Nao : Rudi, saya ingin lihat Candi Borobudur, warisan dunia di Yogyakarta.

Rudi : Wah, itu bagus. Kapan?

Nao : Bulan depan, tapi saya belum pernah ke Yogyakarta.

Rudi : Kamu bisa ke sana dengan pesawat terbang atau kereta api.

Nao : Selain Candi Borobudur, ada apa saja di sana?

Rudi : Kamu bisa nonton Sendratari Ramayana dan dengar musik gamelan di keraton.

Nao : Bulan depan liburan sekolah, ya. Saya harus segera pesan hotel dan tiket pesawat.

Rudi : Aku dan Tina mau nengok nenek di Yogyakarta. Mau pergi bersama?

Nao : Nenekmu tinggal di Yogyakarta?

Rudi : Iya, nanti kamu bisa nginap di rumah nenek.

Nao : Wah, masa? Tentu saja mau.

Rudi : Kami akan antar Nao keliling Yogyakarta.

Nao : Terima kasih banyak.

☐ lihat	見る	☐ keraton	王宮
☐ candi	石造寺院遺跡	☐ liburan <libur>	休暇
☐ warisan <waris>	遺産	☐ sekolah	学校
☐ dunia	世界	☐ pesan	注文する，予約する
☐ bulan depan	来月	☐ hotel	ホテル
☐ belum pernah	まだ～したことがない	☐ tiket	チケット
☐ pesawat (terbang)	飛行機	☐ nengok <tengok>	訪問する
☐ atau	それとも	☐ nenek	祖母
☐ kereta (api)	列車	☐ nanti	後で，今度
☐ selain <lain>	～の他に	☐ nginap <inap>	泊まる，宿泊する
☐ nonton <tonton>	観る	☐ masa	まさか
☐ sendratari	舞踊劇	☐ tentu saja	もちろん
☐ Ramayana	ラーマーヤナ	☐ antar	案内する
☐ dengar	聞く，聴く	☐ keliling	巡る，周回する

● 日本語訳　Terjemahan

ジョグジャカルタへ行きたい

奈央：　ルディ，私はジョグジャカルタの世界遺産ボロブドゥール寺院遺跡を見たいわ。

ルディ：　わあ，それはいいね。いつ？

奈央：　来月だけど，私はジョグジャカルタへ行ったことがないの。

ルディ：　そこへは飛行機か列車で行けるよ。

奈央：　ボロブドゥール寺院遺跡のほかに，そこには何があるの？

ルディ：　ラーマーヤナ舞踊劇を観たり，王宮でガムラン音楽を聴けるんだ。

奈央：　来月は学校休暇ね。ホテルと航空券を早く予約しなければいけないわ。

ルディ：　僕とティナはジョグジャカルタの祖母を訪問するつもりだ。一緒に行く？

奈央：　おばあさんはジョグジャカルタに住んでいるの？

ルディ：　うん，今度，奈央は祖母の家に泊まれるよ。

奈央：　わあ，本当？　もちろん，泊まりたいわ。

ルディ：　僕たちがジョグジャカルタ巡りに奈央を案内するよ。

奈央：　どうもありがとう。

MENUJU BANDARA

Pagi ini Rudi, Tina, dan Nao menuju bandara untuk pergi ke Yogyakarta. Ibu Yui dan Ibu Sonia mengantar mereka dengan mobil. Karena hari ini sopir sedang libur, Ibu Sonia harus mengemudi mobil. Sebelum ke bandara, mereka mampir sebentar di toko oleh-oleh yang terkenal di Jakarta. Ibu Sonia membeli kue bolu untuk nenek di Yogyakarta. Nenek sangat suka kue bolu di toko itu. Rudi dan Tina tidak boleh tidak membawa oleh-oleh kue itu setiap berkunjung ke rumah nenek.

Setelah sampai di bandara, Rudi, Tina, dan Nao langsung ke konter *check-in*. Masing-masing menyeret koper yang cukup besar untuk bekal selama satu minggu. Mereka tidak perlu mengantre lama di sana. Setelah urusan di konter selesai, mereka masuk ke sebuah kafe karena masih ada waktu. Di sana mereka memesan minuman ringan dan kue-kue kecil.

Karena sebentar lagi pesawat terbang akan berangkat, Rudi, Tina, dan Nao bergegas menuju lobi keberangkatan. Ibu Yui memeluk Nao dan berkata agar dia selalu berhati-hati selama di Yogyakarta. Dia juga berpesan agar Nao menelepon dia setelah sampai di sana.

☐ menuju <tuju>	向かう	☐ bekal	備え，旅行用品
☐ bandara	空港	☐ selama <lama>	～の間
(= bandar udara)		☐ minggu	週
☐ mengantar <antar>	案内する	☐ perlu	～する必要がる
☐ libur	休む	☐ mengantre <antre>	並ぶ，行列する
☐ mengemudi <kemudi>	運転する	☐ lama	（時間が）長い
☐ sebelum <belum>	～の前	☐ urusan <urus>	用事
☐ mampir	立ち寄る	☐ sebuah <buah>	1つの
☐ oleh-oleh	おみやげ	☐ kafe	カフェ
☐ kue bolu	ボルケーキ	☐ waktu	時，時間
☐ tidak boleh tidak	～せざるを得ない	☐ memesan <pesan>	注文する
☐ membawa <bawa>	持つ	☐ minuman <minum>	飲み物
☐ setiap <tiap>	毎～，	☐ ringan	軽い
	～の時はいつも	☐ sebentar lagi <bentar>	まもなく
☐ berkunjung <kunjung>	訪れる	☐ lobi	ロビー
☐ setelah <telah>	～の後	☐ keberangkatan	出発
☐ konter	カウンター	<berangkat>	
☐ *check-in*	チェックイン	☐ memeluk <peluk>	抱く
☐ masing-masing	それぞれの	☐ berhati-hati <hati-hati>	用心する
☐ menyeret <seret>	引く，引きずる	☐ berpesan <pesan>	忠告する
☐ koper	スーツケース	☐ menelepon <telepon>	電話する

● 日本語訳　Terjemahan

空港に向かう

　今朝，ルディ，ティナ，奈央は，ジョグジャカルタへ行くために空港に向かいました。結衣さんとソニアさんは車で彼らを見送りました。今日は運転手がお休みなので，ソニアさんは車を運転しなければなりませんでした。空港へ行く前に，彼らはジャカルタの有名なおみやげ店に，少しの間，立ち寄りました。ソニアさんはジョグジャカルタのおばあさんのためにボルケーキを買いました。おばあさんはその店のボルケーキが大好物です。おばあさんの家を訪れる度に，ルディとティナはそのケーキのおみやげを持って行かないわけにはいきません。

　空港に到着後，ルディとティナと奈央は，すぐにチェックインカウンターに行きました。一週間分の旅行用品のために，それぞれがかなり大きなスーツケースを引いています。そこでは，彼らは長く並ぶ必要はありませんでした。カウンターでの用事が終わった後，まだ時間があるので彼らは一軒のカフェに入りました。そこでは，彼らはソフトドリンクと小菓子を注文しました。

　まもなく飛行機が出発するため，ルディ，ティナ，奈央は，あわてて出発ロビーに向かいました。結衣さんは奈央を抱きしめて，ジョグジャカルタでは常に気をつけるように言いました。結衣さんはまた，そこに到着したら奈央から彼女に電話するように言い聞かせました。

接頭辞 me- の付け方

1) 接頭辞 me- の付け方

　接頭辞 me- が語幹に付くと，主に他動詞（目的語を取る動詞）になります。接頭辞 me- には me-, men-, mem-, meng-, menge- の 5 種類あり，語幹の最初の文字でどの接頭辞が付くかが決まります。語幹が k, p, s, t で始まる単語に接頭辞 me- が付くと語幹の最初の文字が変化します。口語には，①語幹，②語幹の最初の文字が k, p, s, t なら接頭辞から me- を削除した形，③接頭辞 nge-, ng-, ny- のいずれかを用います。

MP3 116

接頭辞	最初の文字	語幹	me- 動詞		
			標準語	口語	意味
me- 語幹の最初の文字が変化。	k	kirim	mengirim	ngirim	送る
	p	panggil	memanggil	manggil	呼ぶ
	s	sikat	menyikat	nyikat	ブラシをかける，磨く
	t	terima	menerima	nerima	受け取る
me-	l	lapor	melapor	ngelapor	報告する
	m	masak	memasak	masak	料理する
	n	nikah	menikah	nikah	結婚する
	ng *	nganga	menganga	nganga	口をぽかんと開ける
	ny	nyanyi	menyanyi**	nyanyi	歌う
	r	rawat	merawat	ngerawat	世話する，看病する
	w *	wabah	mewabah	wabah	伝染する
	y *	yakin	meyakini***	yakini	信じる，確信する
mem-	b	buat	membuat	ngebuat	作る
	f *	fotokopi	memfotokopi	fotokopi	コピーする
	v *	veto	memveto	veto	拒否権を行使する
men-	c	cari	mencari	nyari	探す，捜す
	d	dengar	mendengar	dengar	聞く
	j	jemput	menjemput	ngejemput	迎えに行く
	sy *	syukur	mensyukuri ***	syukuri	神に感謝する
	z*	ziarah	menziarahi ***	ziarahi	墓参りをする

meng-	a (母音)	ambil	mengambil	ngambil	取る
	i (母音)	inap	menginap	nginap	泊まる，宿泊する
	u (母音)	undang	mengundang	ngundang	招待する
	e (母音)	erti	mengerti	ngerti	理解する
	o (母音)	obrol	mengobrol	ngobrol	おしゃべりする
	g	ganti	mengganti	ngeganti	取り換える，弁償する
	h	hitung	menghitung	ngitung	計算する
	kh *	khianat	mengkhianati ***	ngkhianati	裏切る
menge-	一音節	cek	mengecek	ngecek	チェックする

【注】＊の文字で始まる単語は希少／＊＊自動詞／＊＊＊第10課で学ぶ接尾辞 -i の付いた動詞

🎵 **117**

□ Ia mengirim *e-mail* kepada pacarnya tiap hari.　彼は毎日恋人にメールを送ります。

□ Bagaimana saya harus memanggil Anda?　あなたをどう呼べばいいですか？

□ Dia mencuci muka dan menyikat gigi.　彼は顔を洗い，歯を磨きました。

□ Saya sudah menerima surat undangan.　私はすでに招待状を受領しました。

□ Ali menulis tugas sekolah dengan rapi.　アリは宿題をきれいに書きました。

□ Adik sedang asyik menonton televisi.　弟はテレビを観るのに夢中になっています。

□ Kamu pernah melihat hantu selama ini?　君は今までにおばけを見たことがありますか？

□ Perlukah saya melapor ke polisi tentang pencurian?
　　　　　　　　　私は盗難について警察に報告する必要がありますか？

□ Pembantu rumah tangga itu pandai memasak.　そのお手伝いさんは料理が上手です。

□ Dia menikah dengan putra kepala desa.　彼女は村長の息子と結婚します。

□ Semua orang menyanyi dan menari pada pesta itu.
　　　　　　　　　その宴会で全員が歌って踊りました。

□ Bagaimana cara merawat kulit sensitif?　敏感肌の手入れはどのようにしますか？

□ Para perawat sibuk merawat pasien.　看護師たちは患者の看病で忙しいです。

□ Penyakit kolera sedang mewabah di daerah itu.
　　　　　　　　　その地域でコレラが流行しています。

☐ Bagaimana cara membuat ketupat Lebaran?

断食明け大祭のちまきはどのようにして作りますか？

☐ Sekretaris memfotokopi surat laporan untuk direktur.

秘書は役員のために報告書をコピーしました。

☐ Perusahaan itu mencari tenaga kerja asing.

その会社は外国人労働者を探しています。

☐ Murid itu tidak mau mendengar nasihat guru.

その生徒は先生の忠告を聞きません。

☐ Dia menjemput tamunya di bandara. 彼はお客様を空港に迎えに行きました。

☐ Bolehkah saya mengambil brosur ini? このパンフレットをもらってもいいですか？

☐ Ibu mengantar anaknya ke sekolah. 母は子供を学校に送り届けました。

☐ Mau menginap berapa malam? 何泊お泊りですか？

☐ Saya mau mengundangmu makan malam. 私は君を夕食に招待したいです。

☐ Mereka sudah mengerti maksud saya. 彼らは私の意図を理解しました。

☐ Ibu suka mengobrol dengan tetangganya. 母は近所の人とよくおしゃべりします。

☐ Kakak sedang mengganti baju di kamarnya. 兄は部屋で着替えているところです。

☐ Akuntan itu menghitung pajak bumi dan bangunan.

その会計士は土地と建物の税金を計算しました。

☐ Pegawai pabean mengecek paket-paket dari luar negeri.

税関職員は外国からの小包をチェックします。

2）外来語に付く接頭辞 me-

二重子音ではじまる外来語の語形変化は，次のとおりです。

🎵 **118**

接頭辞	最初の文字	語幹	me- 動詞	
mem-	pr	prediksi	memprediksi	予測する
men-	tr	transpor	mentranspor	輸送する
	st	stimulasi	menstimulasi	刺激する
meng-	kr	kritik	mengkritik	批判する
	kl	klaim	mengklaim	主張する，要求する

3）接頭辞 me- の意味 -

3-1）接頭辞 me- ＋ 他動詞 → 他動詞《文語》

🎵 **119**

接頭辞 me- が他動詞に付いても，接頭辞 me- の有無によって意味は変わりません。口語では接頭辞 me- がしばしば省略されますが，面接や会議などフォーマルな場面での会話や文語には，接頭辞 me- を付けてください。

機能	語幹《口語》		me- 動詞《文語》	
語幹と同じ意味	baca	読む	membaca	読む
	cuci	洗う	mencuci	洗う
	pakai	使う，着る	memakai	使う，着る
	beli	買う	membeli	買う

☐ Selain cerpen, ia juga membaca puisi.　　短編小説のほかに彼は詩も読みます。

☐ Adik mencuci tangan sebelum makan.　　食事をする前に弟は手を洗います。

☐ Dia memakai kamus elektronik untuk belajar.　　彼は勉強用に電子辞書を使います。

☐ Orang kaya mampu membeli kondominium.　　お金持ちはマンションを買えます。

3-2）接頭辞 me- ＋ 形容詞 → 自動詞 「～になる」

🎵 **120**

接頭辞 me- が形状，状態，色などの形容詞に付くと，その形容詞の状態となる自動詞になります。

機能	語幹《形容詞》		me- 動詞《自動詞》	
～になる	besar	大きい	membesar	大きくなる
	dekat	近い	mendekat	近づく
	baik	よい	membaik	よくなる
	putih	白い	memutih	白くなる

□ Biaya listrik pada musim panas membesar. 夏は電気代がかさみます。
□ Angin topan sudah mendekat ke wilayah Kanto. 台風が関東地方に近づいています。
□ Kondisi badannya membaik setelah tidur. 寝た後，体調はよくなりました。
□ Usianya 20-an, tetapi rambutnya sudah memutih.
20代ですが，彼はもう白髪になりました。

3-3）接頭辞 me- ＋ 名詞　→　自動詞

接頭辞 me- が名詞に付くと，名詞から派生する様々な意味の自動詞になります。

機能	語幹《名詞》		me- 動詞《自動詞》	
～をする	tari	踊り	menari	踊る
	kuap	あくび	menguap	あくびをする
	rokok	たばこ	merokok	たばこを吸う
～に向かう	darat	陸，陸地	mendarat	上陸する，着陸する
	tepi	端，縁	menepi	端に寄る，端に寄せる
	seberang	向かい側	menyeberang	横断する，渡る
～を作る	sambal	サンバル	menyambal	サンバルを作る
	gambar	絵	menggambar	絵を描く
（道具，材料）で作業する	gunting	はさみ	menggunting	はさみで切る
	kail	釣り針	mengail	釣りをする
	cat	塗料	mengecat	塗料を塗る
～のようになる	patung	彫像	mematung	像のように動かない
	semut	蟻	menyemut	群がる，群れ集まる

□ Orang Jepang itu dapat menari tari Bali. その日本人はバリ舞踊を踊れます。
□ Dia sering menguap di kelas. 彼は教室でよくあくびをします。
□ Tidak boleh merokok di ruang tunggu. 待合室で喫煙してはいけません。

□ Astronaut itu sudah mendarat di bulan. その宇宙飛行士は月に着陸しました。
□ Mobil-mobil menepi saat ambulans lewat. 救急車が通る時に車は端に寄りました。
□ Hati-hati saat menyeberang jalan! 気をつけて道を渡りなさい！

□ Ibu menyambal dengan cabai hijau. 母は緑の唐辛子でサンバルを作ります。
□ Anak itu pandai menggambar binatang. その子供は動物を上手に描きます。

□ Kakak menggunting kain untuk membuat baju.
服を作るために姉ははさみで布を切ります。

☐ Nelayan itu mengail ikan di laut tiap hari. 毎日，その漁師は海で魚を釣ります。

☐ Ayah sedang mengecat dinding kamar. 父は部屋の壁にペンキを塗っています。

☐ Dia duduk mematung dari tadi. 彼はさっきから身じろぎせずに座っています。

☐ Pengunjung menyemut di taman hiburan itu.

来訪者がその遊園地でひしめいています。

② 時制以外の助動詞

MP3 122

先に学んだ**時制の助動詞**（→ p. 74）以外の助動詞を紹介します。

☐	**mau / hendak**《文語》	～したい，～するつもり《希望，未来》
☐	**ingin**	～を切望する《願望，欲求》
☐	**harus / mesti**	～しなければならない，～すべき《義務》
☐	**bisa / dapat**《文語》	～できる《可能》
☐	**mampu**	～の能力がある，～できる《可能》
☐	**sanggup**	～の用意がある，～できる《可能》
☐	**perlu / usah**	～する必要がある《必要》
☐	**tidak perlu / tidak usah**	～する必要はない《不要》
☐	**suka**	～するのが好きだ，よく～する《嗜好，習慣》
☐	**boleh**	～してもよい《許可》
☐	**tidak boleh**	～してはいけない《禁止》
☐	**sempat**	～する時間がある《時間的非制約》

☐ Saya mau berbelanja ke mal. 私はショッピングモールへ買い物に行きたいです。

☐ Mereka hendak hadir pada lomba pidato. 彼らは弁論大会に出場するつもりです。

☐ Dia ingin menikah dengan orang Jepang. 彼は日本人と結婚したがっています。

☐ Kamu harus rajin belajar untuk naik kelas.

君は進級するために熱心に勉強しなければなりません。

☐ Kolega saya mesti bekerja lembur. 私の同僚は残業をしなければなりません。

☐ Dia bisa berbahasa Inggris dengan lancar. 彼は英語を流ちょうに話せます。

☐ Kita dapat memandang panorama indah di sana.

私たちはそこで美しい全景を眺めることができます。

□ Produk lokal ini mampu bersaing dengan produk luar negeri.

この国内製品は外国製品と競争することができます。

□ Saya sanggup bertugas di luar negeri. 　私は海外で勤務する用意があります。

□ Kita perlu antre untuk membeli tiket pesawat.

私たちは航空券を買うために並ぶ必要があります。

□ Bapak tidak usah menjawab hal itu. 　あなたはその件に答える必要はありません。

□ Abang suka menonton film laga. 　兄はアクション映画を見るのが好きです。

□ Boleh saya mengambil foto di sini? 　ここで写真を撮ってもいいですか？
□ Tidak boleh merokok di ruang ini. 　この部屋でたばこを吸ってはいけません。

□ Saya belum sempat mengemas barang untuk pindah rumah.

私は引越しの荷造りをする時間がまだありません。

目的語になる人称代名詞の省略形

　p. 20 で所有格と所有代名詞のうち aku「僕，私」，kamu「君」，dia「彼，彼女」は，そのままの形で使うほか，-ku，-mu，-nya に形を変えて名詞に接尾辞化することは説明しましたが，目的語も同様に動詞に接尾辞化することがあります。ただし，engkau「君」の省略形の kau は動詞に接尾辞化できません。

Ario melamarku. / melamar aku.	アリオは私にプロポーズしました。
Kamerawan memotretmu./memotret kamu.	カメラマンが君の写真を撮ります。
Dia menjemput kau. / menjemput engkau.	彼が君を迎えに行きます。
× Dia menjemputkau.	
Dokter memeriksanya. / memeriksa dia.	医者は彼を診察します。

【参考】 diri「自分」に -ku, -mu, -nya が付くと, diriku = aku「僕，私（自身）」, dirimu = kamu「君（自身）」, dirinya = dia「彼（自身）」の意味になります。

□ Saat kecil, kakek sering memberi uang saku kepada diriku.

子供の時，祖父は僕によくお小遣いをくれました。

□ Aku tidak bisa berbuat apa-apa tanpa dirimu. 　君なしには，僕は何もできないよ。

□ Dia menganggap bahwa dirinya selalu benar. 　彼は自分がいつも正しいと思っています。

4 疑問を表す接尾辞 -kah

平叙文の前に apakah を付けると疑問文になることは，p. 47 で学びました。ここ
では，単語に接尾辞 -kah を付ける疑問文を学びます。

1）平叙文の後に接尾辞 -kah を付けると疑問文になります。

Dia belajar bahasa Indonesia.	彼はインドネシア語を勉強します。
➤ Dia belajar bahasa Indonesiakah?	彼はインドネシア語を勉強しますか？

**2）平叙文の中の名詞，形容詞，動詞，助動詞，副詞などに接尾辞 -kah が付けると，
その単語を強調した疑問文となります。強調する単語は文頭に置きます。**

➤ Rombongan itukah yang mau berkunjung ke pabrik kami besok?
その団体ですか？　明日，私共の工場を訪れたいのは。
➤ Maukah rombongan itu berkunjung ke pabrik kami besok?
望んでいるのですか？　明日，その団体が私共の工場を訪れるのを。
➤ Besokkah rombongan itu mau berkunjung ke pabrik kami?
明日ですか？　その団体が私共の工場を訪れたいのは。

5 付加疑問文 bukan

1）肯定の付加疑問文

平叙文の後に bukan? を付けると，「～でしょう？」「～ですね？」など相手に念を
押したり，確認する付加疑問文となります。bukan? の省略形は 'kan? ですが，くだ
けた表現なので目上の人には使いません。

平叙文 , + bukan / 'kan?	～でしょう？，～ですね？

☐ Bapak pemain sepak bola, bukan?　　　　　　あなたはサッカー選手ですね？
☐ — Ya, saya pemain sepak bola.　　　　　　　— はい，私はサッカー選手です。
☐ — Bukan, saya atlet renang.　　　　　　　　— いいえ，私は水泳選手です。

☐ Suhu di Jepang sekarang dingin, 'kan?　　　今，日本の気候は寒いでしょう？
☐ — Ya, dingin.　　　　　　　　　　　　　　— はい，寒いです。
☐ — Tidak, di Jepang panas pada bulan Agustus.　— いいえ，日本は 8 月は暑いです。

　否定の付加疑問文に対する答え方は，日本語のように相手の述べたことに対して肯定や否定で答えるのが一般的ですが，英語のように答えが肯定文なら Ya.「はい」，否定文なら Tidak.「いいえ」，Bukan.「ちがいます」で答える人もいるので（つまり，日本語とは逆の答え方），返答は Ya. Tidak. Bukan. ではなく，文で答える方が無難です。

☐ Dia bukan orang Tionghoa, bukan?	彼は中国人ではないでしょう？
☐ — Ya, dia bukan orang Tionghoa.	— はい，彼は中国人ではありません。
Dia orang Jepang.	彼は日本人です。
☐ — Bukan, dia orang Tionghoa.	— ちがいます，彼は中国人です。

☐ Bapak Ali sudah tidak bekerja, 'kan?	アリさんはもう仕事をしてませんね？
☐ — Ya, beliau sudah pensiun.	— はい，あの方はもう定年退職しました。
☐ — Tidak, beliau masih bekerja.	— いいえ，あの方はまだ働いています。

第8課　練習問題

1 次の下線部の語幹を a ～ d の中から選びましょう。

1) Tukang jahit sedang <u>mengukur</u> pakaian pesta untuk tamunya.
　a. kukur
　b. ngukur
　c. ukur
　d. gukur

2) Teknisi itu bertugas untuk <u>mengelas</u> sambungan pipa minyak.
　a. kelas
　b. ngelas
　c. elas
　d. las

3) Orang Indonesia <u>memasang</u> bendera merah putih pada bulan Agustus.
　a. pasang
　b. masang
　c. kasang
　d. tasang

4) Para mahasiswa bersemangat untuk <u>menolong</u> korban banjir.
　a. nolong
　b. tolong
　c. lolong
　d. olong

5) Konglomerat itu <u>menyumbang</u> kepada
rumah sakit di daerah.
a. kumbang
b. tumbang
c. nyumbang
d. sumbang

1)		2)		3)		4)		5)	

2 次の下線部の **me-** 動詞を **a** ～ **d** の中から選びましょう。

1) Nelayan <u>lepas</u> benih lobster yang masuk
ke jalanya.
a. menglepas
b. melepas
c. mengepas
d. memlepas

2) Pemerintah <u>ubah</u> undang-undang
tentang tembakau.
a. meubah
b. memubah
c. menubah
d. mengubah

3) Petugas imigrasi <u>cap</u> paspor orang-
orang yang masuk ke negaranya.
a. mengcap
b. memcap
c. mengecap
d. mencap

4) Ibu <u>rebus</u> daging sapi selama tiga jam
agar bumbunya meresap.
a. merebus
b. menrebus
c. memrebus
d. mengrebus

5) Randi <u>petik</u> gitar akustik dan menyanyi
di depan teman-temannya.
a. menyetik
b. mempetik
c. menpetik
d. memetik

1)		2)		3)		4)		5)	

3 次の（　）にあてはまる最も適当な語を **a** ～ **d** の中から選びましょう。

1) Toni baru mendengar berita itu. Dia
sangat marah dan wajahnya（　）.
a. memerah
b. menguning
c. menghijau
d. memutih

2) Mahasiswa itu tidak ingin pindah（　）
dari kampus.
a. mendekat
b. menjauh
c. memanjang
d. menciut

3) Panjang kaki meja itu tidak sama. Paman ( ) salah satu kaki meja itu.
   a. memalu
   b. menggergaji
   c. memaku
   d. mencungkil

4) Kamu harus segera makan roti itu. Roti itu mudah basi dan ( ).
   a. menjamur
   b. meracun
   c. menguap
   d. mencair

5) Kakek pergi ( ) pada malam hari untuk mencari ikan.
   a. mendarat
   b. melaut
   c. mengudara
   d. membumi

1)	2)	3)	4)	5)

4 次の文を日本語に訳しましょう。

1) Lawannya hebat, tetapi kiper sepak bola itu pandai menjaga gawangnya.
   → ( )

2) Sastrawan itu mengarang karya yang fenomenal dan banyak bukunya terbit.
   → ( )

3) Direktur menyuruh bawahannya untuk bekerja lembur setiap hari.
   → ( )

4) Memakai telepon pintar terlalu lama dapat merusak gaya hidup.
   → ( )

5) Setiap pagi nenek rutin menyapu halaman depan rumah.
   → ( )

6) Hasil produksi tahun ini menurun dan membuat perusahaan merugi.
   → ( )

7) Banyak remaja mengisi waktu luangnya dengan menonton video dari internet.
   → ( )

8) Dia menempuh jarak antara Jakarta dan Surabaya dengan bersepeda.
   → ( )

9) Euforia masyarakat terhadap presiden baru meluas hingga ke seluruh negeri.
   → ( )

10) Kita tidak boleh meludah sembarangan. Itu tidak sopan!

→ (　　　　　　　　　　　　　　　　　　　　　　　　　　　　　　　)

5 次の文をインドネシア語に訳しましょう。

1) 店員はクリスマスプレゼントとしてそのおもちゃを包みました。

→ (　　　　　　　　　　　　　　　　　　　　　　　　　　　　)

2) すみません，私はこのサンダルをもっと大きいのと交換したいです。

→ (　　　　　　　　　　　　　　　　　　　　　　　　　　　　)

3) この店はスーツとネクタイを半額セールしています。

→ (　　　　　　　　　　　　　　　　　　　　　　　　　　　　)

4) その大学講師は留学生にインドネシアの歴史を教えます。

→ (　　　　　　　　　　　　　　　　　　　　　　　　　　　　)

5) そのご飯はすでに腐ってしまい，母はそれをゴミ箱に捨てました。

→ (　　　　　　　　　　　　　　　　　　　　　　　　　　　　)

6) 先生たちは試験のたびにカンニングをする生徒が嫌いです。

→ (　　　　　　　　　　　　　　　　　　　　　　　　　　　　)

7) 3日に1度，父はいつも口ひげとあごひげを剃ります。

→ (　　　　　　　　　　　　　　　　　　　　　　　　　　　　)

8) お手伝いさんは，台所でご飯を炊いてアヒルの肉を揚げています。

→ (　　　　　　　　　　　　　　　　　　　　　　　　　　　　)

9) 委員会は奨学金を得る大学生を選びました。

→ (　　　　　　　　　　　　　　　　　　　　　　　　　　　　)

10) 母親はステージの上で歌っている子供をビデオに録画したいです。

→ (　　　　　　　　　　　　　　　　　　　　　　　　　　　　)

▶解答　p. 271

この課の学習内容

接辞 me--kan ／ saja の用法／
《疑問詞 +saja》と疑問詞の畳語

第 9 課
Pelajaran 9

◉ **会話** Percakapan 🎧 **127**

RENCANA KE CANDI BOROBUDUR

Nao : Rudi, apa rencana kita besok?

Rudi : Aku ingin antarkan Nao keliling Kota Yogya.

Nao : Dalam satu hari, kita bisa ke mana saja?

Rudi : Ke keraton, Jalan Malioboro, pabrik batik, dan museum.

Nao : Apakah kita juga bisa ke Candi Borobudur?

Rudi : Wah, Candi Borobudur agak jauh. Lebih baik kita ke sana pulang pergi sehari.

Nao : Oke. Kalau begitu, besok kita ke Borobudur saja, ya. Dari dulu saya ingin ke sana.

Rudi : Baik. Kalau mau keliling-keliling Kota Yogya, Nao bisa gunakan hari lusa.

Nao : Naik apa ke Borobudur?

Rudi : Bisa dengan bus, tetapi aku mau pinjam mobil paman.

Nao : Kamu bisa nyetir mobil?

Rudi : Tentu bisa, dong. Dengan senang hati paman mau pinjamkan mobilnya kepadaku.

Nao : Asyik! Besok saya akan bangun pagi-pagi.

118

□ **antarkan** \<antar>	案内する	□ **pinjam**	借りる
□ **Yogya**	ジョグジャ	□ **paman**	叔父
《Yogyakarta の略》		□ **nyetir** \<setir>	運転する
□ **pabrik**	工場	□ **tentu**	もちろん
□ **museum**	博物館	□ **dong**	～だよ
□ **pulang pergi**	往復		《ジャカルタ弁》
□ **sehari** \<hari>	1 日	□ **dengan senang hati**	喜んで
□ **oke**	OK，わかった	□ **pinjamkan** \<pinjam>	貸す
□ **keliling-keliling**	巡る，周回する	□ **asyik**	熱中して，いいね
\<keliling>		□ **bangun**	起きる
□ **gunakan** \<guna>	利用する	□ **pagi-pagi** \<pagi>	朝早く

● 日本語訳　Terjemahan

ボロブドゥール寺院遺跡へ行く予定

奈央：　ルディ，私たちの明日の予定は何？

ルディ：　僕はジョグジャ市内めぐりに奈央を案内したいな。

奈央：　　1 日でどこどこへ行けるの？

ルディ：　王宮，マリオボロ通り，バティック工場と博物館。

奈央：　　ボロブドゥール寺院遺跡にも行ける？

ルディ：　わあ，ボロブドゥール寺院遺跡は少し遠いな。そこへは日帰りで行ったほうがいいよ。

奈央：　　わかったわ。では，明日はボロブドゥール寺院遺跡にだけ行きましょう。以前からそこに
　　　　　は行きたかったの。

ルディ：　いいよ。ジョグジャめぐりをしたいなら，奈央は明後日を利用してもいいし。

奈央：　　ボロブドゥールへ行くには何に乗るの？

ルディ：　バスでもいいけど，僕はおじさんの車を借りるつもりだ。

奈央：　　車の運転できるの？

ルディ：　もちろんできるよ。おじさんは喜んで僕に車を貸してくれるよ。

奈央：　　やった！　明日は早起きするわ。

CANDI BOROBUDUR

Pada pukul enam pagi nenek membangunkan Nao dan Tina. Hari ini mereka akan berwisata ke Candi Borobudur. Rudi sudah bangun dan memanaskan mesin mobil lama paman. Mobil itu sudah berusia 10 tahun, tetapi masih berkondisi prima. Mereka bertiga makan gudeg, masakan khas Yogyakarta, sebagai sarapan. Nenek memasakkan mereka masakan tersebut.

Dari rumah nenek ke Candi Borobudur membutuhkan waktu satu jam dengan mobil. Tina melanjutkan tidurnya di dalam mobil karena kemarin dia dan Nao tidur larut malam. Nao menanyakan banyak hal tentang sejarah Candi Borobudur kepada Rudi. Rudi menjelaskan hal itu secara detail.

Candi Borobudur merupakan kuil Buddha yang berdiri sekitar abad ke-8 oleh Dinasti Syailendra. Kuil itu adalah tempat beribadah terbesar bagi Buddhis di dunia. Pada abad ke-14 banyak orang beralih ke agama Islam dan meninggalkan kuil itu. Kemudian letusan gunung berapi menimbun kuil tersebut dan menjadikannya bukit selama beberapa abad. Pada tahun 1814 Thomas Stamford Raffles, Letnan Gubernur Inggris untuk Jawa, menemukan candi itu dan mulai memugarnya. Kini candi itu menjadi salah satu warisan dunia yang terkenal.

☐ **membangunkan** <bangun>	起こす	☐ **kuil**	寺院
☐ **berwisata** <wisata>	観光する	☐ **Buddha**	仏教
☐ **memanaskan** <panas>	熱くする，温める	☐ **sekitar**	周辺，周囲
☐ **mesin**	機械，エンジン	☐ **abad**	世紀
☐ **berusia** <usia>	〜年（歳）である	☐ **dinasti**	王朝
☐ **berkondisi** <kondisi>	〜の状況である	☐ **beribadah** <ibadah>	礼拝する
☐ **prima**	最高の，絶好調の	☐ **terbesar** <besar>	最大の
☐ **bertiga** <tiga>	3人で	☐ **Buddhis**	仏教徒
☐ **gudeg**	ジャックフルーツの ココナツミルク煮	☐ **beralih** <alih>	変わる
		☐ **agama**	宗教
☐ **sarapan** <sarap>	朝食	☐ **Islam**	イスラム
☐ **memasakkan** <masak>	料理してやる	☐ **meninggalkan** <tinggal>	〜から去る，離れる
☐ **tersebut** <sebut>	その，前述の	☐ **kemudian**	それから
☐ **membutuhkan** <butuh>	必要とする	☐ **letusan** <letus>	爆発，噴火
☐ **melanjutkan** <lanjut>	続ける，進行させる	☐ **gunung**	山
☐ **tidurnya** <tidur>	睡眠	☐ **berapi** <api>	火が出る
☐ **tidur**	寝る	☐ **menimbun** <timbun>	埋める
☐ **larut**	遅い	☐ **menjadikannya** <jadi>	〜にする
☐ **sejarah**	歴史	☐ **bukit**	丘
☐ **menjelaskan** <jelas>	〜を説明する	☐ **letnan gubernur**	副総督
☐ **secara** <cara>	〜的に，〜の方式で	☐ **Inggris**	英国
☐ **detail**	詳細	☐ **menemukan** <temu>	発見する
☐ **merupakan** <rupa>	〜である	☐ **memugarnya** <pugar>	復元する
		☐ **menjadi** <jadi>	〜になる

● 日本語訳　Terjemahan

ボロブドゥール寺院遺跡

　朝6時に祖母は奈央とティナを起こしました。今日，彼女らはボロブドゥール寺院遺跡へ観光に行きます。ルディはすでに起きて，叔父の古びた車のエンジンを温めました。その車はすでに10年経過していますが，まだ調子は絶好調です。彼ら3人は朝食にジョグジャカルタ名物料理のグドゥグを食べました。祖母は彼らにその料理を作ってくれました。

　祖母の家からボロブドゥール寺院遺跡へは車で1時間かかります。昨日，ティナと奈央は夜遅く寝たので，ティナは車の中で眠り続けました。奈央はルディにボロブドゥール寺院遺跡の歴史について多くのことを尋ねました。ルディは，そのことを詳しく説明しました。

　ボロブドゥール寺院遺跡は，シャイレンドラ朝によって8世紀頃に建てられた仏教寺院です。その寺院は，仏教徒にとって世界一大きな礼拝所でした。14世紀に多くの人はイスラムに改宗して，その寺院を離れました。それから，火山噴火がその寺院を埋めて，数世紀の間，丘になりました。1814年にイギリス領ジャワ副総督トーマス・スタンフォード・ラッフルズが，その寺院遺跡を発見して復元しました。今日，その寺院遺跡は有名な世界遺産の1つになっています。

① 接辞 me--kan

　接頭辞 me- と接尾辞 -kan が，自動詞，形容詞，名詞などに付くと他動詞となり，様々な意味を生成します。口語は，接頭辞 -me を取り接尾辞 -kan は接尾辞 -in になります。

1）他動詞「…を〜する，…を〜させる《使役》」 131

　接辞 me--kan が自動詞，形容詞，名詞，助動詞，前置詞句などに付くと，直接目的語をとる他動詞となり，「語幹の行為・状態のように〜する／させる」という使役の意味を持ちます。自動詞の場合は主語が動作するのに対して，me--kan 動詞は目的語が動作します。

品詞	語幹		me--kan 動詞	
自動詞	masuk	入る	memasukkan	〜を入れる
	naik	上がる	menaikkan	〜を上げる
	tidur	寝る	menidurkan	〜を寝かせる
	(ber)henti	止まる	menghentikan	〜を止める
形容詞	dingin	冷たい	mendinginkan	〜を冷やす
	jauh	遠い	menjauhkan	〜を遠ざける
	gembira	喜ぶ	menggembirakan	〜を喜ばせる
名詞	buku	本	membukukan	〜を製本する
	sekolah	学校	menyekolahkan	〜を学校に行かせる
助動詞他	boleh	〜してもよい	membolehkan	〜を許可する
	harus	〜すべきだ	mengharuskan	〜を義務付ける
	lebih	もっと〜	melebihkan	〜を増やす
前置詞句	ke depan	前へ	mengedepankan	〜を前に出す，提案する
	ke belakang	後へ	mengebelakangkan	〜を後回しにする

☐ Mobil itu masuk ke garasi.　　　　　　その車は車庫に入ります。
☐ Dia memasukkan mobil itu ke garasi.　　彼はその車を車庫に入れます。
☐ Dia masukin mobil itu ke garasi.　　　　　〃　　　　　　　　　《口語》

☐ Harga beras di toko ini naik.　　　　　　この店の米の値段が上がりました。
☐ Toko ini menaikkan harga beras.　　　　　この店は米の値段を上げました。

☐ Bayi tidur di buaian.　　　　　　　　　　赤ん坊はゆりかごに寝ています。
☐ Ibu menidurkan bayinya di buaian.　　　　母親は赤ん坊をゆりかごに寝かせました。

☐ Truk berhenti di samping gereja. 　トラックは教会の横に止まりました。
☐ Sopir menghentikan truk. 　運転手はトラックを止めました。

☐ Adik mendinginkan jus di kulkas. 　弟は冷蔵庫でジュースを冷やしました。
☐ Mereka menjauhkan diri dari bahaya. 　彼らは自ら危険を回避しました。
☐ Kabar itu menggembirakan istrinya. 　その知らせは妻を喜ばせました。

☐ Ratna membukukan pengalamannya. 　ラトナは自分の経験を本にしました。
☐ Pria itu menyekolahkan anak yatim. 　その男性は孤児を学校に入れました。

☐ Ayah membolehkan Ina menyetir. 　父はイナが運転することを許可しました。
☐ Guru mengharuskan murid belajar. 　先生は生徒に勉強することを義務付けました。
☐ Ibu melebihkan uang jajan saya. 　母は私のお小遣いを増やしました。

☐ Dia sering mengedepankan pendapatnya. 　彼はよく自分の意見を出します。
☐ Anak itu mengebelakangkan tugas rumah. 　その子供は宿題を後回しにしました。

2) 二重目的語「AにBを〜してやる《便宜供与》」 ♪ 132

　「AにBを〜してやる」という便宜供与の意味を持ち二重目的語をとりますが，A
は省略可能です。主に，直接目的語は「物」，間接目的語は「人」です。

me- 他動詞 -kan ＋（A 間接目的語）＋ B 直接目的語	（A に）B を〜してやる
me- 他動詞 ＋ B 直接目的語 ＋ untuk ＋ A 間接目的語	A のために B を〜してやる

me- 他動詞 -kan (A) ＋ B	me- 他動詞 (-kan) B ＋ A	日本語
membawakan (A) ＋ B	membawa B ＋ untuk ＋ A	A に B を運んでやる
membelikan (A) ＋ B	membeli B ＋ untuk ＋ A	A に B を買ってやる
membuatkan (A) ＋ B	membuat B ＋ untuk ＋ A	A に B を作ってやる
memasakkan (A) ＋ B	memasak B ＋ untuk ＋ A	A に B を料理してやる

☐ Ibu membawakan tamunya air minum. 　母は客に飲み水を運んであげました。
☐ Nao membelikan ibunya topi baru. 　奈央は母親に新しい帽子を買ってあげました。
☐ Agus membuatkan kekasihnya puisi. 　アグスは恋人に詩を作ってあげました。
☐ Bibi memasakkan mi goreng. 　叔母は焼きそばを料理してくれました。
　【比較】Bibi memasak mi goreng. 　叔母は焼きそばを料理しました。

【注】間接目的語が直接目的語の所有物の場合は，me--kan 動詞は使いません。

× Ayah mencarikan saya tas saya.　父は私のために私のかばんを探します。

○ Ayah mencarikan saya tas kulit.　父は私のために革のかばんを探します。

○ Ayah mencari tas saya yang hilang. 父は紛失した私のかばんを探します。

3) 他動詞「…について～する」　🎧 133

接尾辞 -kan には，前置詞 akan, tentang「～について」の機能があり，自動詞に付いて目的語を取る他動詞になります。なお，語幹 tawa「笑い」は名詞なので，自動詞 tertawa「笑う」に接辞 me--kan を付けますが，menertawakan は誤りです。

語幹	自動詞 + akan, tentang	me--kan 動詞	
lupa	lupa akan	= melupakan	～を忘れる
tanya	bertanya akan	= menanyakan	～を尋ねる
tawa	tertawa akan	= mentertawakan	～を笑いものにする
bicara	berbicara tentang	= membicarakan	～について話す

☐ Saya tidak akan melupakan jasa Anda.　私はあなたの功績を忘れません。

☐ Ali menanyakan soal itu kepada Ira.　アリはイラにそのことを尋ねました。

☐ Anak itu mentertawakan adiknya.　その子は弟を笑いものにしました。

☐ Mereka membicarakan rencana wisata.　彼らは観光プランについて話しました。

4) 他動詞「…で～する《道具を使って～する》」　🎧 134

接尾辞 -kan には，前置詞 dengan「～で」の機能があり，me- 動詞に付いて「道具」を表す目的語を取ります。

語幹	me- 動詞 + dengan	me--kan 動詞	
tulis	menulis dengan	= menuliskan	～で書く
pukul	memukul dengan	= memukulkan	～で打つ
tembak	menembak dengan	= menembakkan	～で撃つ
gosok	menggosok dengan	= menggosokkan	～でこする

☐ Ayah menuliskan penanya di kertas itu.　父はその紙にペンで書きます。

☐ Ia memukulkan martil pada paku berkali-kali.　彼は何度も金槌で釘を打ちます。

☐ Polisi menembakkan pistolnya ke udara.　警官は空に向けて拳銃で撃ちました。

☐ Ida menggosokkan sabun ke badannya.　イダは石けんで体をこすります。

複合語に接辞 me--kan を付ける場合，複合語の単語間のスペースは削除します。

複合語		me--kan 動詞	
salah guna	悪用する	menyalahgunakan	～を悪用する
beri tahu	知らせる	memberitahukan	～を知らせる

☐ Dia menyalahgunakan jabatannya.   彼は自分の役職を悪用しました。
☐ Ali memberitahukan hasil audit.   アリは監査の結果を知らせました。

6) 意味の異なる me- 動詞と me--kan 動詞   MP3 136

接頭辞 me- や接辞 me--kan が付くと意味が変わるものに注意しましょう。次の * が付いた語幹は口語です。フォーマルな場面や文語には me- 動詞を使ってください。

語幹		me- 動詞		me--kan 動詞	
pinjam*	借りる	meminjam	借りる	meminjamkan	貸す
sewa	賃借	menyewa	賃借する	menyewakan	賃貸する
tinggal	住む	meninggal	亡くなる	meninggalkan	去る，残す
bangun	起きる	membangun	建設する	membangunkan	起こす
dengar*	聞く	mendengar	聞く	mendengarkan	傾聴する
tawar*	値切る	menawar	値切る	menawarkan	勧める

☐ Eni meminjam buku dari temannya.   エニーは友だちから本を借りました。
☐ Aoi meminjamkan sepedanya kepada Ita.   葵はイタに自転車を貸しました。

☐ Ali menyewa rumah di kampung.   アリは田舎で家を賃借しています。
☐ Perusahaan itu menyewakan mobil.   その会社は車をレンタルしています。

☐ Kakek saya meninggal di rumah.   私の祖父は家で亡くなりました。
☐ Pagi tadi dia meninggalkan rumahnya.   今朝，彼は家を離れました。

☐ Paman membangun gedung serbaguna.   叔父は多目的ビルを建てました。
☐ Ibu membangunkan adik pagi-pagi.   朝早く母は弟を起こしました。

☐ Saya mendengar bunyi ledakan bom.   私は爆弾の爆発音を聞きました。
☐ Kami mendengarkan presentasi dia.   私たちは彼の発表を熱心に聞きました。

☐ Tamu menawar harga sepatu itu.   客はその靴の値段を値切りました。
☐ Pegawai toko menawarkan barang baru.   店員は新商品を勧めました。

② saja の用法

saja は名詞，形容詞，動詞，数詞，代名詞，疑問詞などについて，次のような意味
になります。

1）限定「ただ～，～だけ」 🎵 137

saja, hanya, cuma は共に限定を表しますが，位置に注意しましょう。hanya ～ saja
は正しい表現ではないため，両方使わずにどちらか 1 つを使ってください。

名詞［形容詞，動詞］+ **saja**	～だけ
hanya + 名詞［形容詞，動詞］	ただ～
cuma + 名詞［形容詞，動詞］	ただ～《口語》

☐ Minuman di warung ini air putih saja.　　　この屋台の飲み物は水だけです。
☐ Minuman di warung ini hanya air putih.　　　　　　　　〃
　× Minuman di warung ini hanya air putih saja.

☐ Anak itu mau makan ikan goreng saja.　　その子は揚げ魚だけ食べたいです。
☐ Ibu mendengar saja keluhan kakak.　　　母は姉の不平を聞いただけです。
☐ Hanya lima orang yang mendapat beasiswa. 奨学金を得たのはたった 5 人です。
☐ Saya tidak sedih, tetapi hanya kecewa.　　私は悲しくはないが，失望しただけです。
☐ Dia cuma membawa uang receh.　　　　　彼は小銭を持っているだけです。
☐ Cuma kakek yang sanggup melakukan itu. それができるのは祖父だけです。

2）連続「～ばかり，ずっと～」 🎵 138

動詞に付くと「～ばかり，ずっと～」など連続の意味になります。

☐ Dia diam saja dan tidak menjawab.　　　彼は黙っているばかりで答えません。
☐ Ayah berbaring saja di depan televisi.　　父はテレビの前でずっと寝そべっています。

3）選択「〜にします，〜でいいです」

複数のものから1つを選択する時に使います。

☐ A: Mau ke mana?　　　　　　　　A：どこに行きますか？
　 B: Ke museum saja.　　　　　　　B：博物館にします。

☐ A: Naik apa ke sana?　　　　　　　A：何でそこへ行きますか？
　 B: Naik taksi saja.　　　　　　　B：タクシーでいいです。

4）強調「全く，まさしく，きわめて」

先行する語を強調します。

☐ Hasilnya <u>sama</u> saja dengan tahun lalu.　　結果は去年と全く同じです。
☐ Dia menjawab soal sulit itu dengan <u>enteng</u> saja.

　　　　　　　　　　　　　　　　彼はいともたやすくその難問に答えました。

5）提案，奨励「〜したら？」

命令文で「〜したらどう？」と提案する時に使います。

☐ Pergi saja sendiri. Aku ingin di rumah.　　1人で行ったら？　僕は家にいたい。
☐ Beli saja kalau perlu.　　　　　　　　　必要なら，買ったら？

6）困惑，いらだち「好き勝手に〜」

☐ Dia menghilang saja tanpa pamit.　彼は別れも告げずに勝手に姿を消しました。
☐ Tanpa babibu, adik makan saja rotiku.

　　　　　　　　　　　何も言わずに，弟は僕のパンを勝手に食べました。

タクシーを呼ぶなら，Blue Bird，Go-Jek，
Grab の配車アプリが便利です。Go-Jek，
Grab は買い物代行サービスも行っています。

3 《疑問詞 + saja》と疑問詞の畳語

1)「何々」「だれだれ」「どこどこ」

MP3 143

　疑問詞のあとに saja を付けると複数の回答を期待する疑問文になります。mana は yang や前置詞 di, ke, dari を伴うこともあります。

疑問詞		疑問詞 + saja	
apa	何	apa saja	何々，何と何
siapa	だれ	siapa saja	だれだれ
mana	どこ	mana saja	どこどこ

☐ Kamu memasak apa saja untuk tamu?　君は客用に何と何の料理をしましたか？
☐ Siapa saja mendapat medali emas?　だれだれが金メダルを獲得しましたか？
☐ Toko waralaba itu di mana saja?　そのフランチャイズ店はどことどこですか？

2)「何でも」「だれでも」「いつでも」ほか《不特定》

MP3 144

　疑問詞のあとに saja や pun を付けると，「何でも」「だれでも」「いつでも」など特定のものを指さずに不特定の人，物，数量などを表す不定代名詞となります。mana は yang や前置詞 di, ke, dari を伴うこともあります。kapan 以外の疑問詞の重複も同じ意味になりますが，berapa の重複はありません。

疑問詞		疑問詞 + saja/pun	= 疑問詞 - 疑問詞	
apa	何	apa saja/pun	= apa-apa	何でも
siapa	だれ	siapa saja/pun	= siapa-siapa	だれでも
mana	どれ	mana saja/pun	= mana-mana	どれでも
berapa	いくつ	berapa saja/pun	–	いくつでも
kapan	いつ	kapan saja/pun	–	いつでも
		–	kapan-kapan	いつか

☐ Dia mau menonton film apa saja.　彼は何の映画でも見たがります。
☐ Siapa saja boleh masuk ke gua itu.　だれでもその洞窟に入れます。
☐ Di mana pun dia membicarakan hal itu.　どこででも彼はそのことを話します。
☐ Anda boleh mengambil ini berapa pun.　これをいくつでもお取りください。
☐ Silakan datang di rumah kapan saja.　いつでも家に来てください。
☐ Kapan-kapan saya ingin berselancar.　いつか私はサーフィンをしたいです。

apa, siapa, mana の疑問詞の重複が否定語を伴うと，全面的な否定を表します。mana は，yang や前置詞 di, ke, dari を伴うこともあります。《疑問詞＋pun》に置き換えることはできますが，《疑問詞＋saja》に置き換えることはできません。

疑問詞		否定語 ＋ 疑問詞 - 疑問詞 ／ 疑問詞 ＋ **pun**	
apa	何	否定語 ＋ apa-apa / apa pun	何も〜ない
siapa	だれ	否定語 ＋ siapa-siapa / siapa pun	だれも〜ない
mana	どれ	否定語 ＋ mana-mana / mana pun	どれも〜ない
ke mana	どこへ	否定語 ＋ ke mana-mana/ke mana pun	どこへも〜ない

☐ Dia tidak berkata apa-apa kepada saya.　彼は私に何も言いませんでした。

☐ Saya bukan siapa-siapa di sini. Saya hanya karyawan biasa.

　　　　　　　　　　　ここでは私は何者でもありません。ただの平社員です。

☐ Suku cadang lama itu tidak ada di mana-mana.

　　　　　　　　　　　その古い部品はどこにもありません。

☐ Besok saya tidak ke mana-mana.　明日，私はどこへも行きません。

ボルブドゥール寺院遺跡の方形壇の回廊には仏陀の生涯や
インド神話が 1,460 面の彫刻レリーフで描かれ，上部 3 層
の釣鐘状仏塔 72 基には仏像が納められています。

1 次の（　　）にあてはまる最も適当な語を **a** 〜 **d** の中から選びましょう。

1) Ali segan bertemu dengan (　　), tetapi
di (　　) ada banyak orang.
a. siapa
b. siapa-siapa
c. mana
d. mana-mana

2) Dia akan membeli mobil itu (　　)
harganya. Mobil itu milik (　　)?
a. berapa
b. berapa pun
c. siapa
d. siapa pun

3) Anda bisa makan (　　) di kota ini.
Di (　　) ada restoran.
a. apa
b. apa saja
c. mana
d. mana-mana

4) (　　) harga steik daging sapi itu? (　　)
saya ingin merasakannya.
a. Kapan
b. Kapan-kapan
c. Berapa
d. Berapa-berapa

5) Dia tidak bersalah (　　), tetapi (　　)
menyalahkannya.
a. siapa
b. siapa saja
c. apa
d. apa-apa

1)		2)		3)		4)		5)	

2 次の（　　）にあてはまる最も適当な語を **a** 〜 **d** の中から選びましょう。

1) Kakek akan (　　) adik kunci mobil yang
hilang di rumah.
a. mencari
b. mencarikan
c. membeli
d. membelikan

2) Masalah kedua pasangan itu (　　) ke
keluarga mereka.
a. melebar
b. melebarkan
c. mendalam
d. mendalamkan

3) Prestasi anak yang buruk itu (　　)
kedua orang tuanya.
a. bersedih
b. menyedihkan
c. berbangga
d. membanggakan

4) Wanita muda itu (　　) bayinya yang
masih kecil.
a. mandi
b. memandikan
c. mencuci
d. mencucikan

5) Pendapat Rudi (　　) dalam rapat hari
ini.
a. berbicara
b. membicarakan
c. mengemuka
d. mengemukakan

1)		2)		3)		4)		5)	

3 次の（　）にあてはまる最も適当な語を a 〜 d の中から選びましょう。

1) Perempuan itu telah (　　) anaknya
hingga menjadi orang yang sukses.
a. membesarkan
b. memeriahkan
c. membaktikan
d. menamakan

2) Pilot andal itu berhasil (　　) pesawat di
tengah hujan badai.
a. menanggalkan
b. mengarsipkan
c. mendaratkan
d. membenamkan

3) Kita harus (　　) musyawarah untuk
menyelesaikan masalah ini.
a. menguningkan
b. membubarkan
c. menuhankan
d. mengedepankan

4) Berdirinya pasar swalayan itu (　　)
toko-toko kelontong di sekitarnya.
a. membenarkan
b. mematikan
c. membariskan
d. membatalkan

5) Kondisi korban gempa bumi (　　) dan
membutuhkan bantuan.
a. menyempitkan
b. membahagiakan
c. merugikan
d. memprihatinkan

1)		2)		3)		4)		5)	

4 次の文を日本語に訳しましょう。

1) Profesor itu membuktikan teori mengenai cahaya.

→ (　　　　　　　　　　　　　　　　　　　　　　　　　　　　　）

2) Orang zaman dahulu mengawetkan daging dengan asap.

→ (　　　　　　　　　　　　　　　　　　　　　　　　　　　　　）

3) Pemerintah bertugas untuk mencerdaskan rakyatnya.

→ (　　　　　　　　　　　　　　　　　　　　　　　　　　　　　）

4) Pabrik itu meningkatkan produktivitasnya tahun ini.

 → (   )

5) Semua keluarga pasti mengidamkan rumah yang nyaman.

 → (   )

6) Dia meragukan komitmen temannya yang ingin bekerja keras.

 → (   )

7) Presiden direktur itu merumahkan separuh karyawannya.

 → (   )

8) Ina membukakan anaknya yang masih kecil rekening bank.

 → (   )

9) Ria memberangkatkan ibunya untuk beribadah haji.

 → (   )

10) Bandara internasional itu akan meluaskan landasan pacunya.

 → (   )

5 次の文をインドネシア語に訳しましょう。

1) 機内では携帯電話の電源を入れてはいけません。

 → (   )

2) その礼儀正しい大学生の態度は講師を喜ばせました。

 → (   )

3) 奈央はその2つの靴の値段と品質を比較しました。

 → (   )

4) その国際協力は両国の外交関係を強化しました。

 → (   )

5) ティナは歌唱コンクールで友だちの代わりを務めました。

 → (   )

6) その県知事は中央政府が元アブラヤシ農園地区に植林するよう望んでいます。

 → (   )

7) その陸上競技の監督はチームを勝たせました。

 → (   )

8) 姉はその店で父に普段着を選んであげました。

→（　　　　　　　　　　　　　　　　　　　　　　　　　　　　　　）

9) その子供は紙飛行機を飛ばしました。

→（　　　　　　　　　　　　　　　　　　　　　　　　　　　　　　）

10) 来月，アリさんは娘を寮に入れるつもりです。

→（　　　　　　　　　　　　　　　　　　　　　　　　　　　　　　）

▶解答　p. 271

庶民の足として親しまれているバジャイ（原付三輪タクシー）
は事前の運賃交渉が必要です。狭い路地でも縦横無尽に走って
います。

● 会話 Percakapan 146

MEMBELIKAN OLEH-OLEH

Nao : Rudi, siang ini aku mau cari oleh-oleh.

Rudi : Mau nyari oleh-oleh yang bagaimana?

Nao : Aku mau belikan ayah dan ibu baju batik.

Rudi : Kalau untuk Aoi?

Nao : Kalau Aoi, aku mau belikan kaus oblong saja.

Rudi : Kita bisa beli baju batik langsung di pabriknya.

Nao : Oh ya? Di mana? Aku mau ke pabrik batik itu.

Rudi : Tempatnya tidak jauh dari sini. Pabriknya cukup besar dan ternama.

Nao : Apakah di situ kita bisa belajar cara membatik?

Rudi : Iya, selain jual batik, ada kursus kilat membatik.

Nao : Wah, aku mau ikut. Harus daftar sebelumnya?

Rudi : Aku telepon dulu untuk daftarkan kita. Aku khawatir sudah penuh.

Nao : Banyak yang ingin ikuti kursus itu, ya?

Rudi : Iya, lantaran pabrik itu populer sekali.

□ membelikan <beli>	買ってやる	□ daftar	登録する，申し込む
□ nyari <cari>	探す	□ sebelumnya <belum>	事前に，前もって
□ belikan <beli>	買ってやる	□ dulu	先に，まずは
□ kaus oblong	Tシャツ	□ daftarkan <daftar>	登録する，申し込む
□ jauh	遠い		
□ ternama <nama>	有名な	□ khawatir	心配する
□ cara	方法	□ penuh	満席の，満員の
□ membatik <batik>	バティックを作る	□ ikuti <ikut>	～に参加する
□ jual	売る	□ lantaran <lantar>	～だから
□ kursus kilat	速成講座		
□ ikut	参加する，ついて行く		

● 日本語訳 Terjemahan

おみやげを買ってあげる

奈央： ルディ，今日の昼間におみやげを探したいのだけど。

ルディ： どんなおみやげを探したい？

奈央： 父と母にバティックの服を買ってあげたいの。

ルディ： 葵には？

奈央： 葵なら，Tシャツを買ってあげればいいわ。

ルディ： 僕たちは，直接，工場でバティックの服を買えるよ。

奈央： へえ，そうなの？ どこ？ そのバティック工場に行きたいわ。

ルディ： 場所はここから遠くない。工場はかなり大きくて有名だよ。

奈央： そこでは私たちはバティックの作り方を習うことができるの？

ルディ： うん，バティックを販売するほか，バティック作りの速成講座もある。

奈央： わあ，参加したい。事前に申し込まなければいけないの？

ルディ： 先に僕たち（の名前）で申し込みの電話をしておくよ。満席だと心配だ。

奈央： その講座に参加したい人は多いの？

ルディ： うん，その工場はとても人気があるから。

MENGUNJUNGI PABRIK BATIK

Rudi menelepon pabrik batik dan bertanya apakah dapat mengikuti kursus batik hari ini. Ternyata hanya ada tiga kursi yang kosong dan Rudi langsung mendaftarkan Nao, Tina, dan dirinya pada kursus itu. Kursus itu akan mulai pada pukul 13.00 selama 3 jam.

Rudi, Tina, dan Nao naik taksi untuk mengunjungi pabrik batik itu. Pabrik itu ada di Kampung Batik Giriloyo, Kecamatan Imogiri, Kabupaten Bantul. Di kampung itu ada beberapa pabrik batik dan toko yang menjual kain dan baju batik. Banyak wisatawan domestik dan mancanegara melihat-lihat proses membatik sambil berjalan-jalan. Mereka tidak melewatkan kesempatan untuk belajar membuat batik di sana.

Sekitar 20 orang peserta menghadiri kursus itu. Sesudah perajin batik menjelaskan pembuatan batik dengan teliti, para peserta menggambar pola batik di kain menggunakan pensil, kemudian mengoleskan cairan lilin ke pola itu. Setelah kainnya kering, mereka merendamnya ke dalam cairan pewarna lalu menjemurnya untuk meluruhkan lilin yang melekat pada kain. Setelah itu, mereka mencelupkan kainnya lagi ke cairan pewarna lainnya. Meskipun motifnya sederhana, membutuhkan waktu lama untuk menyelesaikannya. Pengalaman membuat batik itu sangat memuaskan bagi Nao.

☐ mengunjungi \<kunjung\>	訪問する	☐ pembuatan \<buat\>	制作，製造，生産
☐ mengikuti \<ikut\>	～に参加する	☐ teliti	綿密な，細かく正確な
☐ kursi	椅子，席	☐ menggambar \<gambar\>	描く
☐ kosong	空いている	☐ pola	柄，図案
☐ mendaftarkan \<daftar\>	登録する，申し込む	☐ menggunakan \<guna\>	使う
☐ dirinya \<diri\>	自分	☐ pensil	鉛筆
☐ kampung	村	☐ mengoleskan \<oles\>	塗る
☐ kecamatan \<camat\>	群	☐ cairan \<cair\>	液体
☐ kabupaten	県	☐ lilin	蝋，ロウソク
☐ kain	布	☐ kering	乾いた，乾燥した
☐ wisatawan \<wisata\>	観光客	☐ merendamnya \<rendam\>	水に浸す，浸ける
☐ domestik	国内の	☐ pewarna \<warna\>	着色剤，染料
☐ mancanegara	外国，諸外国	☐ menjemurnya \<jemur\>	干す，乾かす
☐ melihat-lihat \<lihat\>	見て回る，見学する	☐ meluruhkan \<luruh\>	取り去って落とす
☐ proses	過程，工程，手続き	☐ melekat \<lekat\>	貼り付く
☐ sambil	～しながら	☐ setelah itu \<telah\>	その後
☐ berjalan-jalan \<jalan\>	散歩する	☐ mencelupkan \<celup\>	浸す，浸ける
☐ melewatkan \<lewat\>	見逃す	☐ sederhana	質素な，素朴な
☐ membuat \<buat\>	作る	☐ menyelesaikannya \<selesai\>	終わらせる
☐ menghadiri \<hadir\>	～に出席する	☐ pengalaman \<alam\>	経験
☐ perajin \<rajin\>	職人	☐ memuaskan \<puas\>	満足させる

● 日本語訳　Terjemahan

バティック工場を訪れる

　ルディはバティック工場に電話をして，今日，バティック講座に参加できるかを尋ねました。実際，空きが3席しかなかったので，ルディはすぐにその講座に奈央，ティナと自分の申し込みをしました。その講座は午後1時開始で3時間です。

　ルディ，ティナ，奈央はタクシーに乗ってそのバティック工場を訪れました。その工場はバントゥル県イモギリ郡ギリロヨのバティック村にあります。その村にはいくつかのバティック工場とバティックの布や服を売る店があります。多くの国内外の観光客は，散歩をしながらバティックを制作する工程を見て回ります。彼らはそこでバティック作りを学ぶ機会を見逃す手はありません。

　20人くらいの参加者がその講座に出席しました。バティック職人が詳細にバティック制作を説明した後，参加者たちは鉛筆を使って布にバティックの図案を描き，それから，その図案に液状の蝋を塗りました。布が乾いたら，彼らはそれを染料の液体に浸してから，布に付着した蝋を落とすために乾かしました。その後，彼らは再びほかの染料の液体にその布を浸しました。模様はシンプルですが，完成するのに長時間かかりました。そのバティック作り体験は，奈央には大変満足のいくものでした。

① 従属接続詞

等位接続詞は p. 49 で学びましたが，ここでは従属接続詞を学びます。

従属接続詞は，**主節**（主題となる節）と**従属節**（従属接続詞に導かれ，主節の補足説明をする）をつなげる働きをします。従属節の主語は，主節の主語と同じ場合や主語が明確な場合は省略できます。

従属接続詞は文頭や文中に来ますが，文頭に来る場合は，従属節と主節の間の区切りを明確にするために , (koma) を入れます。

```
主節 ＋ 接続詞 ＋ 従属節
接続詞 ＋ 従属節 ＋ , (koma) ＋ 主節
```

☐ Pemain itu melakukan gol bunuh diri. Sundulannya salah arah.

その選手はオウンゴールしました。彼のヘディングは方向違いでした。

➡ ☐ Pemain itu melakukan gol bunuh diri karena sundulannya salah arah.

➡ ☐ Karena sundulannya salah arah, pemain itu melakukan gol bunuh diri.

ヘディングが方向違いのため，その選手はオウンゴールしました。

主な従属接続詞は次のとおりで，＊は文頭にのみ使用し，文中には使用できません。(pun) の有無による意味の違いはありません。

	従属接続詞	英語	日本語
時	1. waktu, ketika, saat, tatkala	when	～する時
	2. sebelum	before	～する前
	3. sesudah, setelah, seusai	after	～した後，～してから
	4. selama, sementara	while	～の間に
	5. sambil, sembari 《口語》	while	～しながら
	6. sejak, semenjak, dari, sedari	since	～以来
	7. sampai, hingga	until	～する時まで
条件	8. kalau, jika, jikalau, bila, apabila, bilamana	if	もし～ならば
	9. andaikan, seandainya, andai kata	supposing	仮に～ならば
	10. asal, asalkan	as long as	～さえすれば

原因・結果	11. karena, sebab, lantaran《口語》	because	～だから，～なので
	12. sehingga, hingga, maka《口語》, jadi《口語》, oleh karena itu*, oleh sebab itu*	therefore	その結果として，それゆえに～
	13. berkat	thanks to	～のおかげで
	14. gara-gara, lantaran《口語》	due to	～のせいで
目的	15. untuk, guna	in order to	～のために
	16. supaya, agar	so as to	～するように
譲歩	17. meski(pun), walau(pun), biar(pun), kendati(pun), sekalipun, sungguhpun, padahal, sedangkan	though, although	～ではあるが，～だけれども
	18. namun*, akan tetapi*	however	けれども，しかしながら
比喩	19. seperti, laksana	as with	～のように
	20. seolah-olah, seakan-akan	as if	あたかも～のように
	21. sebagaimana	as	～のごとく
	22. bahwa	that	～ということを
	23. apakah	whether	～かどうか

☐ 1. Waktu tinggal di Jepang, dia belajar teknologi komputer.
日本に住んでいた時，彼はコンピューター技術を勉強しました。
Ria bertemu dengan teman lamanya ketika berbelanja di pasar.
市場で買い物している時，リアは昔の友人に会いました。

☐ 2. Kita harus mencuci tangan sebelum makan.
食事をする前に，私たちは手を洗わなければいけません。
Sebelum meninggalkan rumah, ibu mematikan lampu.
家を出る前に，母は電灯を消しました。

☐ 3. Sesudah presentasi selesai, Anda boleh bertanya.
発表が終わったら，質問しても構いません。
Paman bertani setelah pensiun dari pegawai swasta.
会社員を定年退職した後，叔父は農業を営んでいます。

☐ 4. Saya akan menunggu rumah selama Anda pergi.
あなたが出かけている間，私は家で留守番をします。
Sementara kami berunding, tolong tunggu di luar.
私たちが協議する間，外でお待ちください。

☐ 5. Ayah makan pagi sambil membaca koran.
新聞を読みながら，父は朝食を取ります。

□ 6. Penyanyi itu sudah pandai menyanyi sejak dia masih SD.

その歌手は，彼がまだ小学校のころから歌うのが上手でした。

□ 7. Siswa itu mesti belajar sampai lulus ujian akhir.

その生徒は期末試験に合格するまで勉強しなければなりません。

Pengusaha itu bekerja keras hingga sukses.

その企業家は成功するまで一生懸命に働きました。

□ 8. Kalau harganya turun, saya mau membelinya.

値段が下がるなら，私はそれを買いたいです。

Saya ingin mengikuti tes darah itu jika memungkinkan.

可能であれば，私はその血液検査を受けたいです。

□ 9. Andaikan bisa mengambil cuti, aku ingin ke luar negeri.

仮に休暇が取れるなら，僕は海外に行きたいです。

Aku ingin membeli pesawat terbang seandainya aku kaya raya.

仮に僕が大金持ちなら，僕は飛行機を買いたいです。

□ 10. Asal tidak mahal, dia mau ikut tur itu.

料金さえ高くなけば，彼はそのツアーに参加したいです。

Kamu pasti lulus ujian asalkan rajin belajar.

一生懸命に勉強しさえすれば君はきっと合格できますよ。

MP3 152

□ 11. Dia pulang larut malam karena bekerja lembur.

残業をしたので，彼は深夜に帰りました。

Kepalanya pusing sebab memikirkan masa depannya.

自分の将来を考えると，彼は頭が痛くなりました。

□ 12. Adik demam sehingga tidak masuk sekolah.

弟は熱があるので，学校を休みます。

Hari ini dia berulang tahun. Oleh karena itu, dia menerima hadiah.

今日，彼は誕生日です。そのため，彼はプレゼントをもらいました。

□ 13. Indonesia dapat merdeka berkat jasa para pahlawan.

インドネシアは英雄たちの功績のおかげで独立できました。

□ 14. Kereta berhenti gara-gara angin topan melanda Jepang kemarin.

昨日，日本を襲った台風のせいで列車が止まりました。

Sekarang hidupnya susah lantaran suka berfoya-foya.

浪費癖があるので，現在，彼の生活は苦しいです。

□ 15. Untuk membuat lemari, tukang kayu itu menggunakan kayu jati.

棚を作るために，その大工はチーク材を使いました。

Dia minum obat guna menyembuhkan penyakitnya.

病気を治すために，彼は薬を飲みました。

□ 16. Nenek selalu berjalan-jalan pada pagi hari supaya tetap sehat.

ずっと健康であるように，祖母はいつも朝に散歩をします。

Dia selalu belajar agar berhasil dalam kuliahnya.

彼は大学の授業で成果を上げるために，常に勉強しています。

□ 17. Meskipun berbadan kecil, pejudo itu kuat sekali.

身体は小さいのですが，その柔道家はとても強いです。

Dia sering naik taksi walaupun memiliki mobil.

車を持っていても，彼はしょっちゅうタクシーに乗ります。

Ia masih meminta uang kepada ayahnya padahal sudah bekerja.

もう働いているのに，彼はまだ父親にお金を無心しています。

Naik bus ke sana memerlukan waktu 8 jam, sedangkan naik pesawat 1 jam.

バスでそこへ行くには 8 時間必要ですが，飛行機なら 1 時間です。

□ 18. Karyawan itu sudah berusaha. Namun, hasilnya tidak memuaskan.

その社員は努力しました。しかし，結果は満足のいくものではありませんでした。

Tas itu dari kulit buaya. Akan tetapi, harganya tidak begitu mahal.

そのかばんはワニ革でできています。しかし，値段はそれほど高くありません。

□ 19. Dia membeli sepatu mahal itu seperti tidak memikirkan harganya.

値段を気にしないかのように，彼はその高価な靴を買いました。

□ 20. Orang itu banyak bicara seolah-olah tahu akan segalanya.

あたかも何でも知っているかのように，その人はたくさん話しました。

Seakan-akan orang kaya, dia tidak mau makan di warung.

あたかもお金持ちであるかのように，彼は屋台で食事をしようとしません。

□ 21. Hari ini hujan deras sebagaimana prakiraan cuaca.

天気予報のとおり，今日は大雨です。

□ 22. Ria berkata bahwa dia sudah mendapat beasiswa.

リアは奨学金をもらったと言いました。

□ 23. Saya tidak tahu apakah mereka akan datang atau tidak.

私は彼らが来るかどうか知りません。

接辞 me--i，me--i 動詞と me--kan 動詞の比較

　接頭辞 me- と接尾辞 -i が，動詞，形容詞，名詞に付くと他動詞となり，様々な意味を生成します。以下，比較のために，me--i 動詞と me--kan 動詞の意味の違いを明記しますが，必ずしもすべての語幹に me--i, me--kan が付くわけではありません。

1）自動詞＋場所，位置　「（場所）に〜する」　🎵 **153**

　接辞 me--i は自動詞に付いて，di, ke, dari, dalam, akan, kepada, pada など「場所，位置」を表す前置詞の役割をします。自動詞には語幹動詞，ber- 動詞，形容詞を語幹とする me- 動詞があります。me--i 動詞は主語が動作するのに対し，me--kan 動詞は目的語が動作します。

自動詞 ＋ 前置詞	me--i 動詞　（場所）に〜する		me--kan 動詞　〜させる	
duduk di	= menduduki	〜に座る	mendudukkan	座らせる
masuk ke	= memasuki	〜に入る	memasukkan	入れる
hadir dalam	= menghadiri	〜に出席する	menghadirkan	出席させる
berdiam di	= mendiami	〜に住む	−	
berkunjung ke	= mengunjungi	〜を訪れる	−	
mendekat ke	= mendekati	〜に近づく	mendekatkan	近づける
menjauh dari	= menjauhi	〜から遠ざかる	menjauhkan	遠ざける
menyeberang di	= menyeberangi	〜を横切る	menyeberangkan	横切らせる

【注】mendiamkan「黙らせる」の語幹は diam「黙る」で，berdiam「住む」の語幹も diam ですが別の単語です。

☐ Ia menduduki kursi paling depan.　　　　彼は一番前の椅子に座っています。
☐ Ibu itu mendudukkan anaknya.　　　　　その母親は子供を座らせました。

☐ Kakak memasuki kamarnya.　　　　　　兄は自分の部屋に入りました。
☐ Ira memasukkan buku ke dalam tas.　　　イラはかばんに本を入れました。

☐ Semua karyawan menghadiri rapat.　　　全社員は会議に出席します。
☐ Pengadilan menghadirkan para saksi.　　裁判所は証人たちを出席させました。

☐ Ayah mendiami rumah ini sejak kecil.　　父は小さい頃からこの家に住んでいます。

☐ Kakek mengunjungi rumah sahabatnya.　祖父は親友の家を訪れました。

☐ Kereta itu sudah mendekati stasiun terakhir. その列車は最終駅に近づきました。
☐ Hobi yang sama mendekatkan kami. 同じ趣味が私たちを近づけました。

☐ Lebih baik menjauhi tempat unjuk rasa. デモの場所から遠ざかった方がよい。
☐ Hal itu menjauhkan hubungan mereka. その事は彼らの関係を遠ざけました。

☐ Perahu itu menyeberangi sungai. その小舟は川を横断しました。
☐ Polisi menyeberangkan anak-anak. 警官は子供たちを横断させました。

2) 自動詞＋対象，関係 「〜と／に〜する」

MP3 154

接辞 me--i は自動詞に付いて，dengan「対象，関係」を表す前置詞の役割をします。

自動詞 ＋ 前置詞	me--i 動詞 〜と／に〜する		me--kan 動詞 〜を〜させる	
menikah dengan	= menikahi	〜と結婚する	menikahkan	結婚させる
bertemu dengan	= menemui	〜と会う	menemukan	発見／発明する
setuju dengan	= menyetujui	〜に同意する	menyetujukan	同意させる

☐ Lelaki itu menikahi teman kuliahnya. その男は大学の友だちと結婚しました。
☐ Bapak Ali menikahkan putra sulungnya. アリさんは長男を結婚させました。

☐ Beliau ingin menemui Kepala Bagian. あの方は部長に会いたがっています。
☐ Graham Bell menemukan telepon. グラハム・ベルは電話を発明しました。

☐ Saya menyetujui usulan Anda. 私はあなたの提案に賛成します。
☐ Ketua rapat menyetujukan pesertanya. 議長は参加者に同意させました。

3) 感情の形容詞＋対象 「〜を〜する」

MP3 155

接辞 me--i は感情を表す形容詞に付いて，他動詞「〜を〜する」になります。

形容詞 ＋ 前置詞	me--i 動詞 〜を〜する		me--kan 動詞 〜を〜させる	
iba kepada	= mengibai	〜を哀れに思う	mengibakan	同情する
suka kepada	= menyukai	〜を好む	menyukakan	気に入らせる
marah kepada	= memarahi	〜を怒る	memarahkan	怒らせる

☐ Saya mengibai nasib anak itu. 私はその子の運命をふびんに思います。
☐ Kisah sedih orang itu mengibakan hati. その人の悲しい話に同情しました。

☐ Tante menyukai musik klasik. 叔母はクラシック音楽が好きです。
☐ Sifat cerianya menyukakan siapa saja. 彼の明るい性格はだれでも好きです。

☐ Guru memarahi murid nakal itu. 先生はそのいたずらな子を怒りました。
☐ Kejahatannya memarahkan banyak orang. 彼の悪事は多くの人を怒らせました。

4) 形容詞の他動詞化 「～を～にする」 🎵 156

接辞 me--i は形容詞に付いて，他動詞「～を～にする」になります。同じ語幹でも接尾辞 -kan が付くと意味が同じものや異なるものがあります。

形容詞		me--i 動詞 ～を～にする		me--kan 動詞 ～を～にする	
basah	濡れる	membasahi	～を濡らす	membasahkan	～を濡らす
kotor	汚い	mengotori	～を汚す	mengotorkan	～を汚す
dalam	深い	mendalami	～を深める	mendalamkan	～を深くする
terang	明るい	menerangi	～を明るくする	menerangkan	～を説明する

☐ Hujan membasahi halaman rumah. 雨は家の庭を濡らしました。
☐ Perawat membasahkan kain kompres. 看護師は（頭用）冷却布を湿らせました。

☐ Sampah yang berserakan mengotori jalan. 散乱したごみは道を散らかしました。
☐ Tinta hitam mengotorkan lantai ruang kelas. 黒インクは教室の床を汚しました。

☐ Dia mendalami antropologi budaya Jepang. 彼は日本の文化人類学を深めました。
☐ Pemerintah berencana mendalamkan sungai itu. 政府はその川を深くする予定です。

☐ Cahaya lilin menerangi kamar tidur. ローソクの光は寝室を照らします。
☐ Guru menerangkan jawaban soal itu. 先生はその問題の解答を説明しました。

5) 他動詞＋反復，入念 「何度も～する，念入りに～する」 🎵 157

接尾辞 -i は他動詞に付いて，berkali-kali「何度も～する，念入りに～する《反復，入念》」の意味を持つ他動詞になります。目的語は単複どちらにも使います。同じ語幹の me--i 動詞と me--kan 動詞で意味が異なることに注意してください。

他動詞		me--i 動詞 何度も～する		me--kan 動詞 (道具) で～する，(人) に～してやる	
memukul	殴る	memukuli	何度も殴る	memukulkan	～で殴る
menembak	撃つ	menembaki	繰り返し撃つ	menembakkan	～で撃つ
mencabut	抜く	mencabuti	何度も引き抜く	mencabutkan	抜いてやる
membaca	読む	membacai	入念に読む	membacakan	読んでやる

| □ Petinju memukuli samsak. | ボクサーはサンドバッグを連打します。 |
| □ Dia memukulkan tangannya di meja. | 彼は手で机を叩きました。 |

| □ Pemburu menembaki burung-burung. | 猟師は鳥を何度も撃ちます。 |
| □ Atlet itu menembakkan pistol ke sasaran. | その選手はピストルで的を撃ちました。 |

| □ Petani mencabuti rumput di sawah. | 農民は繰り返し田の草取りをします。 |
| □ Saya mencabutkan adik paku. | 私は弟のために釘を抜いてあげました。 |

| □ Auditor membacai laporan keuangan. | 監査役は会計報告を入念に読みました。 |
| □ Ibu membacakan anaknya cerita. | 母親は子供に物語を読んであげました。 |

6) 名詞の供与 「～に与える, ～に付ける」　🎵 158

　接辞 me--i は名詞に付いて，memberi「…に～を与える／付ける」の意味を持つ他動詞になります。同じ語幹でも me-kan 動詞と意味が同じものや異なるものがあります。

名詞		me--i 動詞　～に～を与える		me--kan 動詞 ～に～を与える他	
gula	砂糖	menggulai	砂糖を入れる	—	
obat	薬	mengobati	投薬／治療する	mengobatkan	治す
nama	名前	menamai	名前を付ける	menamakan	～の名前で呼ぶ
nasihat	助言	menasihati	助言を与える	menasihatkan	助言を与える
biaya	費用	membiayai	～の費用を出す	membiayakan	費やす，支出する
warna	色	mewarnai	色を付ける	mewarnakan	色を付ける

| □ Dia selalu menggulai kopinya. | 彼はいつもコーヒーに砂糖を入れます。 |

| □ Dokter mengobati pasiennya. | 医者は患者を治療します。 |
| □ Obat baru ini mengobatkan diare. | その新しい薬は下痢を治します。 |

| □ Ayah menamai anaknya "Rudi". | 父は子供に「ルディ」と名付けました。 |
| □ Teman-teman menamakan dia "Si Cilik". | 友だちは彼を「ちびちゃん」と呼びます。 |

| □ Dia menasihati anaknya agar berdisiplin. | 彼は子に規律を守るよう忠告しました。 |
| □ Ibu menasihatkan saya supaya belajar. | 母は私に勉強するよう忠告しました。 |

| □ Mahasiswa itu membiayai kuliahnya sendiri. | その大学生は自分で学費を出します。 |
| □ Dia membiayakan tabungannya untuk hobinya. | 彼は趣味に貯金を費やします。 |

| □ Anak itu mewarnai buku gambarnya. | その子は塗り絵に色を塗りました。 |
| □ Kakak perempuan mewarnakan rambutnya. | 姉は髪を染めました。 |

接辞 me--i は名詞に付いて，menjadi「〜になる，〜の役割をする」の意味を持つ他動詞になります。

名詞	me--i 動詞　〜になる	me--kan 動詞　〜にする
kepala　長，頭	mengepalai　長になる	mengepalakan　長にする
wakil　代表	mewakili　代表／代理になる	mewakilkan　代理に指名する
jago　優勝者	menjagoi　優勝する	menjagokan　本命視する
teman　友人，お供	menemani　付き添う，お供する	—

□ Ali mengepalai bagian pemasaran.　　　　　アリは営業部長になりました。
□ Warga desa mengepalakan Anton.　　　　　村民はアントンを村長にしました。

□ Menteri itu mewakili presiden.　　　　　　その大臣は大統領代理を務めます。
□ Presiden direktur mewakilkan kepada saya. 社長は私を代理に指名しました。

□ Petinju itu menjagoi kelas berat.　　　　　そのボクサーはヘビー級王者になりました。
□ Saya menjagokan tim Jepang.　　　　　　　私は日本チームを本命視しています。

□ Adik laki-laki menemani ibu ke bandara.　　弟は母に付き添って空港へ行きました。

接辞 me--i は名詞に付いて，membuang「〜を取り去る」の意味を持つ他動詞になります。kulit が「カバー」の場合は 2-6) menguliti「カバーを付ける」になります。

名詞	me--i 動詞　〜を取り去る	me--kan 動詞
kulit　皮，カバー	menguliti　皮をむく／はぐ	—
bulu　毛，羽	membului　毛／羽をむしる	—

□ Jagal di pasar menguliti kambing.　　　　　市場の屠殺業者はヤギの皮をはぎました。
【参考】Dia menguliti buku cerita itu.　　　　彼はその小説本にカバーを付けました。

□ Peternak itu membului ayam.　　　　　　　その畜産業者は鶏の羽をむしりました。

me--i 動詞は，直接目的語（B）と間接目的語（A）の二重目的語を取ります。主に直接目的語は「物」，間接目的語は「人」ですが，me--kan 動詞と目的語の位置に注意してください。

語幹	me--i 動詞 A + B A に B を～する	me--kan 動詞 B kepada A A に B を～する	日本語訳
kirim	mengirimi A + B	= mengirimkan B kepada A	A に B を送る
tawar	menawari A + B	= menawarkan B kepada A	A に B を勧める
ajar	mengajari A + B	= mengajarkan B kepada A	A に B を教える
pinjam	meminjami A + B	= meminjamkan B kepada A	A に B を貸す

☐ Saya mengirimi Ria buku komik terbaru. 　　私はリアに最新の漫画本を送りました。
☐ Saya mengirimkan buku komik terbaru kepada Ria. 　　 〃

☐ Paman menawari Doni pekerjaan itu. 　　叔父はドニにその仕事を勧めました。
☐ Paman menawarkan pekerjaan itu kepada Doni. 　　 〃

☐ Ina mengajari adiknya matematika. 　　イナは弟に数学を教えました。
☐ Ina mengajarkan matematika kepada adiknya. 　　 〃

☐ Rey meminjami Anna mobilnya. 　　レイはアンナに車を貸しました。
☐ Rey meminjamkan mobilnya kepada Anna. 　　 〃

10) 複合語の me--i, me--kan 動詞 　🎵 162

　複合語に接辞 me--i, me--kan が付く場合は，単語間のスペースは削除して 1 単語
で表記します。

複合語		me--kan 動詞, me--i 動詞	
ke muka	前へ	mengemukakan	前に出す，提案する
campur baur	ごちゃ混ぜになる	mencampurbaurkan	ごちゃ混ぜにする
memberi tahu	知らせる	memberitahukan	知らせる
tanda tangan	署名，サイン	menandatangani	署名する
tindak lanjut	フォローアップ	menindaklanjuti	フォローする

☐ Tim dokter itu mengemukakan pendapatnya. 　　その医師団は意見を述べました。
☐ Dia mencampurbaurkan urusan pribadi dan urusan dinas. 彼は公私混同します。
☐ Guru memberitahukan jadwal ujian kepada murid.
　　　　　　　　　　　　　　　　　　先生は生徒に試験日程を知らせました。
☐ Saya menandatangani surat perjanjian itu. 　私はその契約書に署名しました。
☐ Kami akan menindaklanjuti rencana ini. 　　私たちはこの計画をフォローします。

１ 次の（　）にあてはまる最も適当な語を a 〜 d の中から選びましょう。

1) Banyak orang berolahraga (　　)
   mendengar musik.
   a. sampai
   b. sambil
   c. sehingga
   d. gara-gara

2) (　　) ingin kuliah di universitas itu,
   Anda harus belajar lebih rajin.
   a. Apabila
   b. Meskipun
   c. Asalkan
   d. Supaya

3) Dia tetap memutuskan menikah (　　)
   keluarganya tidak setuju.
   a. kalau
   b. agar
   c. kendatipun
   d. seolah-olah

4) Tim itu berlatih dengan keras. (　　),
   mereka bisa menjadi juara.
   a. Namun
   b. Andaikan
   c. Akan tetapi
   d. Oleh karena itu

5) Muslim melakukan salat berjemaah di
   masjid (　　) berwudu.
   a. sebelum
   b. sambil
   c. seusai
   d. ketika

1)		2)		3)		4)		5)	

２ 次の（　）にあてはまる最も適当な語を a 〜 d の中から選びましょう。

1) Perempuan itu terpaksa (　　) tangga
   karena lift rusak.
   a. menaiki
   b. menaikkan
   c. mendaki
   d. mendakikan

2) Panitia festival itu (　　) penyanyi
   terkenal dari ibu kota.
   a. mendatangi
   b. mendatangkan
   c. menerangi
   d. menerangkan

3) Anjing pelacak itu (　　) koper-koper
   penumpang untuk mencari narkoba.
   a. menjilati
   b. menjilat
   c. menciumi
   d. mencium

4) Perilaku santun remaja itu (　　) hati
   ayah dan ibunya.
   a. menyenangkan
   b. menyenangi
   c. menakutkan
   d. menakuti

5) Ibu (　　) pantat anaknya dengan salep
karena muncul eksem.
a. memukulkan
b. memukuli
c. mengoleskan
d. mengolesi

1)		2)		3)		4)		5)	

3 次の（　）にあてはまる最も適当な語を a ～ d の中から選びましょう。

1) Karena tiba-tiba hujan turun, dia buru-buru (　) jemuran.
a. mengambilkan
b. mengambili
c. menjumputkan
d. menjumputi

2) Masinis kereta itu bertugas (　) kereta api pada hari kerja.
a. menghadirkan
b. menghadiri
c. menjalankan
d. menjalani

3) Tukang kebun itu (　) pohon-pohon yang sudah mati.
a. menanamkan
b. menanami
c. menebangkan
d. menebangi

4) Pemerintah (　) masyarakat untuk menghemat energi.
a. menyadarkan
b. menyadari
c. memarahkan
d. memarahi

5) Karena sangat kotor dan bau, tidak ada yang mau (　) rumah itu.
a. meninggalkan
b. meninggali
c. menjauhkan
d. menjauhi

1)		2)		3)		4)		5)	

4 次の文を日本語に訳しましょう。

1) Tidak boleh mengoperasikan HP selama mengendarai mobil.
→ (　　　　　　　　　　　　　　　　　　　　　　　　　)

2) Dia memasuki perusahaan properti itu agar kariernya menanjak.
→ (　　　　　　　　　　　　　　　　　　　　　　　　　)

3) Pedagang itu menaikkan harga dagangannya karena harga bahan baku naik.
→ (　　　　　　　　　　　　　　　　　　　　　　　　　)

4) Guru besar berujar kepada mahasiswa bahwa dalam ujian akhir terdapat ujian lisan.

→ (   )

5) Hakim memukulkan palunya ke meja setelah menjatuhkan keputusan vonis.

→ (   )

6) Meskipun masih muda, politisi itu berhasil mengetuai partainya.

→ (   )

7) Saat akan berangkat naik haji, orang tua itu menatapi wajah anak-anaknya.

→ (   )

8) Ketika menjumpai masalah, jangan sungkan untuk menghubungi saya.

→ (   )

9) Tim sukarelawan itu memeriksai kondisi korban bencana alam.

→ (   )

10) Kita harus menoleh ke kiri dan kanan sebelum menyeberangi jalan.

→ (   )

5 次の文をインドネシア語に訳しましょう。

1) 店員は来客のために上の棚にあるかばんを取ってあげました。

→ (   )

2) 揚げ物が好きでも，君はそれを食べるのを減らさなければいけません。

→ (   )

3) その件について何も知らないかのように彼は押し黙っています。

→ (   )

4) ルディは真夜中に私の家に助けを求めに来ました。

→ (   )

5) 研究者たちは，その輸入製品が国内経済に影響するかどうかを調べています。

→ (   )

6) 私は運転免許証を持っていますが，持って来るのを忘れました。

→ (   )

7) 祖母は孫にもち米のおやつを作ってあげました。

→ (   )

8) その人気ピアニストは 3 歳からピアノを習い始めました。

→ （ 　　　　　　　　　　　　　　　　　　　　　　　　　　　）

9) 地震の後，その観光地を訪れる観光客の数は減りました。

→ （ 　　　　　　　　　　　　　　　　　　　　　　　　　　　）

10) 最も近い無料 Wi-Fi スポットを知るにはどうしたらいいですか？

→ （ 　　　　　　　　　　　　　　　　　　　　　　　　　　　）

▶解答　p. 272

バティックには，batik tulis「手描きバティック」，batik cap「型押し
バティック」，batik kombinasi「手描きと型押しのコンビネーションバ
ティック」があり，職人の手による batik tulis は高級品です。

○ 会話 Percakapan 163

MEMPELAJARI BAHASA INDONESIA

Yui : Pak Dewa, Aoi ingin mempelajari bahasa Indonesia.

Dewa : Oh ya? Kenapa mendadak, Bu?

Yui : Soalnya, siswa sekolahnya mau mengunjungi salah satu SD Negeri. Mereka akan memperkenalkan budaya Jepang.

Dewa : Dalam bahasa Indonesia?

Yui : Iya, tapi gurunya yang akan mempresentasikannya. Para siswa hanya bermain bersama.

Dewa : Aoi sudah bisa bicara bahasa Indonesia, 'kan?

Yui : Bisa sih bisa, tetapi belum lancar. Dia ingin memperlancar bahasa Indonesianya. Bapak tahu ada sekolah yang bagus?

Dewa : Ingin belajar berkelompok atau privat?

Yui : Kelompok, tetapi sebaiknya kelas yang jumlah orangnya sedikit.

Dewa : Kalau begitu, saya rekomendasikan sekolah teman saya. Guru-gurunya masih muda dan sering mengajar anak-anak.

Yui : Betul? Tolong perkenalkan, Pak.

Dewa : Baik, saya akan segera hubungi sekolahnya.

☐ **mempelajari** <ajar>	〜を学ぶ, 研究する	☐ **memperlancar** <lancar>	流ちょうにする
☐ **kenapa**	どうして, なぜ	☐ **berkelompok** <kelompok>	グループ化する, 群がる
☐ **mendadak** <dadak>	急に		
☐ **soalnya** <soal>	実のところ, というのも	☐ **privat**	個人の, プライベートな
☐ **Negeri**	国, 国立	☐ **kelompok**	グループ, 集団
☐ **memperkenalkan** <kenal>	紹介する	☐ **sebaiknya** <baik>	〜した方がよい
		☐ **sedikit**	少しの, 少ない
☐ **budaya**	文化	☐ **rekomendasikan** <rekomendasi>	勧める
☐ **mempresentasikannya** <presentasi>	発表する		
☐ **bermain** <main>	遊ぶ	☐ **sering**	しばしば, ひんぱんに
☐ **'kan** (= bukan)	〜ではないですか?	☐ **mengajar** <ajar>	教える
☐ *A* **sih** *A*, **tetapi**	A は A だが	☐ **perkenalkan** <kenal>	紹介する
☐ **lancar**	流ちょうな	☐ **hubungi** <hubung>	連絡する

● 日本語訳　Terjemahan

インドネシア語を学ぶ

結衣：　デワさん, 葵はインドネシア語を学びたがっています。

デワ：　ああ, そうですか？　どうして急に？

結衣：　実は, 彼女の学校の生徒はある国立小学校を訪問する予定です。彼らは日本文化を紹介します。

デワ：　インドネシア語でですか？

結衣：　はい, でも, 先生が発表します。生徒たちは一緒に遊ぶだけです。

デワ：　葵はインドネシア語を話せるでしょう？

結衣：　話せることは話せますが, まだ流ちょうではないのです。彼女は自分のインドネシア語をもっと流ちょうにしたいのです。よい学校があるか知っていますか？

デワ：　グループ, それともプライベートで勉強したいですか？

結衣：　グループですが, 少人数クラスの方がいいです。

デワ：　それなら私の友人の学校をお勧めします。先生たちはまだ若くて, よく子供たちに教えています。

結衣：　本当ですか？　紹介してください。

デワ：　承知しました。すぐにその学校に連絡します。

MEMPERKENALKAN BUDAYA JEPANG

Aoi belajar di sekolah orang Jepang di Jakarta. Hari ini siswa-siswa sekolah Aoi akan mengunjungi salah satu Sekolah Dasar Negeri. Di sana mereka akan mempelajari budaya Indonesia dan memperkenalkan budaya Jepang, khususnya tentang budaya anak-anak di Jepang.

Bapak Suzuki, guru Aoi, memaparkan budaya Jepang dalam bahasa Indonesia yang sangat fasih. Untuk memperjelas detailnya, beliau mempergunakan foto dan video dari koleksinya sendiri. Beliau juga memperdengarkan lagu anak-anak Jepang yang sedang populer.

Setelah presentasi Bapak Suzuki selesai, Ibu Indah, salah seorang guru SD Negeri itu, memberitahukan informasi mengenai permainan tradisional anak Indonesia. Salah satunya adalah congklak, permainan untuk dua orang yang mempergunakan papan berlubang dan biji kerang. Setelah memperagakan cara bermainnya, Ibu Indah mengajak semua anak-anak untuk mencoba permainan itu. "Ayo cari pasangannya masing-masing. Ambil papan congklak dan biji kerangnya, lalu duduk saling menghadap," kata Ibu Indah.

Aoi bermain congklak bersama Citra. Sebelum bermain, dia memperkenalkan diri dalam bahasa Indonesia dengan fasih karena sudah mempelajari hal itu di dalam kursus. Sambil bermain, mereka saling bertanya tentang hobi masing-masing, aktivitas sekolah, dll. Ternyata mereka memiliki hobi yang sama, yaitu bernyanyi dan berdansa. Aktivitas yang mempererat hubungan antara Indonesia dan Jepang ini dapat membuat para siswa dari kedua negara itu menjadi lebih dekat.

☐ **khususnya** <khusus>	特に，とりわけ	☐ **tradisional**	伝統的な
☐ **memaparkan** <papar>	解説する	☐ **congklak**	チョンクラック
☐ **fasih**	流ちょうな	☐ **papan**	ボード，板
☐ **memperjelas** <jelas>	解明する	☐ **berlubang** <lubang>	穴が開いている
☐ **mempergunakan** <guna>	利用する	☐ **biji**	粒，個，種
☐ **foto**	写真	☐ **kerang**	貝
☐ **video**	ビデオ	☐ **memperagakan** <raga>	実演する
☐ **koleksinya** <koleksi>	コレクション	☐ **mengajak** <ajak>	誘う
☐ **sendiri**	自分，自身	☐ **mencoba** <coba>	試す
☐ **memperdengarkan** <dengar>	聴かせる	☐ **pasangannya** <pasang>	相手
☐ **lagu**	歌，楽曲	☐ **menghadap** <hadap>	対面する
☐ **presentasi**	発表	☐ **aktivitas**	活動
☐ **memberitahukan** <beri tahu>	伝える，知らせる	☐ **dll.** (= dan lain-lain)	～など
☐ **informasi**	情報	☐ **memiliki** <milik>	持つ
☐ **permainan** <main>	遊び	☐ **bernyanyi** <nyanyi>	歌う
		☐ **berdansa** <dansa>	ダンスする
		☐ **mempererat** <erat>	密接にする

● 日本語訳　Terjemahan

日本文化を紹介する

　葵はジャカルタの日本人学校で勉強しています。今日，葵の学校の生徒たちはある国立小学校を訪問する予定です。そこでは，彼らはインドネシア文化を学び，日本文化，特に日本の子供たちの文化を紹介します。

　葵の先生である鈴木先生はとても流ちょうなインドネシア語で日本文化を解説しました。その詳細を明確に説明するために，先生は自身のコレクションから写真やビデオを活用しました。先生は今流行りの日本の子供の歌も聴かせました。

　鈴木先生の発表が終わった後，その国立小学校の先生の１人，インダ先生がインドネシアの子供の伝統的な遊びについての情報を教えました。その１つはチョンクラックで，穴のあいたボードと貝を使う２人用の遊びです。遊び方を実演した後，インダ先生は子供たち全員にその遊びをしてみるように誘いました。「さあ，各自，遊び相手を探しましょう。チョンクラックのボードと貝を取って，それからお互いに向かい合って座ってください」とインダ先生が言いました。

　葵はチトラと一緒にチョンクラックの遊びをしました。遊ぶ前に，彼女は流ちょうなインドネシア語で自己紹介をしました。なぜならすでに講習でそのことを学んだからです。遊びながら，彼女たちは各自の趣味や学校の活動などをお互いに尋ねました。彼女たちは歌とダンスという同じ趣味を持っていることがわかりました。インドネシアと日本の関係を緊密にするこの活動により，その両国の生徒たちはより親しくなりました。

① 接頭辞 memper-

1) 接頭辞 memper- の付け方

接頭辞 memper- は接頭辞 ber- と同様に変化するため（→ p. 93），r で始まる語幹と第 1 音節に er が含まれる語幹の接頭辞は mempe- となり，mempelajari「勉強する」は例外です。接頭辞 memper- には接尾辞 -kan や接尾辞 -i が付くこともあります。

語幹	接頭辞	memper-(-kan/i) 動詞	ber- 動詞＜語幹＞
通常	memper-	mempermainkan もて遊ぶ，からかう	bermain 遊ぶ
r で始まる語幹	mempe-	memperumahkan 結婚させる，同居させる	berumah <rumah> 家を持つ
第 1 音節に er が 含まれる語幹	mempe-	mempekerjakan 勤務させる，雇用する	bekerja <kerja> 働く
例外	mempel-	mempelajari　勉強する	belajar <ajar>　勉強する

2) 接頭辞 memper- の意味

2-1) 形容詞の他動詞化「さらに／一層～にする」

MP3 167

接頭辞 memper- は形容詞に付いて，他動詞「さらに／一層～にする（membuat jadi lebih）」になります。p. 122 の me--kan 動詞との違いは「さらに，一層」のニュアンスが加わることです。

形容詞		memper- 形容詞 さらに～にする		me--kan 動詞 ～にする	
besar	大きい	memperbesar	さらに拡大する	membesarkan	大きくする
panjang	長い	memperpanjang	さらに延長する	memanjangkan	長くする
sulit	難しい	mempersulit	より困難にする	menyulitkan	困難にする
ketat	厳しい	memperketat	より厳しくする	mengetatkan	厳しくする
kuat	強い	memperkuat	より強化する	menguatkan	強化する
kaya	豊かな	memperkaya	一層豊かにする	mengayakan	豊かにする

☐ Proyek baru itu memperbesar anggaran.　　その新プロジェクトは予算を拡大します。

☐ Orang asing itu memperpanjang visanya.　　その外国人はビザを延長しました。

☐ Banjir mempersulit transportasi darat.　　洪水は陸上運送を困難にします。

☐ Pemerintah memperketat syarat investasi.　　政府は投資条件を厳しくしました。

□ Pelatih itu berupaya memperkuat fisik timnya.

そのコーチはチームの身体強化に努めました。

□ Bisnis ikan hias memperkaya dirinya.　観賞魚ビジネスは彼を裕福にしました。

2-2) 名詞の他動詞化「〜にする，〜のように扱う」　🎵 168

　接頭辞 memper- は名詞に付いて他動詞「〜にする，〜のように扱う（menjadikan ／ menganggap sebagai 〜）」になり，me--kan 動詞と同じ意味を持つものもあります。

名詞		memper- 名詞　〜にする		me--kan, memper--kan 動詞
istri	妻	memperistri	妻にする	memperistrikan　妻帯させる
budak	奴隷	memperbudak	奴隷扱いする	= membudakkan
kuda	馬	memperkuda	牛馬のように使う	—
alat	道具	memperalat	道具のように扱う	= mengalatkan

□ Pangeran itu memperistri orang biasa.　その王子は一般人を妻にしました。

□ Dia memperistrikan putranya dengan gadis tetangganya.

彼は息子を近所の娘と結婚させます。

□ Tiran itu memperbudak orang kulit hitam.　その暴君は黒人を奴隷にしました。

□ Direktur itu memperkuda karyawannya.　その役員は社員を牛馬のように使います。

□ Dia memperalat orang lain demi uang.

彼はお金のために他人を道具のように扱います。

ヤシやバナナの葉の皿の上に花やご飯などを盛った canang「チャナン」は，バリヒンドゥーのお供え物です。家の各部屋，台所，神棚などのほか，交差点や祠などにも，毎日，canang をお供えして神々に祈ります。手作りの canang は各家庭で作られますが，最近は市場で売っている canang を利用する人も多くなりました。

3-1) memper--kan 動詞《他動詞化》「〜になるようにする，〜させる《使役》」

MP3 169

基本的に，memper--kan 動詞は，主語ではなく目的語が動詞の行為者になり，「〜させる《使役》」の意味になります。つまり，melihat「見る」は動作の主体である主語が「見る」のに対し，memperlihatkan「見せる」は動作の主体が目的語で，実際に「見る」行為をするのは目的語になります。memper--kan が自動詞に付くと他動詞になります。口語では「見せる」を kasih lihat，「聞かせる」を kasih dengar とも言います。memper--kan 動詞の多くは，peringatan「記念，警告」，perkenalan「紹介」などp. 232 で紹介する per--an 名詞の意味を持ちます。

memper--kan 動詞　〜させる		語幹動詞，ber- 動詞，me- 動詞	
memperingatkan	思い出させる，忠告する	ingat	思い出す，注意を払う
memperkenalkan	紹介する	kenal	面識がある，知っている
mempekerjakan	勤務させる，雇用する	bekerja <kerja>	仕事をする
mempertemukan	会わせる，引き合わせる	bertemu <temu>	会う
mempersatukan	1つにする，統一する	bersatu <satu>	1つになる
memperlihatkan	見せる	melihat <lihat>	見る
memperdengarkan	聞かせる	mendengar <dengar>	聞く
mempertunjukkan	上演する，上映する	menunjuk(kan)<tunjuk>	示す

☐ Lurah memperingatkan bahaya malaria.　　　村長はマラリアの危険を警告しました。

☐ Ario memperkenalkan rekan kerjanya.　　　アリオは彼の同僚を紹介しました。

☐ Perusahaan itu mempekerjakan orang cacat.　その会社は障害者を雇用します。

☐ Liga itu mempertemukan tim-tim kuat.　　　そのリーグは強いチームを引き合わせます。

☐ "Sumpah Pemuda" mempersatukan seluruh bangsa Indonesia.

　　　　　　　　　　　　　「青年の誓い」はインドネシアの全民族を1つにしました。

☐ Polisi memperlihatkan barang bukti.　　　警察官は証拠品を見せました。

☐ Komponis itu memperdengarkan lagu barunya.　その作曲家は新曲を聞かせました。

☐ Bioskop itu mempertunjukkan film Barat.　その映画館は洋画を上映します。

🎵 **170**

語幹動詞や ber- 動詞が主に自動詞であるのに対して, memper--kan 動詞, memper--i 動詞は他動詞になり目的語を取ります。

memper--kan / memper--i 動詞《他動詞》		語幹動詞, ber- 動詞《自動詞》	
memperingati	～を記念して祝う	ingat akan	思い出す
mempelajari	～を学ぶ, 研究する	belajar <ajar>	勉強する
memperhatikan	～に注意を払う	berhati-hati tentang <hati>	注意する

☐ Hari ini kita memperingati Hari Ibu. 今日, 私たちは母の日を祝います。
☐ Budi mempelajari kimia di universitas. ブディは大学で化学を学んでいます。
☐ Ia memperhatikan adat istiadat setempat. 彼は現地の風俗習慣に配慮します。

🎵 **171**

me- 動詞や me--kan 動詞とほぼ同じ意味の memper--kan 動詞もあります。

memper--kan 動詞		me- 動詞, me--kan 動詞	
mempergunakan	利用する, 活用する	= menggunakan <guna>	
mempersilakan	勧める	= menyilakan <sila>	
memperbantukan	(支援のため) 派遣する	= membantukan <bantu>	
memperdua(kan)	2つにする, 2等分する	= menduakan <dua>	
memperhitungkan	計算する, 見積もる	≒ menghitung <hitung>	計算する
memperkirakan	予想する, 推測する	≒ mengira <kira>	思う, 推察する
mempertimbangkan	考慮する, 検討する	≒ menimbang <timbang>	量る, 忖度する

☐ Dia mempergunakan batu untuk memaku. 彼はくぎを打つのに石を使いました。
☐ Tuan rumah mempersilakan tamu duduk. 家長は客に座るように勧めました。
☐ Presiden direktur memperbantukan stafnya di kantor cabang.

　　　　　　　　　　　　　　　　社長は支店にスタッフを派遣しました。
☐ Presiden memperduakan provinsi itu. 大統領はその州を2つに分けました。
☐ Dia memperhitungkan untung dan rugi rencana itu.

　　　　　　　　　　　　　　　　彼はその計画の損益を計算しました。
☐ Saya tidak memperkirakan masalah itu. 私はその問題を予測しませんでした。
☐ Silakan mempertimbangkan usul ini. この提案をご検討ください。

接辞 memper--i は形容詞に付いて他動詞「〜にする」になり，me--kan 動詞との違いは「さらに，一層」のニュアンスが加わることです。

形容詞，名詞	memper--i 動詞 一層〜にする	me--kan 動詞 〜にする
baik　　　よい	memperbaiki　　　修理する	membaikkan　　　よくする
baru　　　新しい	memperbarui　　　更新する	membarukan　　　新しくする
lengkap 完全な	memperlengkapi　完備する	melengkapkan　　装備／補充する
senjata　武器	mempersenjatai　武装する	−

☐ Teknisi itu memperbaiki mesin yang rusak.　　その技術者は壊れた機械を修理しました。

☐ Ani memperbarui kontrak kerjanya.　　アニは雇用契約を更新しました。

☐ Dia memperlengkapi kantornya dengan CCTV *(closed-circuit television)*.

　　　　　　　　　　　　　　　　　彼は事務所に監視カメラを完備しました。

☐ Perampok itu mempersenjatai diri dengan pistol.　　その強盗は拳銃で武装しました。

② 接辞 member--kan

数は少ないのですが，ber- 動詞を他動詞化する member--kan 動詞があります。

語幹	member--kan 動詞 《他動詞》	ber- 動詞 《自動詞》
daya　　能力	memberdayakan　能力を与える	berdaya　能力がある
laku　　行為	memberlakukan　実行／施行する	berlaku　実行／施行される
henti　　−	memberhentikan　止める，終える	berhenti　止まる，終わる

☐ Lokakarya ini memberdayakan para guru.

　　　　　　　　　　　このワークショップは諸先生の能力を強化します。

☐ Dia tidak berdaya mengatasi masalah ini.　　彼はこの問題を克服する能力がありません。

☐ Pemerintah memberlakukan undang-undang baru.　政府は新しい法律を施行します。

☐ Peraturan ini berlaku mulai hari ini.　　　　　　この規則は今日から施行されます。

☐ Polisi memberhentikan mobil itu untuk melakukan penilangan.

　　　　　　　　　　警官は交通違反切符を切るためにその車を止めました。

☐ Taksi itu berhenti di depan stasiun.　　　　そのタクシーは駅の前で止まりました。

③ 命令文

　命令，勧誘，依頼，禁止などを表す命令文は，主に二人称の文で主語は省略されます。文末には！(tanda seru)「感嘆符」を付けることもあります。

　命令文には，普通命令文と Silakan ～ .「どうぞ～してください」，Tolong ～ .「～してください」などの語を伴う丁寧命令文の 2 種類があります。

1) 普通命令文

　普通命令文は，Anda, Saudara などの二人称の主語を省略し，動詞から始まる文です。文末には！「感嘆符」を付け，強調する場合は動詞に接尾辞 -lah を付けます。

　命令文は語調が最も重要で，強い口調では相手に高圧的で不快な印象を与えます。やさしく丁寧な口調で依頼しましょう。

　命令文では，接頭辞 me-, memper-, member- の付く他動詞のみ，接頭辞 me- を取りますが，接尾辞 -kan, -i が付いていれば，接尾辞はそのまま残します。それ以外の動詞はそのままの形を用います。

そのままの形を用いる動詞	接頭辞 me-, mem- を取った動詞を用いる
1. 語幹動詞	4. 接辞 me- の付く他動詞
2. 接頭辞 ber- の付く動詞	5. 接辞 me--kan の付く他動詞
3. 接頭辞 me- の付く自動詞	6. 接辞 me--i の付く他動詞
	7. 接辞 memper-, member- の付く他動詞

動詞 ＋（目的語）～！	～しなさい，～しろ
動詞 ＋ 接尾辞 -lah ＋（目的語）～！	〃

☐ 1. Masuk! / Masuklah !　　　入りなさい。

☐ 2. Berjalan!　　　　　　　　歩きなさい。　　　　　　× Jalan!

☐ 3. Menangis kalau sedih!　　悲しければ泣きなさい。　× Tangis!

☐ 4. Jawab soal ini!　　　　　この問題に答えなさい。　× Menjawab

☐ 5. Panaskan sup ini!　　　　このスープを温めなさい。× Memanaskan

☐ 6. Ikuti saya!　　　　　　　私に付いて来なさい。　　× Mengikuti

☐ 7. Perbarui kontrak itu!　　その契約を更新しなさい。× Memperbarui

　　　Berhentikan taksi itu.　　そのタクシーを止めなさい。× Memberhenti

次のような丁寧語を使った丁寧命令文で用いられる動詞は，普通命令文と同じ形が用いられますが，他動詞でも接頭辞 me- を付けたり，強調のための接尾辞辞 -lah を付けることもあります。文末の！「感嘆符」は付けても付けなくても構いません。

1. Silakan + 動詞 .	どうぞ〜してください。	依頼
（主語）+ dipersilakan + 動詞 .	どうぞ〜してください。《丁寧》	勧誘
2. Coba(lah) + 動詞 .	〜してみてください。	勧誘
3. Tolong(lah) + 動詞 .	（私を助けて）〜してください。	助力
Minta tolong(lah) + 動詞 .	（私を助けて）〜してください。《丁寧》	依頼
4. Minta + （主語）+ 動詞 .	〜してください。	懇願
Minta + 物質名詞 .	〜をください。	要求
5. Mohon + （主語）+ 動詞 .	〜してくださるようお願いします。	懇願
Mohon + 抽象名詞 .	〜をお願いします。	要求
6. Mari(lah) (kita) + 動詞 .	〜しましょう。	
Ayo(lah) (kita) + 動詞 .	さあ，〜しよう。《口語》	勧誘
(Kita) + 動詞 , yuk/yok.	さあ，〜しようよ。《口語》	
7. Harap + （主語）+ 動詞 .	〜してください。	懇願
8. Hendaknya + 主語 + 動詞 .	〜してほしいです。／〜が望まれます。	
Sebaiknya + 主語 + 動詞 .	〜した方がよいです。	要求
Seharusnya + 主語 + 動詞 .	〜すべきです。	

☐ 1. Silakan cicipi kue basah ini.　　　どうぞこの生菓子をご試食ください。
　　　Para hadirin dipersilakan duduk.　ご出席の皆様はどうぞお座りください。

☐ 2. Coba artikan bahasa isyarat itu.　　その手話を解説してみてください。

☐ 3. Tolong tunggu sebentar di sini.　　ここで少々お待ちください。
　　　Minta tolong lindungi anak saya.　私の子供を見守ってください。

☐ 4. Minta Ibu membimbing kami.　　　私たちにご指導願います。
　　　Minta seporsi pisang goreng.　　　揚げバナナを1人前ください。

☐ 5. Mohon nilai cerita pendek saya.　　私の短編小説を評価してください。
　　　Mohon pendapatnya atas usul itu.　その提案にご意見をお願いします。

☐ 6. Mari kita berdoa sebelum makan.　　食事する前にお祈りをしましょう。
　　　Ayo kita berangkat sekarang.　　　さあ，今出発しましょう。
　　　Kita nonton, yuk. Ada film bagus.　観ようよ。いい映画があるから。

□ 7. Harap berpartisipasi dalam acara itu.　　そのイベントに参加してください。

□ 8. Hendaknya kita selalu bersemangat.　　我々はいつも元気でいることが望まれます。
　　　Sebaiknya kamu membatalkan kontrak.　　君は契約を取り消した方がよいです。
　　　Seharusnya Anda berkonsultasi dulu.　　あなたは先に相談するべきです。

【参考】命令文に三人称の受動態が用いられることがあります。受動態は第12課（→ p. 176）で学びます。二人称の相手に直接，命令するのではなく，三人称として間接的に依頼するため，丁寧命令文がさらに丁寧な表現になります。

□ Tolong <u>diisi</u> formulir ini.　　この用紙にご記入をお願いします。
□ Mohon <u>diulangi</u> sekali lagi.　　もう一度，繰り返していただけますか。

3）禁止文 　　🎵 176

禁止文は相手の行動を禁止する文で，dilarang や jangan などの語を伴います。

1. Dilarang ＋ 動詞～． 　 Dilarang ＋ keras ＋ 動詞～．	～禁止《文語》 ～厳禁《文語》
2.（主語）＋ tidak boleh ＋ 動詞～．	～してはいけません。
3.（主語）＋ jangan ＋ 動詞～．	～してはいけません。しないで。
4.（主語）＋ tidak perlu ＋ 動詞～． 　（主語）＋ tidak usah ＋ 動詞～．	～する必要はありません。 〃
5. Sebaiknya ＋（主語）＋ tidak/jangan ＋ 動詞～． 　 Hendaknya ＋（主語）＋ tidak/jangan ＋ 動詞～．	～しない方がよいです。 〃

□ 1. Dilarang membawa makanan dari luar.　　食べ物の持ち込み禁止。
　　　Dilarang keras mengunduh film secara ilegal.　映画の違法ダウンロード厳禁。

□ 2. Selain karyawan, tidak boleh masuk.　　社員以外入ってはいけません。

□ 3. Jangan menyalakan petasan di taman.　　公園で爆竹を鳴らしてはいけません。

□ 4. Dia tidak perlu hadir di rapat itu.　　彼はその会議に出席する必要はありません。
　　　Kamu tidak usah bekerja lagi.　　君はもう働く必要はありません。

□ 5. Sebaiknya kamu tidak menjual rumahmu.　　君は家を売らない方がよいです。
　　　Sebaiknya jangan bergadang malam ini.　　今夜，徹夜しない方がよいです。
　　　Hendaknya tidak menyia-nyiakan waktu.　　時間をむだにしない方がよいです。
　　　Hendaknya Anda jangan memarahkan dia.　　彼を怒らせない方がよいです。

1 次の（　）にあてはまる最も適当な語を a 〜 d の中から選びましょう。

1）Karena sangat sibuk, dia (　　　) jam istirahatnya.
　a. memperkuat
　b. memperpanjang
　c. memperlama
　d. mempersingkat

2）Ruter itu (　　　) sambungan internet sehingga memudahkan kerja.
　a. memperberat
　b. mempercepat
　c. memperkaya
　d. memperapat

3）Ani (　　　) kamarnya dengan hiasan berbau etnik.
　a. memperindah
　b. memperluas
　c. memperkecil
　d. memperaman

4）Pemerintah bertekad untuk (　　　) lapangan kerja.
　a. memperdekat
　b. mempererat
　c. mempergiat
　d. memperbanyak

5）Banyaknya protes dan kritik dari peserta (　　　) suasana rapat.
　a. memperdalam
　b. mempersempit
　c. memperlunak
　d. memperpanas

1)		2)		3)		4)		5)	

2 次の（　）にあてはまる最も適当な語を a 〜 d の中から選びましょう。

1）Gitaris itu sangat lihai (　　　) gitar akustiknya.
　a. mempersiang
　b. mempersiangi
　c. memainkan
　d. mempermainkan

2）Tentara negara itu berjuang untuk (　　　) wilayahnya.
　a. menahan
　b. mempertahankan
　c. mempersulit
　d. menyulitkan

3）Polisi berhasil (　　　) buron yang melarikan diri dari penjara.
　a. memperingati
　b. memperingatkan
　c. menemukan
　d. mempertemukan

4）Rina (　　　) tari Bali di atas panggung festival.
　a. meluas
　b. memperluas
　c. menunjukkan
　d. mempertunjukkan

5) Direktur itu ( ) separuh karyawannya
karena resesi ekonomi.
a. memperketat
b. mengetatkan
c. merumahkan
d. memperumahkan

1)		2)		3)		4)		5)	

3 次の （ ） にあてはまる最も適当な語を a ～ d の中から選びましょう。

1) ( ) dukungannya dalam kompetisi
sepak takraw.
a. Tolong
b. Mari
c. Mohon
d. Coba

2) ( ) Bapak berkenan mempercepat
proses lelang itu.
a. Ayo
b. Harap
c. Tolong
d. Silakan

3) ( ) Anda tidak merokok ketika kondisi
badan tidak fit.
a. Silakan
b. Dilarang
c. Jangan
d. Sebaiknya

4) ( ) kamar yang menghadap pantai,
tetapi tidak terlalu besar.
a. Minta
b. Tolong
c. Ayo
d. Harap

5) ( ) pergi ke toko karena Anda dapat
membeli apa saja melalui internet.
a. Tidak perlu
b. Dilarang
c. Tidak boleh
d. Mari

1)		2)		3)		4)		5)	

4 次の文を日本語に訳しましょう。

1) Para atlet berlatih sekuat tenaga untuk memperebutkan juara pertama.
→ ( )

2) Tukang sulap itu pandai mempertontonkan atraksi sulap api.
→ ( )

3) Politikus itu aktif memperjuangkan hak-hak rakyat miskin.
→ ( )

4) Perusahaan itu mempertanggungjawabkan ulah karyawannya.
→ ( )

5) Sebaiknya kamu mempersungguhi niat untuk belajar di luar negeri.

→ (   )

6) Sikap terdakwa yang tidak menghargai hakim memperberat hukumannya.

→ (   )

7) Kepala Seksi itu memperkenankan bawahannya untuk memakai mobilnya.

→ (   )

8) Suara sirene memperlindungi warga dari serangan udara musuh.

→ (   )

9) Dilarang memperbanyak sebagian atau seluruh isi buku ini tanpa izin.

→ (   )

10) Jangan terlalu mempersoalkan kritik orang lain terhadapmu.

→ (   )

5 次の文をインドネシア語に訳しましょう。

1) スカルノは全インドネシア国民を統一することに成功しました。

→ (   )

2) 決定する前にこの件をよく話し合ってください。

→ (   )

3) 圧力鍋は鶏の肉と骨を柔らかくすることができます。

→ (   )

4) 私にはよく理解できないので，あなたの意図を明確に説明してください。

→ (   )

5) 村長は適切に施設を利用するよう村民に忠告しました。

→ (   )

6) まもなくイベントが始まるので準備してください。

→ (   )

7) その女性は自分より 10 歳年下の男性と結婚しました。

→ (   )

8) あなたは自分の居住地の環境にもっと注意を払うべきです。

→ (   )

9) 許可を得る前に，ここで何かを販売してはいけません。

  → (   )

10) このコーヒーをもっと甘くするために砂糖を取ってください。

  → (   )

▶解答　p. 273

映画鑑賞も庶民の娯楽の一つで，Ada Apa dengan Cinta?「ビューティフル・デイズ」，Dilan 1990「ディラン 1990」などインドネシア発の青春映画も人気があります。

◉ 会話　Percakapan　　　　　　　　　　　　　　　🎧 177

DIAJAK BERDARMAWISATA

Rudi : Halo, di sini Rudi. Ini Nao, ya?

Nao : Ya, betul. Ada apa?

Rudi : Nao, darmawisata sekaligus latihan bahasa Inggris akan diadakan fakultasku.

Nao : Oh ya, ke mana?

Rudi : Ke tempat wisata yang kembali naik daun di Bandung.

Nao : Wah, asyik ya.

Rudi : Nah, sekarang lagi dicari orang asing yang mau ikut darmawisata sebagai partner bicara bahasa Inggris. Kalau Nao mau, bisa aku daftarkan.

Nao : Aku mau, tapi rencananya kapan?

Rudi : Hari Minggu pertama bulan depan.

Nao : Sebentar, aku periksa dulu agendaku. Oh, bisa, bisa ikut.

Rudi : Asyik!

Nao : Berapa biaya harus aku bayar?

Rudi : Kalau mahasiswa, bayar Rp500.000, tapi untuk orang asing hanya ditarik biaya separuhnya.

Nao : Wah, ringan di kantong, nih. Kok bisa separuhnya saja?

Rudi : Iya, 'kan orang asing itu diminta untuk jadi partner bicara bahasa Inggris, jadinya lebih murah.

Nao : Oh, begitu. Oke, aku ikut, deh!

☐ **diajak** \<ajak\>	誘われた	☐ **partner**	相手，パートナー
☐ **berdarmawisata** \<darmawisata\>	（修学）旅行をする	☐ **rencananya** \<rencana\>	予定
		☐ **periksa**	チェックする
☐ **sekaligus**	同時に	☐ **agenda**	日程，予定，議題
☐ **latihan** \<latih\>	練習，訓練	☐ **biaya**	費用
☐ **diadakan** \<ada\>	行なう	☐ **ditarik** \<tarik\>	徴収／回収される
☐ **fakultas**	学部	☐ **separuhnya** \<separuh\>	半分
☐ **kembali**	再び，再度	☐ **kantong**	ポケット，懐
☐ **naik daun**	人気が急上昇する	☐ **kok**	なぜ
☐ **nah**	ほら，さあ	☐ **'kan ～**	だから～
☐ **lagi**	～中， ～しているところ	☐ **diminta** \<pinta\>	頼まれる
		☐ **jadinya** \<jadi\>	その結果
☐ **dicari** \<cari\>	探された	☐ **deh**	～だよ
☐ **asing**	外国の		

● 日本語訳　Terjemahan

修学旅行に誘われる

ルディ： もしもし，ルディです。奈央ですか？

奈央： ええ，そうよ。どうしたの？

ルディ： 奈央，僕の学部は英語トレーニングを兼ねて修学旅行をする予定なんだよ。

奈央： ああ，そうなの，どこへ？

ルディ： バンドンで再ブレイクしている観光地へ行くんだ。

奈央： わあ，いいわね。

ルディ： そこで，今，英会話の相手として旅行に参加したい外国人を探しているところなんだ。奈央が参加したいなら，僕が登録してあげるよ。

奈央： 私は参加したいけど，予定はいつ？

ルディ： 来月の第一日曜日。

奈央： ちょっと待って，まず私のスケジュールを確認する。ああ，可能よ，参加できるわ。

ルディ： よかった。

奈央： 費用はいくら支払う必要があるの？

ルディ： 学生なら50万ルピアを支払うけど，外国人は費用の半分だけ徴収される。

奈央： あら，お財布にやさしいのね。どうして半分だけでいいの？

ルディ： うん，だから外国人は英会話の相手になるよう頼まれるんだよ。それでもっと安くなるんだ。

奈央： なるほど。了解，私は参加するね。

BERDARMAWISATA KE BANDUNG

Hari ini hari Minggu pertama bulan Oktober. Nao dijemput Rudi untuk pergi ke kampusnya. Mereka akan berdarmawisata ke Bandung seharian. Para mahasiswa dikumpulkan di halaman depan kampus. Nao sudah ditunggu teman-teman Rudi yang ingin berkenalan dengan orang Jepang.

Dua buah bus berangkat dari kampus menuju Kota Bandung. Sekitar sepuluh orang asing baik mahasiswa dari universitas Rudi maupun dari luar mengikuti tur ini. Mereka duduk berpasangan. Nao dipasangkan dengan Asti, teman seangkatan Rudi. Asti memperlihatkan minat yang tinggi terhadap gaya hidup pemuda Jepang. Nao ditanyai Asti mengenai budaya Jepang yang populer seperti animasi, busana, dan musik pop.

Sekitar dua jam kemudian bus tiba di Bandung dan para peserta diturunkan di depan Museum Konferensi Asia Afrika. Di dalam museum ditampilkan foto-foto dan benda-benda yang berhubungan dengan konferensi yang diselenggarakan pada bulan April 1955 itu. Setelah itu, mereka mengunjungi kantor Gubernur Jawa Barat, bangunan zaman Belanda yang dinamakan "Gedung Sate". Bangunan itu selesai dibangun pada tahun 1924 dan digunakan sebagai kantor Pemerintah Hindia Belanda. Darmawisata tersebut sangat menguntungkan Nao karena informasi yang dilihat dengan mata kepala sendiri hari ini memperdalam pengetahuannya. Apalagi dia dapat memperoleh banyak teman baru yang mencintai budaya Jepang.

□ pertama	最初の	□ benda	物
□ dijemput <jemput>	迎えられる	□ berhubungan <hubung>	関係のある
□ seharian <hari>	一日中	□ diselenggarakan <selenggara>	開催される
□ dikumpulkan <kumpul>	集められる		
□ halaman	庭	□ April	4月
□ ditunggu <tunggu>	待たれる	□ gubernur	州知事
□ berkenalan <kenal>	知り合う	□ bangunan <bangun>	建物
□ bus	バス	□ zaman	時代
□ tur	ツアー	□ Belanda	オランダ
□ berpasangan <pasang>	ペアになる	□ dinamakan <nama>	～と呼ばれる
□ dipasangkan <pasang>	ペアにされる	□ dibangun <bangun>	建設される
□ seangkatan <angkat>	同級（大学）	□ digunakan <guna>	利用される
□ memperlihatkan <lihat>	示す，見せる	□ pemerintah <perintah>	政府
□ minat	関心，興味	□ Hindia Belanda	オランダ領東インド
□ terhadap <hadap>	～に対して	□ menguntungkan <untung>	利益をもたらす
□ pemuda <muda>	若者		
□ ditanyai < tanya>	尋ねられる	□ dilihat <lihat>	見られる
□ animasi	アニメ	□ mata kepala sendiri	自分自身の目
□ busana	ファッション	□ memperdalam <dalam>	深める
□ musik pop	ポップミュージック	□ pengetahuannya <tahu>	知識
□ diturunkan <turun>	降ろされる	□ apalagi	その上，ましてや
□ konferensi	会議，協議会	□ memperoleh <oleh>	手に入れる
□ ditampilkan <tampil>	展示される	□ mencintai <cinta>	～を愛する

● 日本語訳　Terjemahan

バンドンへ修学旅行に行く

　今日は10月の第1日曜日です。キャンパスへ行くために奈央はルディの出迎えを受けました。彼らは日帰りでバンドンへ修学旅行に行きます。学生たちはキャンパスの前庭に集められました。日本人と知り合いになりたいルディの友だちはすでに奈央を待っていました。

　2台のバスがキャンパスからバンドン市に向けて出発します。ルディの大学のみならず外部からの学生も含めた約10人の外国人がそのツアーに参加します。彼らはペアになって座ります。奈央はルディのクラスメートのアスティとペアになりました。アスティは日本の若者のライフスタイルに高い関心を示しました。奈央はアスティにアニメ，ファッション，ポップミュージックといった人気の日本文化について質問されました。

　約2時間後，バスはバンドンに到着し，参加者たちはアジア・アフリカ会議博物館の前で降ろされました。博物館の中には1955年4月に開催された会議に関連する写真や物品が展示されていました。その後，彼らはオランダ時代の建物で「グドゥンサテ」と呼ばれる西ジャワ州庁舎を訪れました。その建物は1924年に完成し，オランダ領東インド政府の事務所として使用されました。今日，奈央が自分自身の目で見た情報は彼女の知識を深めたので，この旅行は奈央にとって大変有益でした。その上，彼女は日本文化を愛する多くの新しい友人を得ることができました。

POS-EL KEPADA ASTI

Asti yang baik,

Selamat siang. Apa kabar? Semoga Asti selalu sehat-sehat saja.

Melalui pos-el ini, saya ingin mengucapkan terima kasih karena Asti telah memandu saya di Bandung dan menjelaskan tentang sejarahnya pada saat berdarmawisata tempo hari. Apa yang Asti jelaskan sangat rinci dan mudah dimengerti.

Waktu makan siang, saya menikmati masakan Sunda, yaitu sayur asam, pepes ikan, karedok, dan sebagainya. Hidangan favorit saya adalah pepes ikan yang rasanya sangat pedas. Berkat Asti, saya dapat lebih memahami sejarah dan budaya Indonesia. Terima kasih banyak.

Saya melampirkan foto-foto yang diambil bersama Asti di Bandung. Kapan-kapan, ayo kita bertemu lagi. Nanti saya akan menceritakan makanan dan mode yang sedang populer di Jepang. Sampai jumpa lagi.

Salam,

Nao

□ **pos-el** (= pos elektronik)	メール	□ **karedok**	スパイシー生野菜 サラダ
□ **semoga** <moga>	～であるよう願う	□ **dan sebagainya** <bagai>	～など
□ **melalui** <lalu>	～を通して		
□ **mengucapkan** <ucap>	～と言う，述べる	□ **hidangan** <hidang>	おもてなし料理
□ **memandu** <pandu>	案内する	□ **favorit**	お気に入りの
□ **tempo hari**	先日	□ **berkat**	～おかげで
□ **jelaskan** <jelas>	～を説明する	□ **memahami** <paham>	～を理解する
□ **rinci**	詳しい，詳細な	□ **melampirkan** <lampir>	～を添付する
□ **mudah**	簡単な	□ **diambil** <ambil>	取る，(写真を) 撮る
□ **dimengerti** <erti>	～を理解する	□ **menceritakan** <cerita>	～を物語る，語る
□ **menikmati** <nikmat>	～を楽しむ，享受する	□ **mode**	ファッション，流行
□ **sayur asam**	野菜の酸味スープ		
□ **pepes ikan**	魚の辛味包み焼き		

● 日本語訳　Terjemahan

アスティへのメール

親愛なるアスティへ

　こんにちは。お元気ですか？　アスティがいつも健康でありますように。

　このメールを通して，先日，修学旅行に行った時にアスティがバンドンを案内して，その歴史について説明してくれたことに感謝します。アスティが説明してくれたことは，とても詳しくてわかりやすかったです。

　昼食時に，私はサユルアサム，ペペスイカン，カレドックなどのスンダ料理を満喫しました。私のお気に入り料理は，とても辛いペペスイカンです。アスティのおかげで，私はインドネシアの歴史と文化をもっと理解することができました。ありがとうございました。

　バンドンでアスティと一緒に撮った写真を添付ファイルで送ります。いつかまた会いましょう。今度，日本で流行っている食べ物やファッションについてお話ししますね。またお会いする日まで。

心を込めて

奈央

① 受動態と接頭辞 di-

1）能動態と受動態

　主語と動作の関係「 ～する 」「～される 」を示す他動詞の形を態といいます。態には主語が動作をする能動態と主語が動作を受ける受動態があります。これまでは動作主が主語になる能動態を学びましたが，ここでは行為を受ける被動作主が主語になる受動態を学びます。

　インドネシア語では能動態よりも受動態が多く用いられますが，必ずしも「～される」と訳す必要はありません。「今朝，パンは私に食べられました」と訳すと不自然な日本語になるので気をつけましょう。

　日本語の場合，「今朝，パンを（私は）食べました」など主語（動作主）の省略が多いのは，動作主「私」よりも被動作主「パン」の方が重要なためです。インドネシア語の文は重要な単語が先に来ますが，受動態の文型は重要な被動作主を主語にして，動作主を省略することもあるため，日本語の主語の省略と似ています。

2）能動態を受動態にするための条件

　次の３つすべての条件が能動態に必要です。

---

① 接頭辞 me-（→ p.106, 122, 142）または接頭辞 memper-（→ p. 156）の付く他動詞がある。　例外として，他動詞の makan と minum は可能。
② 目的語がある。
③ mau / ingin / hendak「～したい」, suka「～するのが好き」, senang「～するのが楽しい」などの助動詞を含まない。

【注】目的語のない自動詞の me- 動詞，および目的語があっても ber- 動詞は受動態にできません。「学ぶ」は belajar でなく mempelajari を用います。例外として，mengerti の受動態には，接頭辞 me- を付けたまま mengerti, dimengerti を用います。

② 受動態の作り方

1）能動態の主語が一人称と二人称の場合

　能動態を受動態にする場合，aku「僕」，engkau「君」は ku-，kau- に形を変えて動詞に接頭化することもありますが，kamu「君」は mu- を接頭化できません。besok「明日」，lebih giat「もっと熱心に」などの副詞句があれば，文の前後に付けます。

　接尾辞 -kan，接尾辞 -i の付く他動詞は，接尾辞をそのまま残して接頭辞 me- のみ取ります。たとえば，me--kan 動詞の mengembalikan「返す」は kembalikan，memper--i 動詞の mempelajari「勉強する」は接頭辞 me- のみ取って pelajari となります。

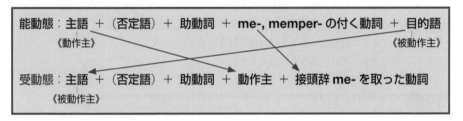

1-1）一人称と二人称の能動態の文例

主語 （動作主）	（否定語） 助動詞	動詞	目的語 （被動作主）	副詞句
a) Saya	baru	makan	roti	pagi tadi.
b) Aku	belum	mengirim	pos-el	kepada dia.
c) Kamu	dapat	menjawab	pertanyaan itu	dengan mudah.
d) Engkau	perlu	mempelajari	bahasa Inggris	lebih giat.
e) Anda	harus	mengembalikan	buku itu	kepada guru.
f) Kami	akan	memperlihatkan	foto-foto itu	besok.

a）私は，今朝，パンを食べたばかりです。

b）僕は，メールを彼にまだ送っていません。

c）君は，その質問に簡単に答えることができます。

d）君は，もっと熱心に英語を勉強する必要があります。

e）あなたは，先生にこの本を返さなければいけません。

f）私たちは，明日，それらの写真を見せます。

主語 （被動作主）	（否定語） 助動詞	動作主 ＋ 動詞	副詞句
a) Roti	baru	saya makan	pagi tadi.
b) Pos-el	belum	aku kirim / kukirim	kepada dia.
c) Pertanyaan itu	dapat	kamu jawab	dengan mudah.
d) Bahasa Inggris	perlu	engkau pelajari / kaupelajari	lebih giat.
e) Buku itu	harus	Anda kembalikan	kepada guru.
f) Foto-foto itu	akan	kami perlihatkan	besok.

a) パンを，今朝，私は食べたばかりです。

b) メールを，僕はまだ彼に送っていません。

c) その質問を，君は簡単に答えることができます。

d) 英語を，君はもっと熱心に勉強する必要があります。

e) この本を，あなたは先生に返さなければいけません。

f) それらの写真を，明日，私たちは見せます。

2) 能動態の主語が三人称の場合，受動態の作り方は次の 2 種類。

① 一人称，二人称と同様ですが，②の受動態の方が一般的です。

② 三人称にのみ，次の i) ～ iii) のルールが適用されます。

i) 受動態の動詞は接頭辞 me- を取った動詞に接頭辞 di- を付けた di- 動詞を用います。接尾辞 -kan，接尾辞 -i が付く他動詞の接尾辞は残して，接頭辞 memper- の付く他動詞は，接頭辞 me- のみ取ることは一人称，二人称と同様です。

ii) dia/ia 以外の動作主は動詞の後に「oleh（～によって）＋ 三人称」を付けます。

iii) dia/ia は oleh dia/ia, olehnya または -nya に変化して di- 動詞に接尾化します。

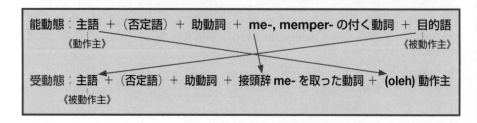

能動態：**主語** ＋ （否定語） ＋ 助動詞 ＋ **me-, memper- の付く動詞** ＋ 目的語
　　　《動作主》　　　　　　　　　　　　　　　　　　　　　　　《被動作主》

受動態：**主語** ＋ （否定語） ＋ 助動詞 ＋ 接頭辞 me- を取った動詞 ＋ **(oleh) 動作主**
　　　《被動作主》

主語 （動作主）	（否定語） 助動詞	動詞	目的語 （被動作主）	副詞句
a) Dia / Ia	sudah	mengajak	kami	ke pantai.
b) Ibu	mesti	memarahi	anaknya	karena nakal.
c) Mereka	akan	mengadakan	pesta olahraga	bulan depan.

a) 彼は私たちをビーチへと誘いました。

b) やんちゃなので，母親は子供を叱るべきです。

c) 彼らは，来月，スポーツ大会を開催します。

主語 （被動作主）	（否定語） 助動詞	① 動作主 ＋ 動詞 ② 動詞 ＋ 動作主	副詞句
a) ① Kami	sudah	dia/ia ajak	ke pantai.
② Kami	sudah	diajaknya/diajak (oleh) dia/ia	ke pantai.
② Kami	sudah	diajak olehnya	ke pantai.
b) ① Anaknya	mesti	ibu marahi	karena nakal.
② Anaknya	mesti	dimarahi (oleh) ibu	karena nakal.
c) ① Pesta olahraga	akan	mereka adakan	bulan depan.
② Pesta olahraga	akan	diadakan (oleh) mereka	bulan depan.

a) 私たちは彼にビーチへと誘われました。

b) やんちゃなので，子供を母親は叱るべきです。

c) 来月，スポーツ大会が彼らによって開催されます。

3 能動態から受動態にできない助動詞　187

　能動態に mau, ingin, hendak「～したい」，suka「～するのが好き」，senang「～するのが楽しい」などの助動詞があると，意味が変わるため受動態にはできません。

□ 能動態　Ario ingin mencium Rita.　　　アリオはリタにキスしたいです。
　受動態　✕ Rita ingin dicium Ario.　　　リタはアリオにキスされたいです。
＊受動態にすると意味が変わるためで，この文自体は問題ありません。

□ 能動態　Dia suka mendengar musik pop.　　彼はポップスを聴くのが好きです。
　受動態　✕ Musik pop suka didengarnya.　　ポップスは彼に聴かれるのが好きです。

 《oleh ＋動作主》の省略

　能動態の主語が，常に受動態で《oleh ＋動作主》で表されるとは限りません。むしろ《oleh ＋動作主》は省略されることが多く，だれによってなされたか動作主を明らかにする必要がある場合にのみ《oleh ＋動作主》を用います。
　《oleh ＋動作主》が省略されるのは，次のような場合です。

1）動作主が一般の人
□ Harga barang-barang di pasar dapat ditawar.
　　　　　　　　　　　　市場では商品の値段を交渉することができます。

2）動作主が不明
□ Tanah di daerah ini sudah dijual bulan lalu.
　　　　　　　　　　　　先月，この地域の土地はすでに売却されました。

3）動作主が明らかで説明不要
□ Bahasa Sunda digunakan di hampir seluruh Provinsi Jawa Barat.
　　　　　　　　　　　　スンダ語は西ジャワ州のほぼ全域で使われています。

 二重目的語の受動態

　二重目的語の能動態を受動態にする場合，能動態の動詞の後の目的語が被動作主となり，受動態の主語になります。

能動態　□ Ayah mengirimi saya uang sekolah.　　父は私に学費を送金します。
受動態　□ Saya dikirimi uang sekolah (oleh) ayah.　私に父は学費を送金します。
　　　　✕ Uang sekolah dikirimi saya (oleh) ayah.

6 慣用句

インドネシア語には kepala batu「石頭」のような日本語に似た慣用句があります。

besar kepala	頑固な，高慢な	mata keranjang	好色な
keras kepala	頑固な	gelap mata	激怒する
kepala udang	頭の悪い，愚かな	naik pitam	〃
otak udang	〃	naik darah	怒る，頭に血が上る
besar mulut	大口をたたく	tangan dingin	優れた手腕の，名人の
cari muka	機嫌を取る	tangan kanan	右腕
hati kecil	真心，良心	ringan tangan	腰が軽い，すぐ殴る
kecil hati	気分を害した，臆病な，落胆した	campur tangan	干渉する
		panjang tangan	盗み癖がある
berat hati	気が重い	putus asa	絶望する
patah hati	失恋する	patah arang	縁が切れる，破局する
makan hati	心を痛める，苦しむ	uang saku	ポケットマネー，小遣い
makan tulang	搾取する	uang suap	賄賂

- ☐ Karena dipuji, dia menjadi besar kepala. — ほめられたので彼は高慢になりました。
- ☐ Ita keras kepala dan tidak peduli orang lain. — イタは頑固で他人を気にしません。
- ☐ Eri suka cari muka ke atasannya. — エリはよく上司のご機嫌を取ります。
- ☐ Hati kecilnya menangis mengetahui hal itu. — その事を知り彼の良心は泣きました。
- ☐ Saya kecil hati jika tidak mendapat lotre. — くじに外れたら，私はがっかりします。
- ☐ Dengan berat hati Ali mengerjakan tugas itu. — 気が進まないままアリはその仕事をしました。
- ☐ Jangan membuat kekasihmu makan hati. — 君の恋人を苦しめないでください。
- ☐ Dia membunuh lawannya karena gelap mata. — 激高して彼は敵を殺しました。
- ☐ Ucapannya membuat kawannya naik darah. — 彼の言葉は友だちを怒らせました。
- ☐ Mereka menolak campur tangan orang lain. — 彼らは他人からの干渉を断りました。
- ☐ Jangan putus asa, tetap berusaha! — 絶望しないで努力し続けなさい！
- ☐ Politikus itu menerima uang suap. — その政治家は賄賂を受け取りました。

7 電話での会話

1) 電話をかける，電話に出る

□ Halo.　　　　　　　　　　　　　　もしもし。

　➤日本語の「もしもし」に当たる表現で，電話をかける時や応答する時に使います。電波が
　　悪く「もしも～し？（聞こえますか？）」にも使用します。

2) 相手を確認する

□ Ini dengan siapa?　　　　　　　　　どちらさまですか？

□ Ini dengan Bapak Raka?　　　　　　（お話ししているのは）ラカさんですか？

　➤下線には相手の名前を入れます（以下，同様）。相手によって Bapak, Ibu などの敬称
　　（→ p. 16）を付けてください。

3) 相手に取次ぎを依頼する

□ Bisa bicara dengan Ibu Sonia?　　　　ソニアさんはいらっしゃいますか？

□ Tolong sambungkan ke nomor pesawat 321.　321 番につないでください。

　➤内線や電話番号につないでほしい時に相手の番号を入れてください。

4) 自分の名乗り方

□ Saya sendiri.　　　　　　　　　　　私です。

□ Saya Rudi.　　　　　　　　　　　　私はルディです。

5) 相手の声がよく聞こえない

□ Maaf, suaranya kurang jelas.　　　　すみません，よく聞こえません。

□ Maaf, suaranya terputus-putus.　　　すみません，声が途切れ途切れに聞こえます。

□ Maaf, suaranya tidak terdengar.　　　すみません，声が聞こえません。

　➤日本語の「お電話が遠いようですが」にあたる表現です。

6) 電話がつながらない

□ Teleponnya terputus.　　　　　　　電話が切れました。

□ Tolong sambungkan lagi.　　　　　　もう一度，つないでください。

□ Saya sudah nelepon, tetapi tidak nyambung.　お電話しましたが，つながりません。

□ Apakah nomornya salah?　　　　　　番号がまちがっているでしょうか？

7) 相手に依頼する

☐ Tolong bicara pelan-pelan. | もう少しゆっくり話してください。
☐ Tolong bicara lebih keras. | もう少し大きな声で話してください。

8) 相手をお待たせする

☐ Tolong tunggu sebentar. | 少々，お待ちください。
☐ Sebentar. | ちょっと待って。

9) 相手が不在

☐ Dia sedang keluar. | 外出中です。
☐ Dia sedang dinas ke luar kota. | 出張中です。
☐ Dia sedang nelepon. | 電話中です。
☐ Dia sedang tidak ada di tempat. | 席をはずしています。
☐ Dia sedang menerima tamu. | 来客中です。
☐ Dia sedang rapat. | 会議中です。
☐ Dia tidak kembali hari ini. | 本日は戻りません。

10) 不在の相手がいつもどるか尋ねる

☐ Kapan dia kembali lagi? | いつまた戻りますか？

11) 伝言を承る

☐ Ada pesan? | ご伝言はありますか？
☐ Ada yang bisa saya sampaikan? | お伝えすることはありますか？

12) 伝言を依頼する

☐ Tolong sampaikan pesan saya. | 私の伝言を伝えてください。
☐ Tolong telepon kembali. | 折り返しお電話をお願いします。
☐ Tolong segera telepon kembali. | 至急，押し返しお電話をお願いします。
☐ Tolong sampaikan ada telepon dari Abe. | 阿部から電話があったとお伝えください。
☐ Nanti saya akan nelepon lagi. | またあとで電話します。

13) まちがい電話

☐ Maaf, mungkin salah sambung. | すみませんが，たぶんまちがい電話です。
☐ Di sini tidak ada yang namanya Dewa. | ここにはデワという者はおりません。

14) 電話を切る

☐ Terima kasih atas teleponnya. | お電話をありがとうございました。

1 次の能動態の文章を受動態に書き換えなさい。

1）Dia selalu mendengarkan lagu favoritnya setiap malam.

→（　　　　　　　　　　　　　　　　　　　　　）

2）Anda boleh mengambil buku pelajaran ini secara gratis.

→（　　　　　　　　　　　　　　　　　　　　　）

3）Ayah menabung sebagian gajinya untuk biaya kuliah kami.

→（　　　　　　　　　　　　　　　　　　　　　）

4）Kami sudah dapat membelikan teman hadiah ulang tahun.

→（　　　　　　　　　　　　　　　　　　　　　）

5）Pemerintah harus melindungi binatang yang hampir punah.

→（　　　　　　　　　　　　　　　　　　　　　）

6）Apakah mereka dapat mempergunakan alat-alat di pabrik ini?

→（　　　　　　　　　　　　　　　　　　　　　）

7）Ibumu akan mengikuti lomba memasak di balai kota.

→（　　　　　　　　　　　　　　　　　　　　　）

8）Kakak belum mengungkapkan isi hatinya kepada ayah.

→（　　　　　　　　　　　　　　　　　　　　　）

9）Keluarga saya sudah menempati rumah ini sejak dulu.

→（　　　　　　　　　　　　　　　　　　　　　）

10）Semua siswa telah menyelesaikan soal ujian itu dengan cepat.

→（　　　　　　　　　　　　　　　　　　　　　）

2 次の受動態の文章を能動態に書き換えなさい。

1) Peristiwa itu perlu aku laporkan kepada polisi.
   → (   )

2) SIM teman saya harus diperpanjangnya bulan depan.
   → (   )

3) Surat itu harus kamu baca dan terjemahkan.
   → (   )

4) Berbagai gunung di Jawa telah didaki mereka.
   → (   )

5) Undang-undang itu akan presiden tandatangani.
   → (   )

6) Tanah itu tidak perlu kalian jual untuk membayar utang.
   → (   )

7) Kebun Binatang Ueno belum pernah didatangi adik.
   → (   )

8) Sejak kapan desa ini didiami kakek Anda?
   → (   )

9) Apakah korban bencana tidak dapat kita bantu?
   → (   )

10) Mobil bekas dari Jepang pernah diperjualbelikan beliau.
   → (   )

3 次の文を日本語に訳しましょう。

1) Kantor polisi didatangi warga desa karena ada pencuri yang masuk ke wilayahnya.
   → (   )

2) Kamu dipanggil Ibu guru untuk segera menghadap!
   → (   )

3) Kota itu dianugerahi gelar sebagai kota terbersih di Indonesia.
   → (   )

4) Kamu harus hati-hati karena dia mata keranjang.
   → (   )

5) Kamar-kamar di apartemen baru itu tidak untuk disewakan.
   → (   )

6) Kamu tidak boleh berkecil hati karena patah hati.
   → (   )

7) Botol-botol plastik ini saya kumpulkan untuk didaur ulang.
   → (   )

8) Suasana dan kuliner di pantai itu sangat dinikmati wisatawan.
   → (   )

9) Kotak hitam pesawat yang meledak itu ditemukan di dasar danau.
   → (   )

10) Setiap bulan anak itu mendapat uang saku untuk membeli mainan.
   → (   )

4 次の文を受動態のインドネシア語に訳しましょう。
ただし，6番のみ慣用句を使った能動態のインドネシア語に訳してください。

1) 私の車のローンは今月のボーナスで完済しました。
　→（　　　　　　　　　　　　　　　　　　　　　　　　　　　　　）

2) そのバイクを君はアルバイト代で買いましたか？
　→（　　　　　　　　　　　　　　　　　　　　　　　　　　　　　）

3) この奨学金を私たちは最大限に活用しなければなりません。
　→（　　　　　　　　　　　　　　　　　　　　　　　　　　　　　）

4) 外は寒いのに，なぜ窓を君は閉めないのですか？
　→（　　　　　　　　　　　　　　　　　　　　　　　　　　　　　）

5) その被告人は検察に懲役5年を求刑されました。
　→（　　　　　　　　　　　　　　　　　　　　　　　　　　　　　）

6) その若者は腰が軽くて，よく他人を手伝います。
　→（　　　　　　　　　　　　　　　　　　　　　　　　　　　　　）

7) 渋滞した交通路は大規模デモが原因でした。
　→（　　　　　　　　　　　　　　　　　　　　　　　　　　　　　）

8) 私はインドネシアの歴史に関して講演することを依頼されました。
　→（　　　　　　　　　　　　　　　　　　　　　　　　　　　　　）

9) 期末試験の前にこの単語を君たちは覚える必要があります。
　→（　　　　　　　　　　　　　　　　　　　　　　　　　　　　　）

10) このプレゼントを彼は担任の先生にあげるつもりです。
　→（　　　　　　　　　　　　　　　　　　　　　　　　　　　　　）

▶解答　p. 274

◉ 会話　Percakapan 192

SIAPA PENCURINYA?

Nao　:　Rudi, ada apa? Kok, kayak lagi nyari sesuatu.

Rudi　:　Iya nih, cari HP. Kok, tidak ada, ya?

Nao　:　Oh ya? Mungkin tertinggal.

Rudi　:　Tidak tahu. Waktu makan siang di kantin, masih ada.

Nao　:　Di kantin yang mana?

Rudi　:　Yang ada di sebelah gedung pusat. Karena banyak pembeli, antrean panjang jadi aku buka-buka HP sambil nunggu giliran. Itu terakhir kali aku pakai HP.

Nao　:　Dicuri orang, 'kali?

Rudi　:　Mungkin, tapi siapa pencurinya?

Nao　:　Kamu harus buat laporan di kantor polisi.

Rudi　:　Aku mau coba nanyakan dulu ke pelayan di kantin. Siapa tahu ada di sana.

Nao　:　Coba aku nelepon dulu HP-mu. Tidak nyambung. Lagi tidak aktif.

Rudi　:　Kalau begitu, aku ke kantin itu sekarang. Kalau tidak ada, baru aku ke kantor polisi.

Nao　:　Iya, semoga bisa ditemukan.

□ **siapa**	だれ	□ **kali**	回
□ **pencurinya** <curi>	泥棒	□ **pakai**	使う
□ **kayak**	～のような《口語》	□ **dicuri** <curi>	盗まれる
□ **sesuatu** <suatu>	あるもの，何か	□ **'kali** (= barangkali)	～かもしれない
□ **nih**	～だよ《強調》	□ **buat**	作る
□ **tertinggal** <tinggal>	置き忘れる	□ **laporan** <lapor>	報告書
□ **kantin**	(大学や会社の) 食堂	□ **kantor polisi**	警察署
□ **gedung pusat**	本館	□ **nanyakan** <tanya>	尋ねる
□ **pembeli** <beli>	買い手，購買者	□ **pelayan** <layan>	サービス係
□ **antrean** <antre>	行列	□ **siapa tahu**	ひょっとしたら
□ **jadi**	だから，それで	□ **nelepon** <telepon>	電話する
□ **buka-buka** <buka>	開ける	□ **nyambung** <sambung>	つなぐ
□ **nunggu** <tunggu>	待つ	□ **aktif**	作動中の
□ **giliran** <gilir>	順番	□ **baru**	初めて，やっと
□ **terakhir** <akhir>	最後の	□ **ditemukan** <temu>	見つかる

● 日本語訳　Terjemahan

盗んだ人はだれ？

奈央：　ルディ，どうしたの？　何か探しているみたいだけど。

ルディ：　そうだよ。携帯電話を探しているんだ。なんでないのかな？

奈央：　あら，そうなの？　たぶん置き忘れたのよ。

ルディ：　わからない。学食（学生食堂）でランチを食べた時にはまだあった。

奈央：　どの学食？

ルディ：　本館の隣の。買う人が多くて行列が長かった，だから僕は順番を待ちながら携帯をいじってた。その時が僕が携帯を使った最後だ。

奈央：　だれかに盗まれたのかも。

ルディ：　たぶん。でも盗んだ人はだれ？

奈央：　警察署で届出書を作成しないと。

ルディ：　学食のサービス係に先に聞いてみる。もしかしたら，そこにあるかもしれない。

奈央：　まずルディの電話にかけてみるね。つながらない。（電話が）通じないわ。

ルディ：　じゃあ，今からその学食へ行くよ。なかったら，そのあと警察署に行く。

奈央：　うん，見つかるといいね。

MENCARI HP YANG HILANG

Sore ini Rudi melangkahkan kakinya ke kantor polisi dekat universitasnya. Dia ingin membuat laporan bahwa HP-nya hilang. Sebelumnya, dia sudah ke kantin untuk mencari HP itu. Pelayan kantin memberi bantuan dengan ikut mencari di dalam kantin dan tempat parkir, tetapi HP itu tetap tidak ditemukan. Pelayan berjanji menghubungi Rudi bila menemukannya.

Di kantor polisi Rudi ditanyai tentang keadaan detail dari saat terakhir menggunakan HP sampai menyadari bahwa HP-nya hilang. Dia menjawab sesuai dengan ingatannya. Ketika ditanyai apakah ada kemungkinan dicuri, dia menjawab bahwa tidak ada orang yang menunjukkan sikap yang mencurigakan seperti pencuri. Polisi kemudian membuatkan Rudi surat bukti kehilangan.

Saat Rudi sampai di rumah, ibunya berkata bahwa tadi ada telepon untuknya. Yang menelepon adalah pelayan kantin yang mengabarkan bahwa HP-nya sudah ditemukan. Dia segera menelepon balik pelayan kantin itu untuk memastikan kabar tersebut. Ternyata setelah dia menuju kantor polisi, ada mahasiswa yang menemukan HP yang bertempat tidak jauh dari kantin itu. Penemunya menyampaikan bahwa baterai HP dalam keadaan habis. Hal itu yang menyebabkan Nao tidak dapat menghubungi HP-nya.

Pada hari berikutnya Rudi ke kantin untuk mengambil HP. Dia juga akan menjumpai penemu HP itu agar dapat mengucapkan terima kasih. Dia membawa kue sebagai ungkapan rasa terima kasihnya. Setelah itu, dia pergi ke kantor polisi untuk mencabut laporannya.

mencari <cari>	探す	membuatkan <buat>	作ってあげる
hilang	なくなる，失う	surat bukti	証明書
sore	夕方	kehilangan <hilang>	紛失，消失
melangkahkan <langkah>	歩む，〜を進める	berkata <kata>	言う
kakinya <kaki>	足	mengabarkan <kabar>	知らせる
memberi <beri>	上げる	menelepon balik <telepon>	折り返し電話する
bantuan <bantu>	手伝い		
tempat parkir	駐車場	memastikan <pasti>	確認する
berjanji <janji>	約束する	kabar	知らせ，ニュース
menghubungi <hubung>	連絡する	penemunya <temu>	発見した人
menemukannya <temu>	発見する	menyampaikan <sampai>	伝える
keadaan <ada>	状況	baterai	電池
saat	〜の時	habis	消費する，なくなる
menyadari <sadar>	気付く	menyebabkan <sebab>	〜の原因になる
menjawab <jawab>	答える	berikutnya <ikut>	次の，翌〜
sesuai dengan <suai>	〜に基づいて	mengambil <ambil>	取る
ingatannya <ingat>	記憶，記憶力	menjumpai <jumpa>	〜に会う
kemungkinan <mungkin>	可能性	agar	〜するように
menunjukkan <tunjuk>	示す	ungkapan <ungkap>	表現，慣用句
sikap	態度	rasa	感じ，気持ち
mencurigakan <curiga>	疑念を抱かせる	mencabut <cabut>	取り消す

● 日本語訳　Terjemahan

なくした携帯電話を探す

　今日の夕方，ルディは大学近くの警察署へ足を運びました。彼は携帯電話を紛失した届出書を作りたいのです。その前に，彼はその携帯電話を探すために学食へ行きました。学食のサービス係は彼を手伝って学食や駐車場の中を一緒に探しましたが，その携帯電話は依然として見つかりませんでした。サービス係は見つけたらルディに連絡すると約束しました。

　警察署でルディは最後に携帯電話を使用した時からその携帯電話をなくしたことに気付いた時までの詳しい状況を聞かれました。彼は自分の記憶に基づいて答えました。盗まれた可能性があるかと聞かれた時，彼は泥棒のような不審な態度を示した人はいなかったと答えました。警官はそれからルディに遺失証明書を書いてあげました。

　ルディが家に着いたら，母親が先ほど彼に電話があったと言いました。電話した人は学食のサービス係で，携帯電話が見つかったと知らせました。その知らせを確認するために，彼は学食のサービス係にすぐに折り返し電話をしました。実際，彼が警察署へ向かった後，その学食から遠くない場所で携帯電話を見つけた学生がいました。見つけた人はその携帯電話は電池切れの状態であったと伝えました。そのことは奈央が携帯電話に連絡できなかった原因でした。

　翌日，ルディは学食へ携帯電話を取りに行きました。お礼を言うために，彼は携帯電話を見つけた人にも会う予定です。感謝の気持ちを表すために，彼はお菓子を持って行きました。その後，彼は遺失届を取り下げるために警察署へ行きました。

① 接尾辞 -an

1）接尾辞 -an の付け方

接尾辞 -an は語形変化しないため，そのまま語幹に付けます。

2）接尾辞 -an の意味

接尾辞 -an が動詞と形容詞に付くと名詞になり，名詞に付くと様々な意味に変化した名詞になります。一部は形容詞や副詞になるものもあります。

2-1）動詞（語幹）＋ 接尾辞 -an → 名詞「～するもの，～したもの」 🎵 196

me- 動詞，ber- 動詞，語幹動詞の語幹に付いて，次の意味を持つ名詞になります。

意味	動詞		名詞 ～するもの／したもの	
行為	membantu <bantu>	助ける	bantuan	助け，援助，支援
	melapor <lapor>	報告する	laporan	報告
	mengundang <undang>	招待する	undangan	招待
	menyerang <serang>	攻撃する，襲う	serangan	攻撃，発作
対象	minum	飲む	minuman	飲み物
	membaca <baca>	読む	bacaan	読み物
結果	melukis <lukis>	絵を描く	lukisan	絵画
	membangun <bangun>	建設する	bangunan	建物，建築物
道具	mengendarai <kendara>	運転する	kendaraan	乗り物，車両
	mengayun <ayun>	揺れる	ayunan	ブランコ
場所	menikung <tikung>	カーブする，曲がる	tikungan	カーブ，曲がり道
	memarkir <parkir>	駐車する	parkiran《口語》	駐車場
集団	berkumpul <kumpul>	集まる	kumpulan	収集品，集団
	berderet <deret>	行列する，立ち並ぶ	deretan	列，並んだもの

☐ Bantuan kamu meringankan bebanku. 君の手助けで僕の負担は軽くなりました。
☐ Minta laporan tentang progres kerja itu. その仕事の進歩についてご報告ください。
☐ Saya menerima undangan konferensi. 私は会議への招待を受けました。
☐ Serangan teroris meluluhlantakkan kota. テロリストの攻撃は町を壊滅させました。
☐ Jangan sering minum minuman bersoda. 炭酸飲料を頻繁に飲まないでください。

☐ Di lemari itu banyak bacaan sastra. その棚には文学の読み物がたくさんあります。

☐ Lukisan itu terjual miliaran rupiah. その絵画は数十億ルピアで売れました。

☐ Bangunan itu tidak berpenghuni. その建物には居住者はいません。

☐ Kendaraan tidak boleh melewati jalan ini. 車両はこの道を通ってはいけません。

☐ Anak-anak bermain ayunan di taman. 子供たちは公園でブランコ遊びをします。

☐ Pebalap motor itu jatuh di tikungan. そのオートレーサーはカーブで転倒しました。

☐ Parkiran *minimarket* itu penuh. そのコンビニの駐車場は混んでいます。

☐ Buku itu adalah kumpulan cerita pendek. その本は短編小説集です。

☐ Orang-orang berfoto di deretan pohon sakura. 人々は桜並木で写真を撮ります。

2-2) 形容詞 ＋ 接尾辞 -an → 名詞 「〜のもの」 🎵 197

形容詞に付いて，形容詞の意味を持つ名詞になります。

形容詞		名詞　〜のもの	
manis	甘い	manisan	甘い物，砂糖漬け
cair	液状の	cairan	液体，液
besar	大きい	besaran	大きさ，額，量，寸法
lapang	広々とした	lapangan	広場，グラウンド，コート

☐ Gigi akan berlubang bila makan manisan. 甘い物を食べると虫歯になります。

☐ Cairan nutrisi masuk lewat slang infus. 栄養剤は点滴管を通して入ります。

☐ Besaran utang firma itu mengkhawatirkan. その会社の負債額が懸念されます。

☐ Lapangan itu tempat berlatih bisbol. そのグラウンドは野球の練習場です。

2-3) 形容詞 ＋ 接尾辞 -an → lebih ＋ 形容詞 「もっと〜《口語》」 🎵 198

比較級は（→ p. 64）で学びましたが，《形容詞＋接尾辞 -an》は比較級の口語になります。文語では《lebih ＋形容詞》を用います。

形容詞		比較級《口語》 もっと〜		比較級《文語》 もっと〜
kecil	小さい	kecilan	もっと小さい	= lebih kecil
panjang	長い	panjangan	もっと長い	= lebih panjang

☐ Aku mau beli mobil yang kecilan. 僕はもっと小さい車を買いたい。

☐ Ada tongkat yang panjangan dari ini? これよりもっと長い杖はある？

　名詞に付いて，様々な意味の名詞，形容詞，動詞になります。ribuan などの前に数字を入れると uang sepuluh ribuan「1 万ルピア札」など紙幣（札）にも使われます。ribuan orang「数千人」，seribuan orang「千数百人」の違いに注意してください。また，surat kabar harian は harian，majalah mingguan は mingguan とも言います。「～年代，～時台」は《数字＋ハイフン（tanda hubung）＋接尾辞 -an》と表記します。動詞になるものは口語表現で，文語には ber- 動詞を用います。

意味	名詞		名詞，一部の形容詞・動詞	
数詞 （数～もの， ～の位）	satu	1	satuan	単位，一の位
	puluh	10	puluhan	数十もの，十の位
	ratus	100	ratusan	数百もの，百の位
	ribu	1000	ribuan	数千もの，千の位，～札
～代 ～年代 ～時台	belas	十～（11～19）	remaja belasan tahun	十代の若者
	tiga puluh	30	usia 30-an tahun	三十代
	tahun 1970	1970 年	tahun 1970-an	1970 年代
	pukul 7 pagi	午前 7 時	pukul 7-an pagi	午前 7 時台
時間 （毎～，各～， ～ごとの）	hari	日	harian	毎日の，日々の，日刊紙
	minggu	週	mingguan	毎週の，週刊誌
	bulan	月	bulanan	毎月の
	tahun	年	tahunan	毎年の
計量（～単 位，計器）	kilo	キロ	kiloan	キロ単位
	liter	リットル	literan	リットル単位
	meter	メートル	meteran	メートル単位，メジャー，メーター
集合	laut	海	lautan	大洋
	darat	陸，陸地	daratan	大陸
	ruang	部屋	ruangan	ホール，広間
場所	atas	上	atasan	上司
	bawah	下	bawahan	部下
	pinggir	端，縁	pinggiran	郊外，はずれ
類似	jaring	網，ネット	jaringan	組織図，ネットワーク
	gambar	絵	gambaran	イメージ
存在《口語》 （～だらけ）	uban	白髪	ubanan = beruban	白髪のある
	jamur	かび，菌	jamuran = berjamur	かびが生える
	keringat	汗	keringatan = berkeringat	汗をかく

☐ Ribuan remaja belasan tahun mengikuti audisi sejak pukul 7-an pagi.

数千人の十代の若者が朝 7 時台からオーディションに参加します。

☐ Saya membeli puluhan jenis kain meteran.

私は数十種類のメートル単位の布を買いました。

☐ Ratusan tamu memenuhi ruangan resepsi.

数百人の客はレセプションホールにあふれています。

☐ Meskipun masih berusia 30-an tahun, dia sudah ubanan.

まだ 30 代なのに，彼はもう白髪だらけです。

☐ Sewa rumah itu dibayar bulanan atau tahunan.　　その借家は月または年払いです。

☐ Dia membaca koran harian dan majalah mingguan.　　彼は日刊紙と週刊誌を読みます。

☐ Kapal itu menyeberangi Lautan Hindia menuju Daratan Afrika.

その船はインド洋を横断してアフリカ大陸へ向かいました。

☐ Koki itu memesan gula kiloan dan minyak goreng literan.

その料理人はキロ単位の砂糖とリッター単位の調理油を注文しました。

☐ Atasan dan bawahan itu sering berdebat.　　その上司と部下はよく議論します。

☐ Pinggiran roti tawar itu sudah jamuran.　　その食パンの耳はカビだらけです。

☐ Belum ada gambaran tentang jaringan kriminal pada tahun 1990-an itu.

その 90 年代の犯罪組織網に関するイメージはまだありません。

2-5) その他の接尾辞 -an の派生語　　🔊 200

その他にも，次のような接尾辞 -an から派生する名詞，形容詞，副詞があります。
murahan には，2-3) 比較級（口語）「もっと安い」の意味もあります。

品詞	語幹		名詞，形容詞，副詞	
名詞	sendiri	自分，自身	sendirian	独り，単独
	kampung	田舎	kampungan	田舎くさい，野暮な
形容詞	murah	安い	murahan	安物の，粗悪な
副詞	dulu	先に	= duluan	先に

☐ Dia sendiri melihat artis itu berbelanja sendirian di pasar.

彼自身はそのアーティストが市場で 1 人で買い物するのを見ました。

☐ Walaupun dari kampung, dia tidak kampungan.

田舎から来ましたが，彼は田舎っぽくありません。

☐ Jam tangan ini tidak murah, tetapi seperti murahan.

この腕時計は安くありませんが，まるで安物のようです。

☐ Tolong jelaskan dulu/duluan masalahnya.　　問題を先に説明してください。

名詞を重複させた畳語に付いて, 種類や類似を表す名詞になります。

意味	語幹（名詞）		名詞	
種類	sayur	野菜	sayur-sayuran, sayuran	野菜（類）
	buah	実, 果実	buah-buahan	果物（類）
	bunga	花	bunga-bungaan	花類
疑似	anak	子供	anak-anakan	（遊び用）お人形
	orang	人	orang-orangan	人形, 像
	mobil	車	mobil-mobilan	おもちゃの車

☐ Berbagai sayuran ditanam di sini.　　　　ここには様々な野菜が植えられています。

☐ Buah-buahan ini bagus untuk diet.　　　これらの果物はダイエットによいです。

☐ Dia merangkai bunga-bungaan menjadi kalung.

　　　　　　　　　　　　　　　彼女は花々をつないで首飾りにしました。

☐ Gadis kecil itu bermain dengan anak-anakan.　　その女の子は人形で遊びました。

☐ Orang-orangan di sawah untuk mengusir burung. 田んぼのかかしは鳥よけ用です。

☐ Anak itu ingin dibelikan mobil-mobilan.

　　　　　　　　　　その子はおもちゃの車を買ってもらいたがっています。

注) 名詞に限らず, 語幹を重複させた畳語の一部が変化するものがあります。

sayur	野菜	sayur-mayur	野菜（類）
lauk	おかず	lauk-pauk	いろいろなおかず
serba	どれもこれも	serba-serbi	あらゆる種類の
balik	戻る	bolak-balik	行ったり来たりする
warna	色	(ber)warna-warni	色とりどりの

② 接頭辞 pe-

1) 接頭辞 pe- の付け方

接頭辞 pe- は, me- 動詞, me--kan 動詞, me--i 動詞, 語幹動詞, 形容詞に付くと, 接頭辞 me- と同じ変化をしますが（→ p. 106）, 動詞の接尾辞 -kan, -i は削除します。 ber- 動詞に付くと, 接頭辞 ber- と同じ変化をします（→ p. 93）。名詞にはそのまま接頭辞 pe- を付けます。

接頭辞 pe- は動詞，名詞，形容詞に付いて，人や道具を表す名詞になります。

2-1）me- 動詞，me--kan 動詞，me--i 動詞 → pe- 名詞「～する人，職業，道具」 🎵 **202**

接頭辞 pe- が me- 動詞，me--kan 動詞，me--i 動詞，語幹動詞に付くと，その動詞の行為をする人，職業，～好きな（～の習慣のある）人，道具を表します。例外として，penyuruh, pesuruh は語幹が同じですが，両者の意味は逆になります。

語幹	me- / me--kan / me--i / 語幹動詞		pe- 名詞 ～する人，職業，習慣，道具	
ajar	mengajar	教える	pengajar	教師
nyanyi	menyanyi	歌う	penyanyi	歌手
rokok	merokok	たばこを吸う	perokok	喫煙者
buka	membuka	開ける	pembuka	開拓者，オープナー
cabut	mencabut	引き抜く	pencabut	引き抜く人／物
pukul	memukul	打つ	pemukul	打つ人，ハンマー
potong	memotong	切る	pemotong	切る人，カッター
garis	menggaris	線を引く	penggaris	定規
hapus	menghapus	消す	penghapus	消しゴム，黒板消し
suruh	menyuruh	命令する	penyuruh	命令者
〃	〃		pesuruh	小間使い，使者
panas	memanaskan	温める	pemanas	ヒーター
bersih	membersihkan	清潔にする	pembersih	きれい好き，クリーナー
terbit	menerbitkan	出版する	penerbit	出版社，発行者
kendara	mengendarai	運転する	pengendara	運転手，操縦者，騎手
milik	memiliki	所有する	pemilik	所有者
minum	minum	飲む	peminum	酒飲み
minta	minta	頼む，要求する	peminta	依頼人，要求者

☐ Penyanyi ternama itu perokok berat.　　　　その有名な歌手はヘビースモーカーです。

☐ Pabrik itu memproduksi pencabut paku, pemukul, dan pemotong besi.
　　　　　　　　　　その工場は釘抜き，ハンマー，金切りカッターを製造しています。

☐ Dia membeli penggaris dan karet penghapus.　　彼は定規と消しゴムを買いました。

☐ Penyuruh menyuruh pesuruh.　　　　　　命令者は小間使いに命令しました。

☐ Penerbit itu menerbitkan buku untuk pengajar.
　　　　　　　　　　その出版社は教師用の本を発行しました。

☐ Peminta jasa detektif itu adalah pemilik hotel.
　　　　　　　　　　その探偵業務の依頼者はホテルのオーナーです。

接頭辞 pe- が形容詞や動詞に付くと，その形容詞や動詞の意味する状態，性格を持つ人（名詞）になります。一部は，Dia benar-benar pembohong.「彼は本当に嘘つきです」など形容詞として使われるものもあります。

品詞	語幹		pe- 名詞／形容詞　状態，性格	
形容詞	muda	若い	pemuda	若者
	malu	恥ずかしい	pemalu	恥ずかしがり屋（の）
	besar	大きい	pembesar	大物，高官
	bohong	嘘の，偽りの	pembohong	嘘つき（の）
	malas	怠けた	pemalas	怠け者（の）
	mabuk	酔った	pemabuk	酔っ払い
	jahat	悪い	penjahat	悪者，犯人
	takut	怖がる	penakut	怖がり，臆病者（の）
動詞	diam	黙る	pendiam	無口（な人）
	lupa	忘れる	pelupa	忘れっぽい人

☐ Pemuda itu tampan, tetapi pemalu.　　　その若者はイケメンですがシャイです。
☐ Pembesar itu dikenal sebagai pembohong.　その高官は嘘つきで知られています。
☐ Selain pemalas, dia juga pemabuk.　　　怠け者に加えて彼は酔っ払いです。
☐ Penjahat yang kejam itu ternyata penakut.　その残忍な悪者は実は臆病者です。
☐ Pendiam itu sudah tua dan pelupa.　　その寡黙な人は老いて忘れっぽくなりました。

接頭辞 pe- が ber- 動詞に付くと，その動詞の行為をする人，職業を表します。

語幹	ber- 動詞		pe- 名詞　〜する人，職業	
ajar	belajar	勉強する	pelajar	学習者，生徒，学生
kerja	bekerja	働く	pekerja	労働者
tugas	bertugas	勤務する	petugas	係官，係員
main	bermain	遊ぶ，プレーする	pemain	選手，演奏者，俳優
dagang	berdagang	商売する	pedagang	商人
tani	bertani	農業を営む	petani	農民
juang	berjuang	闘う	pejuang	闘士，闘争者

☐ Para pelajar sedang mengerjakan ujian.　生徒たちは試験をしている最中です。

☐ Pekerja itu belum pernah mengajukan cuti.

その労働者は休暇を申請したことがありません。

☐ Petugas pabean itu sangat teliti.　あの税関係員はとても几帳面です。

☐ Tim ini mengontrak pemain luar negeri.　このチームは外国選手と契約しています。

☐ Semua pedagang harus memiliki izin usaha.

全ての商人が営業許可を所持しければなりません。

☐ Organisasi petani itu memilih ketua baru.　その農民団体は新会長を選びました。

☐ Pejuang itu dianugerahi gelar pahlawan.　その闘士は英雄の称号を授与されました。

2-4) 名詞（スポーツ）→ pe- 名詞 「〜の選手」

🎵 **205**

　接頭辞 pe- が名詞（スポーツ）に付くと，その動詞の行為をする選手を表します。複合語は最初の単語に接頭辞 pe- を付けます。接頭辞 pe- の代わりに atlet, pemain「選手」を用いて atlet tinju「ボクサー」などとも言います。atlet は全スポーツに用いますが，pemain は限定され tinju には使いません。peninju は 2-1) の分類になります。

名詞（スポーツ）		pe- 名詞	〜の選手
tinju	ボクシング	petinju	ボクサー
⇔ meninju	拳で殴る	⇔ peninju	拳で殴る人
sumo	相撲	pesumo	力士
bulu tangis	バドミントン	pebulu tangkis	バドミントン選手

☐ Peninju yang meninjuku bekas petinju.　僕を殴った人は元ボクサーです。

☐ Tinggi badan pesumo itu lebih dari 2 meter.

その力士の身長は 2 メートル以上です。

☐ Pebulu tangkis itu memutuskan untuk pensiun.

そのバドミントン選手は引退を決意しました。

---

③ yang の用法②

　目的格の関係代名詞 yang を学びます。主格の関係代名詞 yang は p. 61 を参照ください。

1）目的格の関係代名詞

　目的語が同じ 2 つの文を関係代名詞の yang で結合する場合は，p. 174 の受動態を用います。能動態にならないように注意しましょう。

☐ Saya baru memperbaiki AC itu. 　私はそのエアコンを修理したばかりです。

☐ Coba nyalakan AC itu. 　　　　　そのエアコンをつけてみてください。

→☐ **Coba nyalakan AC yang baru saya perbaiki itu.**

　　　　　　　　　私が修理したばかりそのエアコンをつけてみてください。

　✕ Coba nyalakan AC itu yang saya baru memperbaiki.

☐ Kami sedang menyiapkan masakan Jawa. 私たちはジャワ料理を準備中です。

☐ Kalian akan menikmati masakan Jawa. 　あなた方はジャワ料理を味わいます。

→☐ **Masakan Jawa yang sedang kami siapkan akan kalian nikmati.**

　　　　　　　　　私たちが準備中のジャワ料理は，あなた方が味わいます。

　✕ Masakan Jawa yang kami sedang menyiapkan kalian akan menikmati.

　✕ Kalian akan menikmati masakan Jawa yang kami sedang menyiapkan.

> 【注】 先行詞が場所に関する名詞で自動詞を伴う場合は，yang ではなく tempat を用いて，
> 自動詞の後の前置詞は削除します。
> 　☐ Mahasiswa itu tinggal di kos. 　その大学生は下宿しています。
> 　☐ Kos itu amat nyaman. 　　　　下宿はとても快適です。
> 　→☐ ○ Kos tempat mahasiswa itu tinggal amat nyaman.
> 　　　その大学生の住んでいる下宿はとても快適です。
> 　　✕ Kos yang mahasiswa itu tinggal amat nyaman.
> 　　✕ Kos tempat mahasiswa itu tinggal di amat nyaman.

☐ Sampah mencemari lingkungan. 　　　ゴミが環境を汚染しています。

☐ Pemerintah memperhatikan lingkungan. 政府は環境に注意を払います。

→☐ **Lingkungan yang dicemari sampah diperhatikan pemerintah.**

　　　　　　　　　　ゴミに汚染された環境に政府は注意を払います。

　✕ Lingkungan yang sampah mencemari pemerintah memperhatikan.

　✕ Pemerintah memperhatikan lingkungan yang sampah mencemari.

☐ Panitia telah menyelenggarakan festival seni. 　委員会は芸術祭を開催しました。

☐ Banyak seniman mengikuti festival seni. 　　多くの芸術家が芸術祭に参加しました。

→☐ **Festival seni yang telah diselenggarakan panitia diikuti banyak seniman.**

　　　　　　委員会によって開催された芸術祭は多くの芸術家が参加しました。

　✕ Festival seni yang panitia telah menyelenggarakan banyak seniman mengikuti.

　✕ Panitia telah menyelenggarakan festival seni yang banyak seniman mengikuti.

　疑問詞 apa, siapa, mana が文頭に用いられる場合は yang を伴います。p. 62 で先行詞を伴なわない yang について説明しましたが，その場合は疑問詞が文末に来ます。

　インドネシア語は最初の単語が重要なため，一般的に疑問詞は文頭に来ます。目的格の疑問詞に yang が伴う場合は受動態を用いるため，能動態にならないように注意しましょう。受動態は自明の主語は日本語に訳さない方が自然です。「名詞＋疑問詞＋ yang」は「何の〜，だれの〜，どの〜」になります。

疑問詞が文頭 …が〜しますか？		疑問詞が文末 …するのは〜ですか？	
Apa yang 〜？	何が〜しますか？	Yang 〜 apa?	〜するのは何ですか？
Siapa yang 〜？	だれが〜しますか？	Yang 〜 siapa?	〜するのはだれですか？
Mana yang 〜？	どれを〜しますか？	Yang 〜 mana?	〜するのはどれですか？
Yang mana 〜？	〃	〜 yang mana?	〃

□ Apa yang dapat Anda lakukan? 　　　　何が（あなたは）できますか？
□ Yang dapat Anda lakukan apa? 　　　　（あなたが）できることは何ですか？
× Apa yang Anda dapat melakukan?
× Yang Anda dapat melakukan apa?

□ Masakan apa yang sedang dibuat ibu? 　何料理をお母さんは作っていますか？
□ Yang sedang dibuat ibu masakan apa? 　お母さんは何料理を作っていますか？
× Masakan apa yang ibu sedang membuat?
× Yang ibu sedang membuat masakan apa?

□ Siapa yang menggantikan direktur? 　　だれが役員の代行をしますか？
□ Yang menggantikan direktur siapa? 　　役員の代行をするのはだれですか？
□ Siapa yang diundang makan malam? 　　だれが夕食に招待されましたか？
□ Yang diundang makan malam siapa? 　　夕食に招待されたのはだれですか？

□ Mana yang sudah Anda beli? 　　　　　どれを（あなたは）買いましたか？
□ Yang sudah Anda beli mana? 　　　　　（あなたが）買ったのはどれですか？

□ Buku mana yang dapat dipinjam? 　　　どの本を拝借できますか？
□ Yang dapat dipinjam buku mana? 　　　拝借できるのはどの本ですか？

□ Mobil yang mana boleh saya pakai? 　　どの車を（私は）使ってもよいですか？
□ Saya boleh memakai mobil yang mana? 　私が使ってもよいのはどの車ですか？

1 次の（　）にあてはまる最も適当な語を **a ～ d** の中から選びましょう。

1) Sepeda motor itu masuk ke dalam (　　) kerbau yang cukup besar.
   a. kubangan
   b. parkiran
   c. pangkalan
   d. hunian

2) Ayah merawat (　　) yang dapat dimakan di belakang rumah.
   a. batu-batuan
   b. biji-bijian
   c. rumah-rumahan
   d. tumbuh-tumbuhan

3) Kadang-kadang (　　) membuat orang menjadi besar kepala.
   a. pujian
   b. hujatan
   c. makian
   d. keluhan

4) Banyak (　　) burung merpati ada di balkon rumah saya.
   a. runtuhan
   b. kotoran
   c. lapangan
   d. gigitan

5) Anak (　　) sebaiknya tidak mencampuri urusan orang tua.
   a. keringatan
   b. ubanan
   c. ingusan
   d. muntahan

1)		2)		3)		4)		5)	

2 次の（　）にあてはまる最も適当な語を **a ～ d** の中から選びましょう。

1) Jalur (　　) kaki itu diperlebar untuk menambah rasa nyaman.
   a. pejalan
   b. pemijat
   c. pembersih
   d. perawat

2) Politikus kontroversial itu memiliki banyak (　　) yang setia.
   a. perusuh
   b. penikmat
   c. penghujat
   d. pendukung

3) Diplomat muda itu bertugas sebagai (　　) presiden saat di Tokyo.
   a. penimbun
   b. pemimpin
   c. penerjemah
   d. pengkhianat

4) Pemain kawakan itu dipilih sebagai (　　) bola penalti.
   a. pesepak
   b. penyepak
   c. pesundul
   d. penyundul

5) Saya merasa susah karena (　　) ruangan mati saat musim panas.
   a. penghangat
   b. pencuci
   c. pelicin
   d. pendingin

1)		2)		3)		4)		5)	

3 次の（　）にあてはまる最も適当な語を **a** 〜 **d** の中から選びましょう。

1) Grup akapela itu menyanyikan lagu
   (　　) Ismail Marzuki.
   a. ciptaan
   b. pencipta
   c. tawaran
   d. penawar

2) Kendaraan (　　) pasir itu mogok di tengah jalan.
   a. angkutan
   b. pengangkut
   c. sebaran
   d. penyebar

3) Pemerintah bergembira karena memperoleh (　　) hibah dari negeri itu.
   a. tentangan
   b. penentang
   c. bantuan
   d. pembantu

4) (　　) ulung itu ditangkap polisi saat menjalankan aksinya.
   a. halangan
   b. penghalang
   c. tipuan
   d. penipu

5) Sebaiknya menyampaikan (　　) dengan bukti yang kuat.
   a. dugaan
   b. penduga
   c. hasutan
   d. penghasut

1)		2)		3)		4)		5)	

4 次の文を日本語に訳しましょう。

1) Saya ingin menyampaikan titipan dari ibu di kampung halaman.
   → (　　　　　　　　　　　　　　　　　　　　　　　　　　　　)

2) Semprotan penghilang bau digunakan pada matras tempat pejudo berlatih.
   → (　　　　　　　　　　　　　　　　　　　　　　　　　　　　)

3) Timbangan mana yang menunjukkan angka detail hingga satuan miligram?
   → (　　　　　　　　　　　　　　　　　　　　　　　　　　　　)

4) Lelaki sederhana itu adalah peternak kuda pacu yang sukses.

→ (   )

5) Tidak boleh mengeluarkan ucapan yang menyakitkan hati orang lain.

→ (   )

6) Pelubang kertas yang kecil ini dapat melubangi 20 lembar kertas sekaligus.

→ (   )

7) Cabang angkat besi adalah harapan terakhir untuk mendapatkan medali.

→ (   )

8) Sungai tempat dia memancing seharian itu dekat dari Dataran Tinggi Dieng.

→ (   )

9) Produk elektronik buatan Tiongkok merajai pasar Asia Tenggara.

→ (   )

10) Peretas situs lembaga pemerintah itu mengacaukan sistem di dalamnya.

→ (   )

5 次の文をインドネシア語に訳しましょう。

1) このイベントの目的は，従業員間の関係を強化することです。

→ (   )

2) その生徒への呼び出しはスピーカーを通して伝えられます。

→ (   )

3) ソーシャルメディアに何百万人ものフォロワーを持つその有名人は美人です。

→ (   )

4) 2つの地方を結ぶその橋は1990年代に建設されました。

→ (   )

5) あのシャンプーCMのモデルになった陽気で活発な女優はだれですか？

→ (   )

6) 年次株主総会参加者が泊まるホテルは，ガードマンによって警備されます。

→ (   )

7) どの弁護士がこの案件に対応するために手助けしてくれますか？

→ (   )

8）あのまだ若いコーチは何度もチームを勝たせました。

　　→（　　　　　　　　　　　　　　　　　　　　　　　　　　　　　　　）

9）私が作成したその求職申込書は，今しがた人事部に送付しました。

　　→（　　　　　　　　　　　　　　　　　　　　　　　　　　　　　　　）

10）今年のトーナメントで優勝した後，そのゴルファーは引退しました。

　　→（　　　　　　　　　　　　　　　　　　　　　　　　　　　　　　　）

▶解答　**p. 275**

2000年に国軍から分離独立した国家警察の市民警察活動を
推進するために，日本は2001年より「インドネシア国家警
察改革支援プログラム」を通じて支援しています。

接頭辞 ter-／接辞 ke--an

● 会話　Percakapan　　　　　　　　　　　　　　　　　　　 🎵 209

BUDAYA ULANG TAHUN

Rudi : Katanya bulan depan ulang
tahunnya Aoi dirayakan, ya?

Nao : Iya benar.

Rudi : Memang anak Jepang rayakan
ulang tahunnya seperti apa?

Nao : Kalau anak kecil termasuk siswa
SD dan SMP, dirayakan di rumah
bersama keluarga.

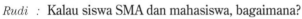

Rudi : Kalau siswa SMA dan mahasiswa, bagaimana?

Nao : Kebanyakan bersama teman-temannya makan-makan di luar.

Rudi : Gak banyak bedanya dengan orang Indonesia, ya?

Nao : Ada kesamaannya, tapi aku dengar ada juga yang berbeda.

Rudi : Bedanya apa?

Nao : Kalau di Jepang, yang berulang tahun ditraktir teman-temannya.

Rudi : Wah, yang berulang tahun keenakan, dong. Sudah ditraktir, dapat
kado lagi. Kalau di Indonesia kebalikannya, yang berulang tahun harus
nraktir teman-temannya.

Nao : Tapi kalau temannya banyak, dalam setahun bisa ditraktir berulang
kali, 'kan?

Rudi : Iya, sih. Terus, Aoi nanti bagaimana?

Nao : Dirayakan di rumah saja. Kami akan ngundang orang-orang tertentu
seperti teman dan guru Aoi.

Rudi : Aku dan Tina juga boleh datang, 'kan?

Nao : Tentu saja. Kalian 'kan sudah kayak keluarga kami.

☐ **ulang tahun**	誕生日	☐ **berulang tahun** 　<ulang tahun>	誕生日を祝う
☐ **katanya** <kata>	～だそうだ	☐ **ditraktir** <traktir>	おごられる
☐ **dirayakan** <raya>	祝われる	☐ **keenakan** <enak>	気持ちがよい
☐ **memang**	確かに，本来	☐ **kado**	プレゼント
☐ **rayakan** <raya>	祝う	☐ **lagi**	その上，さらに
☐ **seperti apa** 《口語》	どのように	☐ **kebalikannya** <balik>	正反対，真逆
☐ **termasuk** <masuk>	～に含まれる	☐ **nraktir** <traktir>	ごちそうする
☐ **kebanyakan** <banyak>	大多数，大部分	☐ **setahun** <tahun>	1 年
☐ **makan-makan** <makan>	食事会をする	☐ **berulang kali** <ulang>	何回も，何度も
☐ **gak = kagak** 　《tidak の口語》	～ない	☐ **iya, sih**	そうだけど
☐ **bedanya** <beda>	違い，相違	☐ **terus**	そして，それから
☐ **kesamaannya** <sama>	共通点	☐ **ngundang** <undang>	招待する
☐ **berbeda** <beda>	違う，異なる	☐ **tertentu** <tentu>	特定の

● 日本語訳 Terjemahan

誕生日の文化

ルディ：　来月，葵の誕生日を祝うそうだね。

奈央：　　そうよ。

ルディ：　もともと日本の子供はどのように誕生日を祝うの？

奈央：　　小学生や中学生を含めて小さい子供なら，家で家族と一緒に祝うのよ。

ルディ：　高校生と大学生はどう？

奈央：　　たいてい友だちと一緒に外食するの。

ルディ：　インドネシア人とあまり変わらないね。

奈央：　　共通点はあるけど，相違点もあると聞いたわ。

ルディ：　違いは何？

奈央：　　日本だったら，誕生日の人が友だちにおごってもらうのよ。

ルディ：　わあ，誕生日の人はいいね。ごちそうしてもらって，おまけにプレゼントまでもらって。
　　　　　インドネシアは逆で，誕生日の人は友人たちにおごらないといけないんだ。

奈央：　　でも，友だちが多ければ，一年に何回もおごってもらえるでしょう？

ルディ：　そうだけど。それで，今度の葵はどう？

奈央：　　家でお祝いすることにする。葵の友だちや先生のように特定の人を招く予定よ。

ルディ：　僕とティナも行ってもいいかな？

奈央：　　もちろんよ。あなたたちは家族同然だから。

MERAYAKAN ULANG TAHUN AOI

Rudi dan Tina menuju ke rumah keluarga Bapak Abe dengan taksi. Setelah tiba di rumahnya, mereka turun dari taksi. Aoi dan keluarganya berdiri di dekat pintu gerbang untuk menyambut kedatangan para tamu undangan. Kata selamat terucapkan satu per satu oleh tamu undangan. Tidak hanya teman-teman, guru kesayangan Aoi juga menghadiri pesta ulang tahunnya. Mereka memberikan banyak kado kepada Aoi. Rudi dan Tina menghadiahi Aoi boneka berbentuk orang utan, binatang kesukaannya.

Sesudah itu, Rudi dan Tina memasuki halaman rumah. Di halaman terpasang hiasan ulang tahun dan lampu aneka warna. Di sana juga tersusun meja-meja dengan hidangan di atasnya. Kelihatannya pesta ulang tahun Aoi diselenggarakan di halaman itu karena halamannya cukup luas.

Pesta dimulai dengan sambutan keluarga yang terwakili oleh Nao. Dia menceritakan tentang kehidupan Aoi selama di Indonesia, baik suka maupun dukanya. Nao menuturkan cerita lucu, yaitu Aoi terminum air leding di Indonesia karena mengira airnya sama dengan air leding di Jepang yang dapat langsung diminum. Walhasil, dia terkena diare selama beberapa hari. Akan tetapi, cerita Aoi di Indonesia lebih banyak sukanya daripada dukanya. Semua orang tersenyum senang karena mengetahui Aoi dapat menikmati kehidupan di Indonesia.

Acara dilanjutkan dengan hiburan yang terdiri atas nyanyian dan atraksi lainnya. Rudi menunjukkan kebolehannya dalam menyanyikan lagu Jepang sambil memetik gitar. Guru Aoi membuat anak-anak tertawa dengan banyolannya. Setelah atraksi terakhir usai, kue ulang tahun besar dikeluarkan. Pada kue itu tertancap sebelas lilin sesuai dengan usia Aoi. Semua menyanyikan lagu ulang tahun dan mendoakan kesuksesan untuknya. Aoi merasa sangat gembira karena sahabat dan gurunya merayakan ulang tahunnya yang ke-11 secara besar-besaran.

merayakan \<raya>	祝う
taksi	タクシー
pintu gerbang	門，ゲート
menyambut \<sambut>	歓迎する，迎える
kedatangan \<datang>	来訪，到着
undangan \<undang>	招待
selamat	おめでとう
terucapkan \<ucap>	述べられる
satu per satu	1人ずつ
kesayangan \<sayang>	お気に入りの
memberikan \<beri>	〜にあげる
menghadiahi \<hadiah>	〜にプレゼントを あげる
boneka	人形，ぬいぐるみ
berbentuk \<bentuk>	形を持つ
binatang	動物
kesukaannya \<suka>	好み，嗜好
memasuki \<masuk>	〜に入る
terpasang \<pasang>	設置される
aneka	多様な，様々な
tersusun \<susun>	整然と並べられた
kelihatannya \<lihat>	〜に見える
pesta	パーティー，式典
sambutan \<sambut>	歓迎，スピーチ
terwakili \<wakil>	代表された
kehidupan \<hidup>	生活
dukanya \<duka>	悲しみ
menuturkan \<tutur>	述べる，語る
terminum\<minum>	うっかり飲む

leding	水道
mengira \<kira>	〜と思う
diminum \<minum>	飲まれる
walhasil	その結果
terkena \<kena>	被る，やられる
diare	下痢
sukanya \<suka>	喜び
tersenyum \<senyum>	ほほえむ
mengetahui \<tahu>	〜を知る
dilanjutkan \<lanjut>	〜を続けられる
hiburan \<hibur>	娯楽
terdiri atas \<diri>	〜から成る
nyanyian \<nyanyi>	歌
atraksi	アトラクション
kebolehannya \<boleh>	能力，技術
menyanyikan \<nyanyi>	歌う
memetik \<petik>	弾く，摘み取る
gitar	ギター
tertawa \<tawa>	笑う
banyolannya \<banyol>	冗談，ジョーク
usai	終わった
dikeluarkan \<keluar>	出される
tertancap \<tancap>	突き刺さる
sebelas \<belas>	11
mendoakan \<doa>	祈る
kesuksesan \<sukses>	成功
sahabat	親友
besar-besaran \<besar>	大々的な

葵の誕生日を祝う

　ルディとティナはタクシーで阿部さん家族の家に向かいました。家に到着後，彼らはタクシーを降りました。葵とその家族は，招待客の来訪を歓迎するために門の近くに立っていました。おめでとうの言葉が，招待客によって1人ずつ述べられました。友人たちだけでなく，葵の大好きな先生も彼女のお誕生会に参加します。彼らは葵にたくさんのプレゼントをあげました。ルディとティナは葵に彼女の好きな動物，オランウータンのぬいぐるみをプレゼントしました。

　その後，ルディとティナは家の庭に入りました。庭には誕生日の飾りや色とりどりのライトが取り付けられています。そこには料理が載っているテーブルも整然と並べられています。庭は結構広いので，葵のお誕生会はその庭で行われるようです。

　パーティーは，奈央が代表となる家族の挨拶で始まりました。彼女はインドネシア滞在中の葵の生活について，うれしいことも悲しいことも語りました。奈央は，葵がそのまま飲める日本の水道水と同じだと思って，うっかりインドネシアの水道水を飲んでしまったという面白い話をしました。その結果，彼女は数日間，下痢を患いました。しかし，インドネシアでの葵の話しは，悲しみより喜びの方が多いのです。葵がインドネシアでの生活を楽しむことができたと知り，皆はうれしくてにっこりしました。

　イベントは，歌やその他の出し物で構成された娯楽へと進みました。ルディはギターを弾きながら日本の歌を歌い，その腕前を見せました。葵の先生は冗談で子供たちを笑わせました。最後の出し物が終了した後，大きなバースデーケーキが出されました。葵の年齢に合わせて，ケーキには11本のろうそくが刺さっていました。皆は誕生日の歌を歌って彼女の成功を祈りました。親友や先生が葵の11歳の誕生日を盛大にお祝いしたので，彼女は大喜びでした。

植物の葉，幹，根から作られるインドネシアの漢方薬 jamu「ジャムウ」。その種類は豊富で，風邪，頭痛，肥満，豊胸，生理不順，精力増強など様々な効能があります。自家製の液体はジャワ人女性の行商，粉末はジャムウスタンド，カプセルや錠剤は薬局やスーパーマーケットで入手できます。

1 接頭辞 ter-

1）接頭辞 ter- の付け方

接頭辞 ter- は，一部例外を除いて接頭辞 ber- と同様に変化させて語幹に付けます。接尾辞 -kan，接尾辞 -i は，次の 2-2）と 2-3）は残しますが，2-1）は削除します。

語幹	接頭辞	語幹	ter- 動詞	
通常	ter-	buka	terbuka	開かれている
		kalah	terkalahkan	打ち負かされる
		saing	tersaingi	競争する
r で始まる語幹	te-	rasa	terasa	感じられる
		rendam	terendam	浸水する
第 1 音節に er が含まれる語幹	te-	percaya	tepercaya	信頼される
		pergok	tepergok	目撃される
例外	tel-	telantar ＝	telantar	放置される
		telanjur ＝	telanjur	すでに～してしまった

2）受動態の接頭辞 ter-

接頭辞 di- の受動態（→ p. 174）との違いは，①「完了，結果の状態」を表したり，②「可能」，③「無意識，非意図的」の意味が加わることです。

2-1）受動態《完了，結果の状態》「～されている」　　　🔊 213

> **接頭辞 ter- ＋ 他動詞 ≒ sudah ＋ 接頭辞 di- ＋ 他動詞**

接頭辞 di- の受動態が行為を重視するのに対して，接頭辞 ter- の受動態は完了や結果の状態を重視して行為完了後の状態を表すため，行為者はしばしば省略されます。

【注 1】接頭辞 ter- と接頭辞 di- の受動態の違いに注意しましょう。
　　　□ Masakan itu disediakan ibu.　　その料理は母によって用意されました。
　　　□ Masakan itu tersedia di atas meja.　その料理はテーブルの上に用意されています。

【注 2】完了，状態を表す接頭辞 ter- には名詞を修飾する形容詞的用法もあります。
　　　□ rapat tertutup　　　　　　　非公開の会議
　　　□ dokumen terlampir　　　　　　添付された書類
　　　□ perusahaan terdaftar　　　　　登録された会社

ter- 動詞		di- 動詞	
tertutup	閉まっている	≒ sudah ditutup	閉められた
terpasang	取り付けられている	≒ sudah dipasang	取り付けられた
tertulis	書かれている	≒ sudah ditulis	書かれた
tersedia	用意されている	≒ sudah disediakan	用意された
terlampir	添付されている	≒ sudah dilampirkan	添付された
terdaftar	登録されている	≒ sudah didaftarkan	登録された

☐ Pintu gerbang istana selalu tertutup. 宮殿のゲートはいつも閉まっています。

☐ Hiasan natal terpasang di taman. 公園にはクリスマスの装飾が施されています。

☐ Peristiwa itu tertulis di koran. その事件は新聞に書かれています。

☐ Majalah itu tersedia di *minimarket*. その雑誌はコンビニに在庫があります。

☐ Tiket pesawat terlampir pada undangan. 航空券は招待状に添付されています。

☐ Saya terdaftar sebagai pelamar kerja. 私は求職者として登録されました。

2-2) 受動態《可能》「～できる」

🔊 **214**

接頭辞 **ter-** ＋ 他動詞 ＝ **dapat** ＋ 接頭辞 **di-** ＋ 他動詞

次の接頭辞 ter- の受動態は可能を表し，意味は《dapat ＋ di- 動詞》と同じです。

ter- 動詞		di- 動詞
terangkat	持ち上げられる	= dapat diangkat
terbaca	読める	= dapat dibaca
terbeli	買える	= dapat dibeli
terlihat	見える	= dapat dilihat
terdengar	聞こえる	= dapat didengar
tercapai	達成される，実現される	= dapat dicapai
tersampaikan	伝えられる，伝達される	= dapat disampaikan
tertandingi	互角に戦う，匹敵し得る	= dapat ditandingi

☐ Barbel setengah ton terangkat atlet itu.

0.5 トンのバーベルをその選手は持ち上げることができます。

☐ Tulisan tangan itu tidak terbaca olehku. その手書き文字は僕には読めません。

☐ Mobil terbeli setelah menabung selama 5 tahun.

5 年間貯金した後，車を買うことができました。

☐ Gunung Fuji terlihat jelas dari jendela kereta.

富士山は列車の窓からはっきり見えます。

☐ Suara kembang api terdengar dari jauh. 　　　遠くから花火の音が聞こえます。

☐ Cita-cita untuk menjadi dokter telah tercapai. 　医者になる夢がかないました。

☐ Pesan dari atasan sudah tersampaikan. 　上司からの伝言はすでに伝えられました。

☐ Keindahan alam ini tidak tertandingi. 　この自然の美しさに敵うものはありません。

2-3) 受動態《無意識, 非意図的》「つい／ふと／誤って～する」　🔊 **215**

> ### 接頭辞 ter- ＋ 他動詞 ＝ tidak sengaja ＋ 接頭辞 di- ＋ 他動詞

次の接頭辞 ter- の受動態は, 無意識, 突然, 事件, 事故を表します。

ter- 動詞		di- 動詞	
terminum	うっかり飲む	diminum <minum>	飲む
terbawa	つい持って行く	dibawa <bawa>	持って行く
tertinggal	取り残される, 置き忘れる	ditinggalkan<tinggal>	残される
terbakar	（火事で）焼ける	dibakar <bakar>	焼かれる
terputus	切れる, 切断される	diputus <putus>	切られる
tertabrak	ぶつけられる, はねられる	ditabrak <tabrak>	ぶつけられる

☐ Minyak goreng terminum anak itu. 　　　調理油はその子がうっかり飲みました。

☐ Buku Ria terbawa oleh temannya. 　　リアの本は友人が誤って持って行きました。

☐ Dompetku tertinggal di kamar hotel. 　僕の財布はホテルの部屋に置き忘れました。

☐ Semalam gedung sekolah itu terbakar. 　昨夜, その校舎は（火事で）焼けました。

☐ Telepon terputus karena baterai habis. 　電池切れのため電話が切れました。

☐ Anjing itu mati karena tertabrak mobil. 　その犬は車にはねられて死にました。

【注】可能の意味を合わせ持つ語もあります。

　　　☐ Obat ini tidak terminum olehku karena pahit. 　苦くてこの薬は僕には飲めません。

　　　☐ Koper seberat ini tidak terbawa anak. 　この重いスーツケースは子供には運べません。

接頭辞 ter- ＋ 自動詞 ＝ tidak sengaja ＋ 自動詞

自動詞の接頭辞 ter- も無意識，突然を表し，自発以外は望まないことに用います。

ter- 動詞		自動詞	
tertidur	つい居眠りをする	tidur	寝る
terduduk	尻もちをつく	duduk	座る
terjatuh	誤って落ちる	jatuh	落ちる
terlupa	つい忘れる，忘れ物をする	lupa	忘れる
terkilir	捻挫する	–	–
teringat	ふと思い出す	ingat	思い出す
tersadar	ふと気づく	sadar	気づく
terpikir	考えつく，思いつく	berpikir <pikir>	考える

☐ Karena capai, dia tertidur saat rapat. 　疲れて彼は会議中に居眠りをしました。
☐ Dia terduduk karena sangat kaget. 　とても驚いて，彼は尻もちをつきました。
☐ Gelas terjatuh karena tersenggol tangan. 手がぶつかってコップが落ちました。
☐ Dia terlupa bahwa ada ujian hari ini. 　彼は今日試験があるのをつい忘れました。
☐ Kakiku terkilir saat bermain tenis. 　テニスをした時に僕は足を捻挫しました。
☐ Ina teringat ibunya ketika mendengar lagu itu.

　　　　　　　　　　　　　　　その曲を聞くとイナは母を思い出します。
☐ Dia tersadar bahwa topinya tertinggal. 彼は帽子を置き忘れたことにふと気づきました。
☐ Saya tidak terpikir ide itu. 　私はそのアイディアを思いつきませんでした。

ほかにも接頭辞 ter- の付く自動詞，形容詞，副詞，司法関係の名詞があります。

品詞	接頭辞 ter- の付く動詞，形容詞，名詞	日本語
自動詞（感情）	tertawa = ketawa《口語》	笑う
	tersenyum	ほほえむ
	terharu	感動する
	terhibur	慰められる，癒される
	tertarik / terpesona / terpukau	魅了される
	terkejut / terperanjat	驚く

自動詞	terlambat	遅れる
	terkait	関係がある，かかわりがある
	terdiri	～から成る
	terpaksa	やむを得ず～する
	terserah	任せる，一任する
	termasuk	～に含める，～に属する
形容詞	terkenal / ternama / terkemuka	有名な
	termasyhur / tersohor	〃
	tersebut	前述の，既述の，当該の，その
	tertentu	特定の
	terutama	最良の，最重要の，特に《副詞》
名詞	tersangka	被疑者，容疑者
	terdakwa / tergugat	被告人
	terpidana	受刑者

☐ Kami tertawa mendengar cerita itu. 　　　　私たちはその話を聞いて笑いました。

☐ Dia mengucapkan salam sambil tersenyum. 　彼はほほえみながら挨拶しました。

☐ Ibu terharu menonton film itu. 　　　　　　母はその映画を観て感動しました。

☐ Pria itu terhibur oleh kucing di rumah. 　　その男性は家でネコに癒されます。

☐ Mega tertarik pada seni merangkai bunga. 　メガは生け花に惹かれました。

☐ Semuanya terkejut ketika terjadi gempa bumi. 地震が起きた時，皆は驚きました。

☐ Karyawan itu terlambat masuk kantor. 　　　その社員は会社に遅刻しました。

☐ Hal itu tidak terkait dengan saya. 　　　　　その件は私には関係ありません。

☐ Universitas itu terdiri atas 6 fakultas. 　　その大学は6つの学部から成り立っています。

☐ Ayah terpaksa menggadaikan rumah. 　　　父はやむを得ず家を担保にしました。

☐ Pilihan saya terserah kepada ketua rapat. 　私の選択は議長に任せます。

☐ Harga yang tertera tidak termasuk pajak. 　表示価格に税は含まれていません。

☐ Pantai itu terkenal dengan pasir putihnya. 　その海岸は白砂で有名です。

☐ Atasan akan menangani masalah tersebut. 　上司はその問題に対応します。

☐ Orang tertentu saja dapat bertemu dengan raja. 　特定の人だけが王様に会えます。

☐ Yuda gemar olahraga terutama bisbol. 　　ユダはスポーツ，特に野球が好きです。

☐ Dia menjadi tersangka kasus korupsi. 　　　彼は汚職事件の容疑者になりました。

☐ Terdakwa menyampaikan kronologi peristiwa. 被告人は事件の経緯を伝えました。

☐ Terpidana itu sudah menjalani masa hukuman. その受刑者はすでに刑期を務めました。

5）接頭辞 ter- の畳語

接頭辞 ter- に単語を重複させた畳語が付くと，繰り返しや強調を表します。

terburu-buru / tergesa-gesa	急いで，あわてて
terbahak-bahak / terpingkal-pingkal	げらげら（笑う）
terkekeh-kekeh	ケケケと（笑う）
tersedu-sedu / tersedan-sedan	しゃくり上げて（泣く）
terisak-isak	すすり（泣く）
tergagap-gagap / terbata-bata	つっかえつっかえ（話す）

☐ Siswa itu terburu-buru menuju stasiun.　　その生徒は急いで駅に向かいました。

☐ Semua penonton tertawa terbahak-bahak.　観客全員が爆笑しました。

☐ Karena digelitik teman, anak itu tertawa terkekeh-kekeh.

　　　　　　　　　　　　　友だちにくすぐられてその子はケケケと笑いました。

☐ Dia menangis tersedu-sedu karena ditinggal mati ibunya.

　　　　　　　　母親が彼を残して亡くなったため，彼はしゃくりあげて泣きました。

☐ Adik perempuan menangis terisak-isak sendirian.　妹は一人ですすり泣きました。

☐ Bimo tergagap-gagap menyampaikan maksudnya.

　　　　　　　　　　　　　　　ビモは言いよどみながら意志を伝えました。

6）最上級

接頭辞 ter- が形容詞に付くと最上級になります。p. 65 ですでに学びました。

 接辞 ke--an

1）抽象名詞

　接辞 ke--an は名詞，形容詞，語幹動詞，ber- 動詞，助動詞，複合語，否定語 tidak+ 形容詞／動詞に付いて抽象名詞になりますが，一部，普通名詞もあります。 p. 64 で学んだとおり，形容詞に付くと，口語では ketinggian「（高さが）高すぎ る」，keberatan「重すぎる」の意味を持つものもあります。「重さ」は形容詞と同形 で berat です。

語幹の品詞	語幹		ke--an 名詞	
名詞 → 性質, ～性	uang	お金	keuangan	金融, 財政, 会計
	manusia	人間	kemanusiaan	人間性, 人道主義
	bangsa	民族	kebangsaan	国民性, 国家, 民族
	pribadi	個人	kepribadian	個性, 人柄
	anggota	会員, メンバー	keanggotaan	会員資格, 会員制
	satu	1	kesatuan	単一性, 一体性
名詞 → 分野, 学問	dokter	医師	kedokteran	医学
	hutan	森	kehutanan	森林, 林業, 営林
名詞（役職） → 組織, 場所, 行政区	menteri	大臣	kementerian	省
	duta	使節	kedutaan (besar)	大使館
	camat	郡長	kecamatan	郡
	lurah	村長	kelurahan	村
形容詞 → 抽象名詞	tinggi	（高さが）高い	ketinggian	高さ, 高度
	berat	重い, 深刻な	keberatan	異存, 異議
	indah	美しい	keindahan	美しさ, 美
	baik	よい, 親切な	kebaikan	善, 親切
	jahat	悪い, 悪の	kejahatan	悪, 悪事, 犯罪
	sehat	健康な	kesehatan	健康
	rajin	熱心な, 勤勉な	kerajinan	手工芸, 手工芸品
	bahagia	幸せな, 幸福な	kebahagiaan	幸福, 幸せ
	mungkin	可能な	kemungkinan	可能性
	terang	明るい, 明白な	keterangan	説明
→ ～される人 ／物	sayang	愛しい, 慈しむ	kesayangan	愛情, お気に入り
	benci	憎む	kebencian	憎悪, 嫌われもの
語幹動詞	datang	来る	kedatangan	来訪, 到着
	hadir	出席する	kehadiran	出席, 参加, 存在
	hidup	生きる, 生活する	kehidupan	生命, 生活
	maju	進む, 発展する	kemajuan	進歩, 発展
	duduk	座る, 在籍する	kedudukan	地位, 身分, 立場
	sempat	時間／機会がある	kesempatan	機会, チャンス
	ada	ある, 存在する	keadaan	状況, 状態, 情勢
ber- 動詞	berhasil <laku>	成功する	keberhasilan	成功, 成果
	beragama<agama>	信仰する	keberagamaan	宗教性, 宗教関連
me--kan 動詞	memutuskan <putus>	決定する	keputusan	決定, 決断, 判決
助動詞	mau	～したい	kemauan	意向, 意志
	perlu	～する必要がある	keperluan	必要, 必需品, 用途
	mampu	～の能力がある	kemampuan	能力, 才能

複合語	warga negara ikut serta	国民 参加する	kewarganegaraan keikutsertaan	国籍 参加
tidak ＋形容詞	tidak setia tidak puas	不誠実な 不満な	ketidaksetiaan ketidakpuasan	不誠実，不義，不貞 不満，不平
tidak ＋動詞	tidak tahu tidak lulus	知らない 不合格になる	ketidaktahuan ketidaklulusan	無知 不合格

219

☐ Dia pandai mengelola keuangan. 　彼は上手に財務を管理しています。

☐ Bantuan kemanusiaan sudah disalurkan. 　人道的支援はもう提供されました。

☐ Rasa kebangsaan tidak boleh pudar. 　民族意識は色あせてはなりません。

☐ Kepribadiannya sangat mengagumkan. 　彼女の個性はとてもすばらしいです。

☐ Keanggotaan hilang bila melanggar aturan. 　規則違反すると会員資格を失います。

☐ Kesatuan pendapat tercapai di rapat. 　会議では合意に達しました。

☐ Dia berhasil masuk ke Fakultas Kedokteran. 　彼は医学部入学を成し遂げました。

☐ Masalah kehutanan tidak boleh disepelekan. 　森林問題を軽視してはいけません。

☐ Kementerian Keuangan akan menaikkan pajak. 　財務省は増税する予定です。

☐ Dia mengurus visa di Kedutaan Besar Tiongkok.
　　　　　　彼は中国大使館でビザの手続きをしました。

☐ Banjir terjadi di kecamatan itu. 　洪水はその郡で発生しました。

☐ Tsunami melanda kelurahan itu. 　津波はその村を襲いました。

☐ Ketinggian gedung itu melebihi 100 meter.
　　　　　　あのビルの高さは 100 メートルを超えます。

☐ Kalau tidak keberatan, mari kita pergi bersama.
　　　　　　ご迷惑でなければ，一緒に行きましょう。

☐ Ira mengagumi keindahan suara penyanyi itu.
　　　　　　イラはその歌手の声の美しさに感嘆しました。

☐ Terima kasih atas kebaikan Anda selama ini. 　これまでのあなたのご親切に感謝します。

☐ Jumlah kejahatan di daerah itu menurun.その地域の犯罪件数は減少しました。

☐ Jagalah kesehatan selama di luar negeri. 　海外にいる間，健康にご注意ください。

☐ Dia menjual kerajinan buatannya. 　彼は自家製の手工芸品を売ります。

☐ Kehadiran anak itu mendatangkan kebahagiaan. 　その子の存在は幸せをもたらします。

☐ Ada kemungkinan tim ini akan menang. 　このチームが勝つ可能性はあります。

☐ Keterangan saksi diragukan jaksa. 　証人の説明は検事に疑念を持たれました。

□ Anak bungsu itu kesayangan orang tuanya.　あの末っ子は両親のお気に入りです。

□ Kebencian terhadap orang lain harus ditekan. 他人への憎しみは抑えるべきです。

□ Dia menunggu kedatangan pacarnya di lobi.　彼はロビーで恋人の到着を待ちます。

□ Jumlah kehadiran peserta rapat memenuhi kuorum.

会議出席者は定数を満たしています。

□ Kehidupan di desa itu sangat santai.　　その村の生活はとてものんびりしています。

□ Pemerintah mendorong kemajuan teknologi. 政府は技術発展を推進します。

□ Di kantor kedudukan orang itu tinggi.　会社ではあの人の地位は高いです。

□ Tolong beri kesempatan kepada saya.　私にチャンスをください。

□ Keadaan penyakitnya makin gawat.　彼の病状はますます深刻です。

□ Keberhasilan ini berkat kerja kerasmu.　この成功は君の重労働のおかげです。

□ Aktivitas keberagamaan dijamin negara.　宗教活動は国に保証されています。

□ Saya tidak akan menentang keputusannya.　私は彼の決定に反対しません。

□ Saya menyesuaikan dengan kemauan Anda.　私はあなたの要望に合わせます。

□ Ibu berbelanja barang keperluan sehari-hari.　母は日用必需品の買い物をします。

□ Instruktur itu menunjukkan kemampuan menari.

そのインストラクターはダンスの才能を見せました。

□ Dia telah mengganti kewarganegaraan.　彼は国籍を変えました。

□ Keikutsertaan atlet itu sudah terkonfirmasi.　その選手の参加は確認されました。

□ Alasan mereka bercerai adalah ketidaksetiaan.　彼らが離婚した理由は浮気です。

□ Ketidakpuasan rakyat terlihat dalam demonstrasi. 国民の不満はデモに見られます。

□ Maafkan ketidaktahuan saya.　私の無知をお詫び申し上げます。

□ Ketidaklulusan siswa itu mengecewakan gurunya.

その生徒の不合格は先生をがっかりさせました。

2) 能動態と受動態の接辞 ke--an

　名詞，形容詞，動詞に付いて被害や迷惑，特定の me- 動詞に付いて可能を表す動詞となります。また，被動作主が主語になる場合は受動態になります。

2-1) 能動態と受動態《被害，迷惑》

🎵 220 MP3

1. ke--an 動詞が被害や迷惑を表すのに対して，di- 動詞は単に事実を表します。
- [ ] Semalam rumah itu kemasukan maling.　昨晩，その家は泥棒に入られました。
- [ ] Semalam rumah itu dimasuki maling.　　昨晩，その家に泥棒が入りました。

2. ke--an 動詞と di- 動詞の主語に注意しましょう。
- [ ] Saya kecopetan dompet di pasar.　　　私は市場で財布をすられました。
- [ ] Dompet saya dicopet di pasar.　　　　私の財布は市場ですられました。
- ✕ Dompet saya kecopetan di pasar.

3. ketinggalan は人も物も主語になります。
- [ ] Saya ketinggalan bus karena kesiangan.　寝坊して私はバスに乗り遅れました。
- [ ] Buku saya ketinggalan di ruang kelas.　私の本は教室に置き忘れました。

品詞	語幹		ke--an 動詞	
名詞	hujan	雨	kehujanan	雨に降られる
	racun	毒	keracunan	毒にあたる
	siang	昼	kesiangan	寝過ごす，遅れる
	banjir	洪水	kebanjiran	洪水に見舞われる，浸水する
形容詞	lapar	空腹の	kelaparan	飢えている
	dingin	寒い	kedinginan	寒がっている
動詞	masuk	入る	kemasukan	入られる
	tinggal	残る	ketinggalan	取り残される，置き忘れる
	hilang	消える，なくなる	kehilangan	失う，なくす
	tahu	知る	ketahuan	知られる
	mati	死ぬ	kematian	死なれる
	mencuri <curi>	盗む	kecurian	盗まれる
	mencopet <copet>	スリ取る	kecopetan	（スリに）すられる

- [ ] Saya kehujanan di tengah jalan ke kantor.　私は通勤途中で雨に降られました。
- [ ] Saya keracunan makanan di luar negeri.　私は外国で食中毒になりました。
- [ ] Karena bergadang, dia bangun kesiangan.　徹夜したので，彼は寝過ごしました。

☐ Dia mengungsi sebab kebanjiran.	浸水したので，彼は避難しました。

☐ Banyak orang kelaparan di Afrika.	アフリカでは多くの人が飢えています。
☐ Dia kedinginan karena tidak berjaket.	上着を着ていないので彼は寒がっています。

☐ Kemarin sekolah itu kemasukan pencuri.	昨日，その学校は泥棒に入られました。
☐ Jam tanganku ketinggalan di kamar.	僕の腕時計は部屋に置き忘れました。
☐ Paman kehilangan dua ekor kambingnya.	叔父は 2 頭のヤギを失いました。
☐ Kejahatan mereka ketahuan polisi.	彼らの悪事が警察に発覚しました。
☐ Baru-baru ini dia kematian istrinya.	最近，彼は妻に先立たれました。
☐ Toko permata itu kecurian semua dagangan.	その宝石店は全商品を盗まれました。
☐ Ayah kecopetan dompet di dalam bus kota.	父は市バスの中で財布をすられました。

2-2）受動態《可能》「～できる」

接頭辞 **ke-** ＋ **lihat/dengar** ＋ 接尾辞 **-an** ＝ **dapat** ＋ 接頭辞 **di-** ＋ 他動詞

接辞 ke--an が次の動詞に付くと，ter- 動詞と同義の可能を表す動詞になります。

me- 動詞	ke--an 動詞		ter- 動詞
melihat \<lihat\>　見る	kelihatan	見える	= terlihat
mendengar \<dengar\>　聞く	kedengaran	聞こえる	= terdengar

☐ Gunung Merapi kelihatan dari kamar ini.	ムラピ山はこの部屋から見えます。
☐ Suara dia tidak kedengaran dengan jelas.	彼の声ははっきり聞こえません。

3）自動詞《無意識》「つい／ふと／誤って～する」

接頭辞 **ke-** ＋ 自動詞 ＋ 接尾辞 **-an** ＝ **tidak sengaja** ＋ 自動詞

接辞 ke--an が次の自動詞に付くと，ter- 動詞と同義の無意識を表す動詞になります。

動詞	ke--an 動詞		ter- 動詞
tidur　寝る	ketiduran	つい居眠りする，寝過ごす	= tertidur
lupa　忘れる	kelupaan	つい忘れる，忘れ物をする	= terlupa

☐ Karyawan itu ketiduran di kereta.	その会社員は列車でつい居眠りしました。
☐ Dia sering kelupaan barang.	彼はよく忘れ物をします。

　口語では接辞 ke--an が形容詞に付くと過剰を表すことは，p. 64 で学びましたが，動詞に付いても同様の意味を表します。文語では terlalu「〜すぎる」を用います。

語幹の品詞	語幹		ke--an 形容詞《過剰》	
形容詞	mahal	（値段が）高い	kemahalan	（値段が）高すぎる
	besar	大きい	kebesaran	大きすぎる
動詞	lewat	通る，過ぎる	kelewatan	過度の，行き過ぎた
	menagih <tagih>	請求する	ketagihan	病みつきの，依存症の

☐ Harga kalung mutiara ini kemahalan. 　この真珠の首飾りの値段は高すぎます。

☐ Rumah itu kebesaran bagi bujangan. 　その家は独身者には大きすぎます。

☐ Ucapan atasan itu sudah kelewatan. 　その上司の言葉はひどすぎます。

☐ Dia ketagihan bermain gim HP. 　彼はモバイルゲーム依存症です。

【注】「抽象名詞」の意味を持つも単語もありますが，すべての単語ではありません。

➤ kebesaran　　1. 大きすぎる　　　2. 偉大さ，壮大さ

➤ ketinggian　　1.（高さが）高すぎる　2. 高さ，高度

➤ kemahalan　　（値段が）高すぎる　✕（値段の）高さ

世界最大のイスラム教国家であるインドネシアでは，1日5回の礼拝のほか，金曜日の正午前後に masjid「モスク」や musala「礼拝所」で，salat Jumat「金曜の集団礼拝」が行われます。

5) 形容詞《類似》

接辞 ke--an は名詞，形容詞，畳語に付いて，類似を表します。

品詞	語幹		ke--an 形容詞《類似》	
名詞 → 〜性， 　〜のような	emas	黄金	keemasan	黄金の，全盛の
	ibu	母	keibuan	母性の，母のような
	kanak-kanak	子供	kekanak-kanakan	子供っぽい
	barat	西，西洋，欧米	kebarat-baratan	西洋／欧米的な
形容詞 → 〜気味の， 　〜がかった	merah	赤い	kemerahan　　　赤みがかった = kemerah-merahan	
	basah	濡れた	kebasah-basahan　湿った	

☐ Abad ke-15 adalah zaman keemasan negara itu. 　15 世紀はその国の黄金時代です。

☐ Dia menikah dengan wanita yang keibuan. 　　　彼は母のような女性と結婚しました。

☐ Meski sudah dewasa, dia masih kekanak-kanakan.

　　　　　　　　　　　　　　　　大人になっても彼はまだ子供っぽいです。

☐ Politikus yang kebarat-baratan itu dikritik. 　その欧米的な政治家は批判されました。

☐ Pipinya kemerahan waktu dipuji. 　　　　　　ほめられて彼のほおは赤みがかりました。

☐ Tanah ini subur dan kebasah-basahan. 　　　　この土地は肥沃で湿り気があります。

6) 形容詞《状態》

MP3 225

接辞 ke--an は形容詞や畳語に付いて，状態を表します。

品詞	語幹		ke--an 形容詞（状態）	
形容詞 → 状態	kurang	足りない	kekurangan	不足した
	takut	恐れる，怖がる	ketakutan	怯えた，怖がった
	bingung	戸惑う，困惑する	kebingungan	戸惑った，困惑した
	malu	恥ずかしい	kemalu-maluan	恥ずかしそうな

☐ Pabrik itu kekurangan bahan baku. 　　　　　その工場は原料が不足しています。

☐ Dia ketakutan terhadap penyakit menular. 　　彼は伝染病に怯えています。

☐ Karyawan kebingungan dengan aturan baru. 　社員は新しい規則に戸惑っています。

☐ Gadis itu bernyanyi dengan kemalu-maluan. 　その娘は恥ずかしそうに歌いました。

1 次の（　）にあてはまる最も適当な語を **a** ～ **d** の中から選びましょう。

1) Daftar penyumbang panti asuhan (　　) dalam laporan itu.
   a. tercatat
   b. terangkat
   c. terpasang
   d. terserang

2) Poster bintang film kesukaannya (　　) di dinding kamar.
   a. terpasung
   b. terhapus
   c. tertempel
   d. terbuang

3) Lowongan kerja itu (　　) khusus untuk lulusan universitas.
   a. terbagi
   b. terbuka
   c. tercampur
   d. terhampar

4) Anak itu jatuh (　　) di pasir sebab terdorong temannya.
   a. tertangkap
   b. terputus
   c. terjerembap
   d. terhalang

5) Badak bercula satu itu (　　) karena tertembak pemburu liar.
   a. terluka
   b. terkejar
   c. tersandung
   d. terbelah

1)		2)		3)		4)		5)	

2 次の（　）にあてはまる最も適当な語を **a** ～ **d** の中から選びましょう。

1) Artis termasyur itu mempelajari (　　) berakting di akademi seni.
   a. kekhususan
   b. kegagalan
   c. keahlian
   d. keharusan

2) Puing-puing istana (　　) itu telah tersusun oleh arkeolog.
   a. kerajaan
   b. kecamatan
   c. kelurahan
   d. kedutaan

3) Bibir wanita itu (　　) dan gemetar karena kedinginan.
   a. kekuningan
   b. kebiruan
   c. kedapatan
   d. ketebalan

4) Karena badai, (　　) tim bulu tangkis itu tertunda.
   a. kepulangan
   b. keberhasilan
   c. keanggotaan
   d. kesuksesan

5) Meski ( ), dia tidak menyalakan AC
   yang terpasang di kamar.
   a. kelaparan
   b. kehausan
   c. kepanasan
   d. kehangatan

1)		2)		3)		4)		5)	

3 次の ( ) にあてはまる最も適当な語を a 〜 d の中から選びましょう。

1) Dua orang ( ) dalam kerusuhan yang
   terjadi kemarin.
   a. terbayar
   b. terbunuh
   c. kekosongan
   d. kedudukan

2) Namanya ( ) di urutan teratas
   sebagai penerima hadiah.
   a. tertera
   b. terseret
   c. kemasukan
   d. kehebatan

3) Perempuan itu harus menginap di hotel
   karena ( ) di jalan.
   a. terpelanting
   b. terlibat
   c. kemunduran
   d. kemalaman

4) Presiden melepas ( ) atlet yang
   terpilih mewakili negara.
   a. terhebat
   b. terakhir
   c. kemajuan
   d. keberangkatan

5) Camat itu tertangkap polisi karena ( )
   menerima suap.
   a. teringat
   b. terpaksa
   c. kedapatan
   d. kesimpulan

1)		2)		3)		4)		5)	

4 次の文を日本語に訳しましょう。

1) Pengusaha itu tertimpa kemalangan karena tertipu mitra bisnisnya.

   → ( )

2) Kematian negarawan terkenal itu diratapi banyak orang.

   → ( )

3) Keadilan akan tercapai apabila kita tidak mementingkan diri sendiri.

   → ( )

4) Lelaki itu mengaku telah terjerumus ke dalam dunia hitam narkoba.
　→（　　　　　　　　　　　　　　　　　　　　　　　　　　　）

5) Kakinya terinjak dan bahunya tersenggol dalam kerumunan orang.
　→（　　　　　　　　　　　　　　　　　　　　　　　　　　　）

6) Karena dianggap kekurusan, dia tereliminasi pada lomba modeling.
　→（　　　　　　　　　　　　　　　　　　　　　　　　　　　）

7) Banyak artefak zaman prasejarah terkubur di dalam gua itu.
　→（　　　　　　　　　　　　　　　　　　　　　　　　　　　）

8) Adik terakhirku mempelajari ilmu keguruan anak usia dini.
　→（　　　　　　　　　　　　　　　　　　　　　　　　　　　）

9) Ketika kehujanan, pestisida pada tanaman itu tersapu air hujan.
　→（　　　　　　　　　　　　　　　　　　　　　　　　　　　）

10) Dia kekenyangan karena terpaksa menghabiskan semua makanan.
　→（　　　　　　　　　　　　　　　　　　　　　　　　　　　）

⑤ 次の文をインドネシア語に訳しましょう。

1）彼は食品乾燥剤を誤って食べたので，病院に搬送されました。
　→（　　　　　　　　　　　　　　　　　　　　　　　　　　　）

2）その警察官の誠実さに関するニュースが，テレビを通じて広まりました。
　→（　　　　　　　　　　　　　　　　　　　　　　　　　　　）

3）隣の部屋からひそひそ話をする人の声が聞こえます。
　→（　　　　　　　　　　　　　　　　　　　　　　　　　　　）

4）私の腕は虫に刺されたので，赤みがかっています。
　→（　　　　　　　　　　　　　　　　　　　　　　　　　　　）

5）友人の言葉に驚いたため，一瞬，彼はふと黙り込みました。
　→（　　　　　　　　　　　　　　　　　　　　　　　　　　　）

6）警察はその火事が事故なのか故意なのかまだわかりません。
　→（　　　　　　　　　　　　　　　　　　　　　　　　　　　）

7）咳で私たちは食べ物をのどに詰まらせる危険を回避できます。
　→（　　　　　　　　　　　　　　　　　　　　　　　　　　　）

8）水源から遠いため，敵に追いやられた部隊は喉が渇いています。

→（　　　　　　　　　　　　　　　　　　　　　　　　　　）

9）文化の多様性はインドネシアの強みの1つです。

→（　　　　　　　　　　　　　　　　　　　　　　　　　　）

10）その女性は父親のような男性を夫として切望しています。

→（　　　　　　　　　　　　　　　　　　　　　　　　　　）

▶解答　p. 276

バリ島の subak「スバック（水利共同体組織）」による棚田の美しい景観は，
2012 年世界文化遺産に登録されました。subak により水源からの灌漑水
は組合員に平等に分配され，作付け開始時期，宗教行事の日程，水利施
設補修などの重要事項は会議で決定されます。

この課の学習内容

接辞 per--an ／接辞 pe--an ／
per--an 名詞と pe--an 名詞の比較

● 会話 Percakapan 226

RENCANA KENTA DI INDONESIA

Nao : Bulan depan Kak Kenta akan datang di Indonesia.

Rudi : Oh, ya? Untuk kunjungan keluarga?

Nao : Bukan, dia datang sebagai peserta program pertukaran mahasiswa antara universitasnya dan universitas di Jakarta.

Rudi : Berapa lama pelaksanaan program itu?

Nao : Katanya tiga bulan. Selain kuliah, ada program tinggal di desa selama satu minggu.

Rudi : Kegiatan sukarela di desa?

Nao : Bukan, untuk mempelajari teknologi pertanian di desa itu. Dia 'kan mahasiswa teknik.

Rudi : Kenta datang dengan rombongan atau sendiri?

Nao : Rombongan. Ada 15 mahasiswa dan seorang dosen pembimbing.

Rudi : Bilang sama Kenta, kalau ada yang bisa saya bantu, saya siap.

Nao : Tentu saja. Terima kasih.

☐ **kak** (= kakak)	兄，姉	☐ **sukarela** \<suka\>	ボランティア
☐ **kunjungan** \<kunjung\>	訪問	☐ **teknologi**	技術
☐ **program**	プログラム	☐ **pertanian** \<tani\>	農業
☐ **pertukaran** \<tukar\>	交換，交流	☐ **rombongan** \<rombong\>	団体
☐ **antara**	～の間	☐ **pembimbing** \<bimbing\>	指導者
☐ **pelaksanaan** \<laksana\>	実行，実施，開催	☐ **bilang**	言う
☐ **desa**	村	☐ **sama** 《kepada の口語》	（人）に
☐ **kegiatan** \<giat\>	活動	☐ **bantu**	手伝う

● 日本語訳　Terjemahan

健太のインドネシアでの計画

奈央：　来月，健太兄さんがインドネシアに来るのよ。

ルディ：　そうなんだ。家族訪問のため？

奈央：　いいえ，兄さんの大学とジャカルタの大学間の学生交流プログラム参加者として来るの。

ルディ：　そのプログラムの開催期間はどれくらい？

奈央：　3 か月だそうよ。講義のほかに，1 週間，村に滞在するプログラムもあるの。

ルディ：　村でのボランティア活動？

奈央：　いいえ，その村の農業技術を勉強するためよ。だって，彼は工学部の学生だから。

ルディ：　健太は団体で来るの？　それとも単身（で来るの）？

奈央：　団体よ。15 人の学生と 1 人の指導教官がいるの。

ルディ：　僕に手伝えることがあれば心づもりしているからって健太に言って。

奈央：　もちろんよ。ありがとう。

PERTUKARAN MAHASISWA

Kenta dan teman-temannya sudah satu minggu mengikuti program pertukaran mahasiswa di salah satu universitas di Jakarta. Tidak hanya mempelajari bahasa dan budaya Indonesia, mereka juga bergabung dalam kuliah dengan pengantar bahasa Inggris. Bapak Erwan, dosen pengampu mata kuliah itu sekaligus penanggung jawab program pertukaran mahasiswa, memaparkan mengenai kondisi teknologi terapan yang ada di Indonesia. Beliau juga menjelaskan bahwa pencaharian para petani dan peternak masih banyak yang dilakukan secara tradisional, tetapi tidak sedikit desa yang menggunakan teknologi dalam pekerjaannya. Kenta menanyakan banyak hal mengenai teknologi yang digunakan dalam pertanian dan peternakan. Setelah kuliah, biasanya mahasiswa Jepang berkumpul dengan mahasiswa Indonesia untuk melakukan percakapan tentang apa saja, baik yang berhubungan dengan bidang yang dipelajari maupun perbedaan budaya Jepang dan Indonesia.

Bapak Erwan melakukan penelitian mengenai penggunaan teknologi di sebuah desa dan Kenta serta rombongannya akan tinggal di sana selama seminggu untuk meninjau langsung kondisinya. Desa itu ada di Kabupaten Bogor, sekitar dua jam perjalanan dari Jakarta dengan mobil. Mereka naik bus universitas menuju desa itu. Desa tersebut dijadikan desa percontohan atas penerapan teknologi pertanian, khususnya untuk tanaman padi. Mulai dari pembajakan tanah, penanaman, hingga pemanenan dilakukan dengan mesin. Kondisi itu sama seperti pertanian di Jepang. Kenta dapat menyaksikan bahwa teknologi komputer juga digunakan untuk menganalisis berbagai permasalahan dalam pertanian. Jika teknologi itu diterapkan di seluruh Indonesia, pertanian Indonesia akan sangat maju.

□ **bergabung** \<gabung\>	合流する，参加する
□ **pengantar** \<antar\>	媒体
□ **dosen pengampu** \<ampu\>	担当講師
□ **mata kuliah** \<kuliah\>	講義科目
□ **penanggung jawab** \<tanggung jawab\>	責任者
□ **kondisi**	状況，状態
□ **terapan** \<terap\>	応用
□ **pencaharian** \<cahari\>	生業，稼業
□ **petani** \<tani\>	農民，農夫
□ **peternak** \<ternak\>	畜産業者
□ **dilakukan** \<laku\>	行なわれる
□ **pekerjaannya** \<kerja\>	仕事
□ **peternakan** \<ternak\>	畜産業
□ **biasanya** \<biasa\>	普通は，普段は
□ **melakukan** \<laku\>	行う
□ **percakapan** \<cakap\>	会話
□ **apa saja** \<apa\>	何でも
□ **bidang**	分野
□ **dipelajari** \<ajar\>	研究される
□ **perbedaan** \<beda\>	相違点
□ **penelitian** \<teliti\>	研究
□ **penggunaan** \<guna\>	使用，利用，採用
□ **meninjau** \<tinjau\>	視察する，見学する
□ **perjalanan** \<jalan\>	旅，旅行
□ **dijadikan** \<jadi\>	〜になる
□ **percontohan** \<contoh\>	手本，モデル
□ **penerapan** \<terap\>	応用，適用
□ **tanaman** \<tanam\>	作物，植物
□ **padi**	稲
□ **pembajakan** \<bajak\>	耕作
□ **penanaman** \<tanam\>	栽培
□ **pemanenan** \<panen\>	収穫
□ **menyaksikan** \<saksi\>	目撃する
□ **komputer**	コンピューター
□ **menganalisis** \<analisis\>	分析する
□ **permasalahan** \<masalah\>	問題
□ **diterapkan** \<terap\>	適用される
□ **seluruh**	全ての
□ **maju**	進歩する

学生交流

　健太とその友人たちは，すでに1週間，ジャカルタのある大学で学生交流プログラムに参加しました。彼らはインドネシアの言語と文化を学ぶだけでなく，英語での講義にも参加しました。その講義科目の担当講師兼学生交流プログラム責任者のエルワン先生は，インドネシアにおける応用技術の状況について解説しました。先生はまた，農民や畜産業者の生業の多くはまだ伝統的に行われているが，その仕事に技術を採用する村も少なくないと説明しました。健太は農業や畜産業で使われている技術に関するたくさんの質問をしました。講義の後，いつも日本人学生はインドネシア人学生と集まり，研究分野に関することでも日本とインドネシアの文化の違いでも何でも会話しました。

　エルワン先生はある村での技術活用に関する研究を行っており，直接，状況を視察するために健太とその団体はそこに1週間滞在する予定です。その村はボゴール県にあり，ジャカルタから車で約2時間です。彼らは大学のバスでその村へ向かいます。その村は，特に稲作向け農業技術運用のモデル村になりました。耕作から栽培，収穫まで機械で行います。その状況は日本の農業と同じです。農業のさまざまな問題を分析するために，コンピューター技術も使用されていることを健太は実際に目にすることができます。その技術がインドネシア全土に適用されたら，インドネシアの農業は非常に進歩するでしょう。

75ヘクタールの広大な敷地のKebun Raya Bogor「ボゴール植物園」には，世界最大級の花で知られるラフレシアやショクダイオオコンニャク，直径2m超の葉をもつスイレン科水生植物オオオニバスなど約1万2,350種の植物があります。

1 接辞 per--an

1) 接辞 per--an の付け方

接辞 per--an を付ける場合，接頭辞 ber- や接頭辞 memper- と同じ変化をしますが（→ p. 93, p. 156），接尾辞 -kan, -i は削除します。

語幹	接頭辞	ber- 動詞，memper-(-kan/i) 動詞		per--an 名詞	
通常	ber- memper-	bertemu memperpanjang memperbaiki	会う 延長する 修理する	pertemuan perpanjangan perbaikan	会合 延長 修理
r で始まる語幹	be- mempe-	berunding memperebutkan	協議する 争奪戦をする	perundingan perebutan	協議 争奪戦
第 1 音節に er が含まれる語幹	be-	bekerja	働く	pekerjaan	仕事
例外	bel-	belajar	勉強する	pelajaran	授業

2) 接辞 per--an の意味

接辞 per--an は，ber- 動詞，memper--kan 動詞，memper--i 動詞の語幹に付くと抽象名詞になり，名詞に付くと関連する意味の抽象名詞や産業，集合などを表す名詞になります。

2-1) ber- 動詞 → per--an 名詞《抽象名詞ほか》　🎵 230

per--an 名詞には，例外として pe--an 名詞になるものがあります。また，permainan = mainan「おもちゃ」，perhiasan = hiasan「装飾品」，pekuburan = kuburan「墓地」など，接尾辞 -an で置き換えられるものもあります。

ber- 動詞＜語幹＞		per--an 名詞《抽象名詞》	
bertanya <tanya>	尋ねる，質問する	pertanyaan	質問
bertanding <tanding>	試合をする，競う	pertandingan	試合
berjuang <juang>	闘争する，戦う	perjuangan	闘争，闘い
bercinta <cinta>	愛する	percintaan	恋愛
bersetuju <setuju>	賛成する，同意する	persetujuan	賛成，同意，協定
berdamai <damai>	和解する，折り合う	perdamaian	平和，和平，和解

berlabuh <labuh>	停泊する	pelabuhan	港，港湾
berlayar <layar>	航海する	pelayaran	航海
bergunung-gunung <gunung>	山々がある	pegunungan	山脈，山地
berkubur <kubur>	埋葬される	pekuburan	墓地，霊園

☐ Dia tidak menjawab pertanyaan wartawan. 彼は記者の質問に答えませんでした。

☐ Pertandingan itu berakhir imbang. その試合は引き分けに終わりました。

☐ Kemerdekaan adalah hasil perjuangan panjang. 独立は長い闘いの結果です。

☐ Kisah percintaan presiden dijadikan film. 大統領の恋愛物語は映画化されました。

☐ Mereka menandatangani persetujuan itu. 彼らはその協定に署名しました。

☐ Organisasi itu menerima Penghargaan Nobel Perdamaian.

その団体はノーベル平和賞を受賞しました。

☐ Kapal-kapal diperbaiki di galangan pelabuhan. 船は港のドックで修理されます。

☐ Jalur pelayaran itu terganggu bajak laut. その航海ルートは海賊に阻まれました。

☐ Kabut menyelimuti pegunungan itu. 霧が山脈を覆っています。

☐ Dia menziarahi pekuburan setiap Jumat. 彼は毎金曜日に墓地に墓参りに行きます。

2-2) memper- 動詞，memper--kan/i 動詞，→ per--an 名詞《抽象名詞》 🎵 MP3 231

memper-(-kan/i) 動詞 <語幹>		per--an 名詞《抽象名詞》	
memperpanjang <panjang>	延長／更新する	perpanjangan	延長，更新
memperlambat <lambat>	減速させる	perlambatan	減速
mempertahankan <tahan>	防衛する，守る	pertahanan	防衛，守備
mempertunjukkan <tunjuk>	公演する	pertunjukan	公演，ショー
mempercontohkan <contoh>	例示する	percontohan	見本，モデル
memperbaiki <baik>	修理する，直す	perbaikan	修理，改善
memperlengkapi <lengkap>	完備する	perlengkapan	装備（品），用品

☐ Ada syarat baru dalam perpanjangan kontrak. 契約更新には新たな条件があります。

☐ Demo membuat perlambatan arus lalu lintas. デモは交通の流れを遅くしました。

☐ Pertahanan negara itu terkuat di Asia. その国の防衛はアジア最強です。

☐ Pertunjukan wayang diselenggarakan besok. 明日，影絵芝居公演が開催されます。

☐ Sekolah percontohan akan diresmikan hari ini. 本日モデル校は公式に開校します。

☐ Perbaikan mobil kuno berbiaya besar. クラシックカーの修理は多額の費用がかかります。

☐ Perlengkapan naik gunung sudah dipersiapkan. 登山装備は準備万端です。

2-3) 普通名詞 → per--an 名詞《抽象名詞，産業，集合》 🎵232

	名詞		per--an 名詞	
普通名詞 →抽象名 詞	sahabat	友人	persahabatan	友好，親善
	musuh	敵	permusuhan	反目，敵対関係
	hati	心，心臓	perhatian	関心，注意，注目
	budak	奴隷	perbudakan	奴隷制度
産業，業界	tani	農業	pertanian	農業
	hutan	森，森林	perhutanan	林業
	ikan	魚	perikanan	漁業，水産業
	ternak	家畜	peternakan	畜産業
	industri	工業，産業	perindustrian	工業，産業
	dagang	商売	perdagangan	商業，貿易
	ekonomi	経済	perekonomian	経済活動，景気
	tambang	鉱山	pertambangan	鉱業
	kebun	畑，農園	perkebunan	プランテーション
	kapal	船	perkapalan	海運業
	cetak	印刷	percetakan	印刷業，印刷会社
集合	rumah	家	perumahan	住宅地
	toko	店	pertokoan	商店街
	kantor	事務所，会社，役所	perkantoran	オフィス街，官庁街
	pustaka	本，書籍	perpustakaan	図書館

☐ Persahabatan kedua negara itu menguat. その両国の友好は堅固となります。

☐ Jabat tangan mengakhiri permusuhan. 握手は敵対関係を終らせました。

☐ Mohon perhatian Bapak dan Ibu semua. 皆様にご案内申し上げます（アナウンス）。

☐ Perbudakan sudah hilang dari dunia. 奴隷制度は世界からなくなりました。

☐ Kementerian itu melingkupi bidang pertanian, perhutanan, dan perikanan.
その省は農業，林業，水産業部門を包括します。

☐ Perindustrian dan perdagangan negara itu menguatkan perekonomiannya.
その国の産業と貿易は経済を強化しました。

☐ Perumahan itu strategis karena dekat dari pertokoan dan perkantoran.
商店街やオフィス街に近いので，その住宅地は便利です。

② 接辞 pe--an

1) 接辞 pe--an の付け方

接辞 pe--an を付ける時は，接頭辞 me- と同じ変化をしますが（→ p. 106），接尾辞 -kan, -i は削除します。

2) 接辞 pe--an の意味

接辞 pe--an は，me- 動詞，me--kan 動詞，me--i 動詞に付いて抽象名詞になり，名詞に付いて関連する別の名詞になります。salah guna のような複合語に pe--an を付ける場合は me--kan 動詞と同様に単語間のスペースを削除し 1 単語にします。

me- 動詞, me--kan 動詞, me--i 動詞 → pe--an 名詞《抽象名詞》 `MP3 233`

me- 動詞, me--kan 動詞, me--i 動詞		pe--an 名詞《抽象名詞》	
membeli <beli>	買う，購入する	pembelian	購買，購入
menjual <jual>	売る，売却する	penjualan	販売，売却，売上
memberi <beri>	与える，渡す	pemberian	提供，供与，贈り物
memeriksa <periksa>	調べる，調査する	pemeriksaan	検査，調査
mengirim <kirim>	送る，派遣する	pengiriman	配送，発送，派遣
menghemat <hemat>	節約／倹約する	penghematan	節約，倹約
mendarat <darat>	上陸／着陸する	pendaratan	上陸，着陸
menerbitkan <terbit>	出版する	penerbitan	出版，発行
memasukkan <masuk>	中に入れる	pemasukan	収入
mengeluarkan <keluar>	外に出す	pengeluaran	支出，発表，発行
memasarkan <pasar>	販売する	pemasaran	販売，マーケティング
membukukan <buku>	帳簿に記入する	pembukuan	帳簿，簿記
menyalahgunakan<salah guna>	誤用する	penyalahgunaan	誤用，乱用
melayani <layan>	サービスする	pelayanan	サービス
mengadili <adil>	裁く	pengadilan	裁き，審判，裁判所

☐ Kontrak pembelian itu tidak dapat dibatalkan.　その購買契約は取り消せません。
☐ Karena krisis ekonomi, penjualan menurun.　経済危機で売上が減少しました。
☐ Cincin ini pemberian mendiang ibu.　この指輪は亡き母からの贈与です。
☐ Auditor melakukan pemeriksaan pembukuan.　監査役は帳簿の調査を行います。

- [ ] Pengiriman barang terpengaruh badai topan.　物品配送は台風の影響を受けました。
- [ ] Diperlukan penghematan biaya perjalanan dinas.　出張費節約が必要とされます。
- [ ] Pendaratan manusia di Mars tidak mustahil.　人類の火星着陸は不可能ではありません。

- [ ] Dia bekerja di dunia penerbitan.　彼は出版業界で働いています。
- [ ] Salah satu pemasukan negara adalah pajak.　国の歳入の1つは税金です。
- [ ] Pengeluaran tahun ini melebihi anggaran.　今年の支出は予算を超えました。
- [ ] Tiongkok adalah sasaran pemasaran mesin itu.　中国はその機械の販売先です。
- [ ] Pembukuan kantor itu sangat transparan.　その会社の簿記は透明性が高いです。
- [ ] Politisi itu melakukan penyalahgunaan wewenang.

　その政治家は権力を悪用しました。

- [ ] Pelayanan rumah sakit itu memuaskan.　その病院のサービスは満足のいくものです。
- [ ] Dia diputuskan bersalah di pengadilan.　彼は裁判所で有罪判決を下されました。

per--an 名詞と pe--an 名詞の比較

　同じ語幹でも ber- 動詞と me- 動詞／me--kan 動詞の意味が異なるように，per--an 名詞と pe--an 名詞も意味が異なります。次の名詞の意味の違いに注意しましょう。

ber- 動詞		per--an 名詞	
berbuat	する，行う	perbuatan	行為，行動
bertukar	交換する，交代する	pertukaran	交換，交流
bertemu	会う，出会う	pertemuan	会合，出会い
berpisah	別れる，離別する	perpisahan	別れ，離別
bertambah	増える，増加する	pertambahan	増加

me- 動詞／me--kan 動詞		pe--an 名詞	
membuat	作る	pembuatan	製造，製作，制作
menukarkan	（物，お金を）交換する	penukaran	（物の）交換，両替
menemukan	発見する，発明する	penemuan	発見，発明
memisahkan	分ける，引き離す	pemisahan	隔離，分離，分裂
menambahkan	加える，足す	penambahan	追加，補充

- [ ] Perbuatan yang kejam itu tidak dapat ditoleransi.　その残虐行為は容認できません。

☐ Pembuatan jembatan itu makan waktu selama 2 tahun.

その橋の建設は 2 年間かかりました。

☐ Negara mengadakan pertukaran budaya Asia.　　国はアジア文化交流を行います。

☐ Penukaran uang tidak dikenakan biaya administrasi.　両替には手数料はかかりません。

☐ Media menyoroti pertemuan raja-raja.　メディアは王様たちの会合にスポットを当てました。

☐ Penemuan mesin uap mendorong revolusi industri.

蒸気機関の発明は産業革命を推進しました。

☐ Pesta perpisahan mahasiswa berlangsung meriah.　大学生の送別会は盛大に行われました。

☐ Sekularisme adalah pemisahan politik dan agama.

世俗主義とは政治と宗教の分離です。

☐ Pertambahan penduduk negara itu pesat.　　その国の人口増加は急速です。

☐ Perseroan itu melakukan penambahan modal.　その株式会社は資金追加を行います。

第 15 課　練習問題

1 次の（　）にあてはまる最も適当な語を a ～ d の中から選びましょう。

1) Kerajaan itu hancur karena (　　)
   kekuasaan antara dua pangeran.
   a. perluasan
   b. perebutan
   c. pertukaran
   d. pertahanan

2) Teori mengenai terciptanya alam
   semesta masih menjadi (　　).
   a. perdebatan
   b. pertimbangan
   c. persaingan
   d. pergunjingan

3) Praktik (　　) dalam masyarakat modern
   masih dianggap lazim.
   a. peranakan
   b. perlindungan
   c. perjodohan
   d. peredaran

4) Kami menerima (　　) yang tidak
   menyenangkan dari staf itu.
   a. perceraian
   b. pergaulan
   c. perjanjian
   d. perlakuan

5) Perusahaan itu kewalahan memenuhi
   (　　) konsumen.
   a. permintaan
   b. pertolongan
   c. perlawanan
   d. perniagaan

1)		2)		3)		4)		5)	

2 次の（　）にあてはまる最も適当な語を **a** 〜 **d** の中から選びましょう。

1) Pemerintah wajib menyediakan (　　) bagi semua warga negara.
   a. penggantian
   b. pendidikan
   c. penghitungan
   d. pengubahan

2) Kelompok separatis diduga menjadi pelaku (　　) kantor polisi.
   a. pengetesan
   b. pembersihan
   c. pengeboman
   d. penyelamatan

3) Penawaran (　　) saham perusahaan raksasa itu belum disetujui.
   a. pemutusan
   b. penghilangan
   c. pembatalan
   d. pengalihan

4) Kita harus berhati-hati ketika melakukan (　　) dua bahan kimia itu.
   a. pencampuran
   b. pemanjangan
   c. pengawasan
   d. peningkatan

5) (　　) barang bermerek asli dan palsu sulit dilakukan oleh orang awam.
   a. Pembuatan
   b. Pembedaan
   c. Penampilan
   d. Pendapatan

1)		2)		3)		4)		5)	

3 次の（　）にあてはまる最も適当な語を **a** 〜 **d** の中から選びましょう。

1) Perusahaan itu menyediakan jasa (　　) barang antarpulau.
   a. perkapalan
   b. pengapalan
   c. perbatasan
   d. pembatasan

2) (　　) Menteri melarang penggunaan bom dalam mencari ikan.
   a. Persatuan
   b. Penyatuan
   c. Peraturan
   d. Pengaturan

3) Kami mengadakan (　　) sumbangan untuk korban tanah longsor.
   a. pengumpulan
   b. perkumpulan
   c. penghutanan
   d. perhutanan

4) Lagu ini adalah (　　) untuk para penggemar penyanyi itu.
   a. pemindahan
   b. perpindahan
   c. penyembahan
   d. persembahan

5) Kehamilan dapat terwujud apabila (　　) sukses terjadi.
   a. perbuahan
   b. pembuahan
   c. penyediaan
   d. persediaan

1)		2)		3)		4)		5)	

4 次の文を日本語に訳しましょう。

1) Perolehan medali kontigen Indonesia di Olimpiade ini melampaui target.
   → (　　　　　　　　　　　　　　　　　　　　　　)

2) Pendukung menyambut pencalonan aktivis itu dalam pemilihan presiden.
   → (　　　　　　　　　　　　　　　　　　　　　　)

3) Kenalan saya sudah berkecimpung di perhotelan selama 30 tahun.
   → (　　　　　　　　　　　　　　　　　　　　　　)

4) Rakyat berharap bahwa peralihan kekuasaan tidak menyebabkan kekacauan.
   → (　　　　　　　　　　　　　　　　　　　　　　)

5) Pasukan polisi melakukan pelucutan senjata pada kelompok preman.
   → (　　　　　　　　　　　　　　　　　　　　　　)

6) Mesir adalah salah satu negara yang memiliki peradaban kuno.
   → (　　　　　　　　　　　　　　　　　　　　　　)

7) Masjid Demak menunjukkan percampuran gaya arsitektur Islam dan Hindu.
   → (　　　　　　　　　　　　　　　　　　　　　　)

8) Perdana menteri baru itu membuat banyak pergantian kebijakan.
   → (　　　　　　　　　　　　　　　　　　　　　　)

9) Gubernur memudahkan perizinan usaha untuk perusahaan asing.
   → (　　　　　　　　　　　　　　　　　　　　　　)

10) Pernikahan beda agama tidak diperbolehkan di Indonesia.
   → (　　　　　　　　　　　　　　　　　　　　　　)

5 次の文をインドネシア語に訳しましょう。

1) ナマズの養殖で，彼は成功した起業家になりました。

　→ (　　　　　　　　　　　　　　　　　　　　　　　　　　　　)

2) そのレジ係の計算がまちがっていたため，おつりが多すぎました。

　→ (　　　　　　　　　　　　　　　　　　　　　　　　　　　　)

3) 異文化が統一の妨げになるべきではありません。

　→ (　　　　　　　　　　　　　　　　　　　　　　　　　　　　)

4) カルティーニは女性たちのための教育に変化をもたらしました。

　→ (　　　　　　　　　　　　　　　　　　　　　　　　　　　　)

5) そのホテルの制服のデザインは，伝統様式とモダン様式が融合されています。

　→ (　　　　　　　　　　　　　　　　　　　　　　　　　　　　)

6) イノシシ猟は特定の人々にのみ許可されています。

　→ (　　　　　　　　　　　　　　　　　　　　　　　　　　　　)

7) 正直な人として知られているので，彼の言葉は信用できます。

　→ (　　　　　　　　　　　　　　　　　　　　　　　　　　　　)

8) 試験シーズンには，図書館は大学生たちであふれています。

　→ (　　　　　　　　　　　　　　　　　　　　　　　　　　　　)

9) その国は人権を侵害したとして非難されました。

　→ (　　　　　　　　　　　　　　　　　　　　　　　　　　　　)

10) 多くの有名な男性モデルと女性モデルが，そのファッションショーに参加しました。

　→ (　　　　　　　　　　　　　　　　　　　　　　　　　　　　)

▶解答　p. 276

この課の学習内容

第16課
Pelajaran 16

接尾辞 -nya ／接辞 ber--an ／接頭辞 se- ／接辞 se--an ／
接辞 seper--an ／接辞 se--nya ／ことわざ，比喩／
外来語／口語

● 会話　Percakapan

PERSIAPAN PESTA PERPISAHAN

Kenta : Minggu depan program pertukaran mahasiswa akan berakhir.

Hayun : Sayang, ya. Tapi, aku senang ikuti program ini lantaran bisa kenalan sama mahasiswa sepintar dan selucu Kenta.

Kenta : Aku juga banyak belajar dari Hayun dan teman-teman selama di sini.

Hayun : Waktu pesta perpisahan nanti, kita sepakat akan tampilkan paduan suara lagu Jepang dan Indonesia.

Kenta : Iya, tapi suaraku tidak semerdu teman-teman dan liriknya panjang.

Hayun : Tidak apa-apa. Masih ada waktu untuk persiapan. Nanti aku bantu deh berlatihnya.

Kenta : Oke, aku berusaha semampunya.

Hayun : Tolong perbaiki pelafalan bahasa Jepangku, ya. Maklum, aku gak bisa bahasa Jepang!

Kenta : Tentu saja. Biasanya lagu Jepang itu dibawakan berpasangan, tapi cocok juga untuk paduan suara.

Hayun : Iya, betul. Oh iya, jangan lupa siapkan pidato singkat, ya!

Kenta : Pidato? Untuk apa?

Hayun : Masing-masing peserta akan diminta untuk sampaikan kesan selama program.

Kenta : Oh, gitu? Baik, nanti kusiapkan. Kalau sudah jadi, tolong periksa bahasa Indonesianya, ya.

Hayun : Siap.

● 単語　Kosakata

□ persiapan <siap>	準備，用意	
□ perpisahan <pisah>	別れ，離別，送別	
□ berakhir <akhir>	終わる	
□ sayang	残念な，愛おしい	
□ kenalan <kenal> 《口語》	知り合う	
□ sepintar <pintar>	同じくらい賢い	
□ selucu <lucu>	同じくらい面白い	
□ sepakat	同意／合意する	
□ tampilkan <tampil>	披露する	
□ paduan suara <padu>	合唱	
□ lagu	歌，楽曲	
□ suaraku <suara>	僕の声	
□ semerdu <merdu>	同じくらい美声の	
□ liriknya <lirik>	歌詞	
□ deh	～だよ	
□ berlatihnya <latih>	練習	

□ berusaha <usaha>	努力する
□ semampunya <mampu>	できる限り
□ tolong	～してください
□ perbaiki <baik>	直す，修理する
□ pelafalan <lafal>	発音，発音の仕方
□ maklum	承知／了承する
□ dibawakan <bawa>	披露される
□ cocok	ぴったりの
□ siapkan <siap>	準備／用意する
□ pidato	スピーチ，演説
□ singkat	（時間，期間が）短い，簡潔な
□ sampaikan <sampai>	伝える
□ kesan	印象，痕跡
□ jadi	でき上がる
□ siap 《口語》	了解

● 日本語訳　Terjemahan

送別会の準備

健太：　来週，学生交流プログラムは終わるんだ。

ハユン：残念ね。でも，健太のように頭がよくて面白い学生と知り合いになれたから，このプログラムに参加してよかったわ。

健太：　僕もここにいる間，ハユンや友だちからたくさんのことを学んだよ。

ハユン：あとで送別会の時に，私たちは日本とインドネシアの歌の合唱を披露することで一致したのよ。

健太：　うん，でも僕の声はみんなほど良くないし，歌詞は長いし。

ハユン：大丈夫よ。準備のための時間はまだある。あとで練習するのを手伝うわ。

健太：　わかった，精一杯がんばるよ。

ハユン：私の日本語の発音をチェックしてね。知ってのとおり，私は日本語ができないから。

健太：　もちろんだよ。普段，その日本の歌はデュエットで歌われるけど，合唱でもいいよね。

ハユン：ええ，そうよね。あ，そうだ，短いスピーチを準備するのを忘れないで。

健太：　スピーチ？　何のため？

ハユン：各参加者はプログラムの感想を伝えるよう依頼されるのよ。

健太：　へえ，そうなんだ。わかった，準備するよ。でき上がったらインドネシア語をチェックして。

ハユン：了解。

MALAM PERPISAHAN

Malam ini diadakan Pesta Perpisahan Program Pertukaran Mahasiswa. Ruangan serbaguna, tempat pelaksanaan, sudah dipenuhi oleh seluruh peserta dan penyelenggara program serta tamu undangan. Dalam kata sambutan acara pembukaannya, rektor mengatakan bahwa program tersebut sangat bermanfaat dan seharusnya diteruskan tahun depan.

Acara dilanjutkan dengan pertunjukan tari oleh Unit Kegiatan Mahasiswa Tari Tradisional. Mereka membawakan tari Legong, Jaipong, dan Saman. Indahnya dan luwesnya tari-tari yang dibawakan dengan apik itu memukau para hadirin, khususnya orang Jepang. Tari Saman yang dilakukan dengan serentak, seragam, dan cepat oleh sebelas penari bukanlah tari yang dapat dikuasai dalam waktu singkat. Setelah tari, berikutnya adalah persembahan dari Kenta dan kawan-kawannya, yaitu paduan suara lagu Jepang dan Indonesia. Latihan semingguan tidak sia-sia karena mereka dapat menyanyikan lagu-lagu itu dengan sangat bagus.

Setelah itu, peserta dari Jepang diberi kesempatan secara bergantian menyampaikan kesan yang dirasakan selama tiga bulan ini. Kenta mendapat giliran pertama. Dia menceritakan suka dukanya yang dirasakan dalam mengikuti program itu. Sukanya adalah dia dapat mengetahui beragamnya budaya Indonesia, antusiasnya orang Indonesia terhadap teknologi Jepang, ramahnya para mahasiswa Indonesia terhadap mahasiswa Jepang, dan sebagainya. Dukanya adalah keterbatasan kemampuan berbahasa Indonesia menjadi kendala baginya untuk berkomunikasi, terutama saat menginap di desa. Dia bertekad untuk belajar bahasa Indonesia lebih serius sepulang ke Jepang.

Di akhir acara, para peserta program berfoto bersama. Mereka bersalaman dan berpelukan sebagai tanda perpisahan. Tidak sedikit yang bertangisan karena sebentar lagi harus berpisah dari sahabat barunya.

☐ **ruangan** \<ruang\>	ホール，広間
☐ **serbaguna**	多目的の
☐ **dipenuhi** \<penuh\>	一杯に満たされる
☐ **penyelenggara** \<selenggara\>	主催者
☐ **rektor**	学長
☐ **mengatakan** \<kata\>	言う，述べる
☐ **bermanfaat** \<manfaat\>	役立つ，有益だ
☐ **seharusnya** \<harus\>	当然〜すべきだ
☐ **diteruskan** \<terus\>	継続される
☐ **pertunjukan** \<tunjuk\>	公演，上演
☐ **tari**	踊り
☐ **unit kegiatan mahasiswa**	学生の部活動
☐ **membawakan** \<bawa\>	披露する
☐ **indahnya** \<indah\>	美しさ
☐ **luwesnya** \<luwes\>	優美さ，しなやかさ
☐ **apik**	整然とした，きれいな
☐ **memukau** \<pukau\>	魅了する
☐ **hadirin** \<hadir\>	出席者
☐ **serentak** \<rentak\>	同時に
☐ **seragam** \<ragam\>	同形，一様
☐ **penari** \<tari\>	ダンサー
☐ **bukanlah** \<bukan\>	〜ではない
☐ **dikuasai** \<kuasa\>	マスターする
☐ **persembahan** \<sembah\>	上演，演技

☐ **semingguan** \<minggu\>	一週間ずっと
☐ **sia-sia** \<sia\>	無駄な
☐ **diberi** \<beri\>	与えられる
☐ **bergantian** \<ganti\>	順番に
☐ **dirasakan** \<rasa\>	感じられる
☐ **suka dukanya** \<duka\>	喜びと悲しみ
☐ **beragamnya** \<ragam\>	多様性
☐ **antusiasnya** \<antusias\>	熱意
☐ **ramahnya** \<ramah\>	親切さ
☐ **dan sebagainya** \<bagai\>	〜など
☐ **keterbatasan** \<batas\>	制限，限界
☐ **kemampuan** \<mampu\>	能力
☐ **kendala**	障害，制約
☐ **berkomunikasi** \<komunikasi\>	コミュニケーションを取る
☐ **terutama** \<utama\>	特に，とりわけ
☐ **bertekad** \<tekad\>	決意する
☐ **serius**	真剣な，まじめな
☐ **sepulang** \<pulang\>	帰った後すぐに
☐ **berfoto** \<foto\>	写真を撮る
☐ **bersalaman** \<salam\>	握手して挨拶する
☐ **berpelukan** \<peluk\>	抱き合う
☐ **tanda**	印，記号，マーク
☐ **bertangisan** \<tangis\>	互いに泣く
☐ **berpisah** \<pisah\>	別れる

送別会の夜

今夜，学生交流プログラムの送別会が行われました。会場の多目的ホールは，プログラムの参加者と主催者，招待客であふれていました。開会のあいさつの中で，学長はこのプログラムは非常に有益で，来年も継続されるべきであると述べました。

イベントは，学生の部活動，伝統舞踊部による舞踊上演へと進みました。彼らはレゴン（バリ島の宮廷舞踊），ジャイポン（スンダの舞踊），サマン（アチェの舞踊）のダンスを披露しました。整然と踊られるダンスの美しさとしなやかさは，観客たち，特に日本人を魅了しました。11 人のダンサーが同時に同じ形で素早く行うサマンダンスは，短期間で習得できるダンスではありません。ダンスの後，次は健太と友人たちのパフォーマンス，すなわち日本とインドネシアの歌の合唱です。彼らはそれらの歌をとても上手に歌うことができたので，一週間ずっと練習したことは無駄ではありませんでした。

その後，日本から参加者には，この 3 か月間に感じた印象を順番で伝える機会が与えられました。健太が最初の順番になりました。彼はそのプログラムに参加して感じた喜びと悲しみを語りました。喜びは，彼がインドネシア文化の多様性，日本の技術に対するインドネシア人の熱意，日本の学生に対するインドネシアの学生の優しさなどを知ることができたことです。悲しみは，特に村に泊まった時に，限られたインドネシア語能力が，彼にとってコミュニケーション取るための障害になったことです。日本に帰国後，彼はインドネシア語をより真剣に勉強することを決意しました。

イベントの最後に，プログラム参加者は集合写真を撮りました。彼らは別れのしるしに握手をして挨拶を交わし，抱き合いました。まもなく新しい親友と別れなければならないので，お互いに泣いている人も少なくありませんでした。

Baris「バリス」は男性による「戦士の踊り」で，バリ舞踊の代表的な演目です。Baris の踊り手のかたわらで演奏するガムラン（伝統的な器楽合奏音楽）の指揮は kendang「クンダン」と呼ばれる太鼓が担当します。

1 接尾辞 -nya

すでに学んだ用法も含めて，接尾辞 -nya の用法をまとめて紹介します。

1) 名詞 + 接尾辞 -nya

MP3 239

1-1) 所有格と所有代名詞

所有格「～の」や所有代名詞「～のもの」を表す場合，人称代名詞 dia「彼，彼女」は -nya に形を変えて名詞に接尾辞化します（→ p. 20）。

☐ Ini rumahnya. / rumah dia.　　　　これは彼の家です。
☐ Buku ini miliknya. / milik dia.　　この本は彼のものです。

1-2) 既出や自明の人や物

すでに話題に上ったり，その場の状況で明らかな人や物を示す時も，名詞に接尾辞 -nya を付け（→ p. 37），主に口語で用いられます。

☐ Potong rambut? Gaya rambutnya keren. 髪切った？　髪型がかっこいい。
☐ Saya ambil ini. Kasirnya di mana?　　これをもらいます。レジはどこですか？

2) 動詞 + 接尾辞 -nya

MP3 240

目的語の dia「彼，彼女」も -nya に形を変えて動詞に接尾辞化します（→ p. 112）。

☐ Kami mengundangnya. / mengundang dia.　　私たちは彼を招待します。
☐ Solo pernah dikunjunginya. / dikunjungi dia.　　ソロは彼は行ったことがあります。

3) 前置詞 + 接尾辞 -nya

MP3 241

受動態で oleh + dia の場合は -nya に形を変えて oleh に接尾辞化することは p. 176 で説明しましたが，そのほかの前置詞にも接尾辞化することがあります。

☐ Surat itu sudah dikirim olehnya. / oleh dia. その手紙はすでに彼が送付しました。
☐ Oleh-oleh ini untuknya./ untuk dia.　　このおみやげは彼のためです。
☐ Saya berangkat dengannya. / dengan dia. 私は彼と一緒に出発します。

【注】aku「僕」, kamu「君」も -ku, -mu に形を変えて前置詞に接尾辞化することがあります。
> Alamat pos-elnya belum diberitahukan kepadaku. / kepada aku.
　　　　　　　　　　そのメールアドレスは，まだ僕に教えてもらっていないです。
> Aku sudah menerima informasi terbaru darimu. / dari kamu.
　　　　　　　　　　僕は君からすでに最新情報を受け取りました。

4) 形容詞／動詞＋接尾辞 -nya → 名詞　　　　🎵 242

形容詞や動詞に接尾辞 -nya が付くと名詞になります。ke--an 名詞と同じ意味になるものもあります。

形容詞／動詞		接尾辞 -nya の付く名詞		ke--an 名詞ほか	
tinggi	高い	tingginya	高さ，高度	= ketinggian	高さ，高度
cepat	速い，早い	cepatnya	速さ，速度	= kecepatan	速さ，速度
cantik	美しい	cantiknya	美しさ	= kecantikan	美しさ，美貌
berat	重い	beratnya	重さ，重量	keberatan	異議，異論
jauh	遠い	jauhnya	遠さ	kejauhan	遠距離，遠すぎる
mahal	値段が高い	mahalnya	高価	kemahalan	(値段が) 高すぎる
hilang	失う，消える	hilangnya	紛失，消失	= kehilangan	紛失，消失
datang	来る	datangnya	来訪，到着	= kedatangan	来訪，到着
mundur	後退する	mundurnya	後退	= kemunduran	後退，悪化
terlambat	遅刻する	terlambatnya	遅刻，遅延	= keterlambatan	遅刻，遅延
menular	伝染する	menularnya	伝染	ketularan	感染した
berlari	走る	berlarinya	走り	—	

☐ Tingginya suara penyanyi itu mengagumkan.　　その歌手の高音に驚嘆しました。
☐ Cepatnya perubahan iklim dikhawatirkan.　　　気候変動のスピードが懸念されます。
☐ Cantiknya pantai mengundang wisatawan.　ビーチの美しさは観光客を呼び寄せます。
☐ Bagasi ini beratnya melebihi ketentuan.　　この荷物の重さは規定を超えています。
☐ Jauhnya jarak tidak memisahkan keduanya.
　　　　　　　　　　長距離がその2人を引き離すことはありません。
☐ Mahalnya properti tidak terjangkau pekerja muda.
　　　　　　　　　　不動産物件の高さは若い従業員の手には届きません。

☐ Dia melaporkan hilangnya anjing kesayangannya. 彼は愛犬の行方不明を報告しました。
☐ Datangnya gempa bumi tidak dapat diprediksi.　地震が来ることは予測できません。
☐ Perang menyebabkan mundurnya negara itu. 戦争はその国の衰退の原因となりました。
☐ Terlambatnya pesawat dikarenakan badai topan.　飛行機の遅延は台風のせいです。

☐ Masker mencegah menularnya virus. マスクはウィルスの感染を防ぎます。

☐ Berlarinya secepat atlet profesional. 走るのはプロ選手並みに速いです。

5) 名詞／副詞／形容詞＋接尾辞 -nya → 副詞

MP3 243

名詞，副詞，形容詞に接尾辞 -nya が付くと副詞になります。

語幹の品詞	語幹		接尾辞 -nya の付く副詞	
名詞	rasa	感じ，感覚，味	rasanya	〜のように感じる
	rupa	外観，姿，様子	rupanya	どうやら〜らしい
副詞	agak	少し	agaknya	どうやら〜らしい
形容詞	biasa	普通の，いつもの	biasanya	普通は，いつもは
	umum	一般の	(pada) umumnya	一般的には

☐ Rasanya mobil itu akan laris di pasaran. その車は市場で売れる気がします。

☐ Rupanya lelaki sederhana itu pengusaha sukses.

どうやらその質素な男性は成功した事業家らしいです。

☐ Agaknya hari ini salju akan turun di Tokyo. 今日は東京で雪が降るようです。

☐ Muslim biasanya berziarah sebelum Ramadan.

イスラム教徒はいつも断食月の前に墓参りします。

☐ Pada umumnya gejala muncul setelah 3 hari sejak tergigit nyamuk.

一般的に蚊に刺されてから 3 日後に症状が出ます。

6) 感嘆文

MP3 244

alangkah, betapa が文頭に来る感嘆文の形容詞には接尾辞 -nya を付けます。

Alangkah ＋ 形容詞 ＋ 接尾辞 -nya ＋ 主語（＋述語）．	なんて〜なのでしょう。
Betapa ＋ 形容詞 ＋ 接尾辞 -nya ＋ 主語（＋述語）．	〃

☐ Alangkah indahnya pemandangan ini. この景色はなんてきれいなんでしょう。

☐ Alangkah enaknya masakan Ibu. あなたの料理はなんておいしいのでしょう。

☐ Betapa cepatnya dia berenang. 彼はなんて速く泳ぐのでしょう。

☐ Betapa segarnya udara di gunung ini. この山の空気はなんてさわやかなのでしょう。

② 接辞 ber--an

2-1) お互いに〜する《動作》

🎵 **245**

> **saling / baku** ＋ 動詞 ＝ **ber-** ＋ 動詞 ＋ **-an** ＝ **ber** ＋ 動詞の畳語 ＋ **-an**

接辞 ber--an が動詞に付くと「お互いに〜する」の意味になり，語幹が畳語の場合は行為の繰り返しが強調されます。

語幹動詞，ber 動詞，me- 動詞		ber--an 動詞	
kenal	知り合いである	berkenalan ＝ berkenal-kenalan	紹介し合う
bersalam <salam>	挨拶する	bersalaman ＝ bersalam-salaman	
			挨拶して握手し合う，握手し合う
memeluk <peluk>	抱く，抱える	berpelukan ＝ berpeluk-pelukan	抱き合う
merebut <rebut>	奪う	berebutan ＝ berebut-rebutan	奪い合う
mengirim <kirim>	送る	berkiriman ＝ berkirim-kiriman	送付し合う
menangis <tangis>	泣く	bertangisan ＝ bertangis-tangisan	泣き合う

☐ Mereka berkenalan sebelum pertemuan. 会合の前に彼らは紹介し合いました。

☐ Silakan bersalaman setelah penandatanganan kontrak.

契約サインの後，どうぞ握手をしてください。

☐ Kakak beradik itu berpelukan waktu berpisah.

別れる時，その兄弟は抱き合いました。

☐ Kucing-kucing liar berebutan makanan. 野良ネコは食べ物を奪い合いました。

☐ Mereka berkiriman parsel menjelang Natal.

クリスマスを迎えるにあたり，彼らは贈り物を送り合いました。

☐ Kami bertangisan ketika mendengar meninggalnya Ibu Eni.

エニーさんの訃報を聞いた時，私たちは泣き合いました。

2-2) お互いに〜である《状態》

🎵 **246**

接辞 ber--an が形容詞や動詞に付くと「お互いに〜である」の意味になり，語幹が畳語になるものもあります。

形容詞，ber 動詞，me- 動詞		ber--an 動詞	
dekat	近い	berdekatan	お互いに近くにある
		= berdekat-dekatan	
lain	別の，違う	1. berlainan	異なる，違う
		2. berlain-lainan	様々である
berhubung <hubung>	関連する	berhubungan	互いに関連がある，関わる
berkait <kait>	関連する	berkaitan	互いに関連がある，関わる
		= berkait-kaitan	
menghadap <hadap>	～に向く	berhadapan	向かい合う，対面／対戦する
		= berhadap-hadapan	

☐ Rumah kakek berdekatan dengan pelabuhan. 祖父の家は港から近いです。

☐ Pendapat saya sering berlainan dengan dia. 私の意見はしばしば彼と異なります。

☐ Busana adat Indonesia berlain-lainan. インドネシアの伝統衣装は様々です。

☐ Saya tidak berhubungan sama sekali dengannya. 私は彼と全く関係がありません。

☐ Kemiskinan berkaitan dengan pendidikan. 貧困は教育と関係があります。

☐ Karateka itu berhadapan dengan juara nasional.

その空手選手は国内王者と対戦しました。

2-3）繰り返し～する，しきりに～する 🎧 247

接辞 ber--an が動詞などに付くと，「繰り返し～する，しきりに～する」などの意味になります。

動詞ほか		ber--an 動詞	
pergi	行く	bepergian	旅行に行く
menjual	売る	berjualan = berjual	売って生計を立てる
hambur	–	berhamburan	散らばる，散り散りになる
bertabur <tabur>	散りばめる	bertaburan	散らばる
berkilau <kilau>	輝く	berkilauan	きらきら輝く
cucur	流れ出ること	bercucuran	流れ出る，滴り落ちる

☐ Saya akan bepergian ke luar negeri pada akhir tahun ini.

私はこの年末に海外旅行に行きます。

☐ Wanita itu berjualan baju bekas di pasar. その女性は市場で古着を売っています。

☐ Lalat-lalat berhamburan di tempat sampah. ゴミ捨て場でハエが飛び交っています。

☐ Malam ini langit bertaburan bintang. 今晩，空には星が散りばめられています。

☐ Air laut berkilauan ditimpa cahaya matahari.

海水は太陽の光を受けてきらきら輝きます。

☐ Keringatnya bercucuran setelah berolahraga.　　運動した後，汗が滴り落ちました。

 接頭辞 se-

すでに学んだ用法も含めて，接頭辞 se- の用法をまとめて紹介します。

3-1) 接頭辞 se- ＋ 名詞／助数詞　　1（= satu）

接頭辞 se- を数詞や助数詞に付けると「1」を表します（→ p. 30, p. 35）。

数詞		助数詞	
puluh ～十	sepuluh 十	buah 個	sebuah 1個
ratus ～百	seratus 百	orang 人	seorang 1人
ribu ～千	seribu 千	ekor 匹	seekor 1匹

☐ Sepuluh orang itu menempati sebuah rumah kecil.

その 10 人は小さい家に住んでいます。

☐ Harga seekor kelinci ini adalah seratus ribu yen.

このうさぎ 1 匹の値段は 10 万円です。

3-2-1) 接頭辞 se- ＋ 名詞／形容詞　　同じ，同じくらい（= sama）

接頭辞 se- を名詞や形容詞に付けると「同じ，同じくらい」を表します（→ p. 64）。

名詞	kelas クラス	sekelas	同級生
	kantor 会社	sekantor	同じ会社
	pendapat 意見	sependapat	同意見
	rupa 種類，形状	serupa	同種，同型
形容詞	harum 香りがよい	seharum	同じくらい香りがよい
	buruk 悪い	seburuk	同じくらい悪い
	gampang 簡単な	segampang	同じくらい簡単な

☐ Bupati itu adalah teman sekelas SMA ayah.　　その県知事は父の高校の同級生です。

☐ Mereka sekantor, tetapi tidak sedivisi.

彼らは同じ会社ですが，同じ部署ではありません。

☐ Kau tidak perlu mencari pasangan yang selalu sependapat denganmu.

君はいつも自分と同意見のパートナーを探す必要はないです。

☐ Ponsel cerdasnya serupa dengan ponsel cerdas saya.

彼のスマートフォンは私のスマートフォンと同機種です。

☐ Kamarnya seharum taman bunga.　　彼女の部屋は花園と同じくらい香りがよいです。

☐ Kondisi kelaparan di daerah itu tidak seburuk yang diberitakan.

その地方での飢餓の状況は報道されているほど悪くありません。

☐ Masalah itu tidak segampang yang saya kira.

その問題は私が思ったより簡単ではありません。

接頭辞 se- を数量に関する単語に付けて単位の前に表記することがありますが，特に日本語に訳す必要はありません。

jumlah	合計，総数，総量	sejumlah	総計
banyak	多い	sebanyak	～と同じ多さ
jauh	遠い	sejauh	～と同じ遠さ
berat	重い	seberat	～と同じ重さ

☐ Sejumlah 20 orang menghadiri upacara pemakaman.　　20 人が葬儀に参列しました。

☐ Bendungan itu menghabiskan biaya sebanyak Rp1 triliun.

そのダムには 1 兆ルピアの費用を費やしました。

☐ Pinisi itu mengarungi lautan sejauh ratusan mil.

その帆船は何百マイルも海洋を航海しました。

☐ Meteorit seberat 10 kg menimpa sebuah rumah.

10 キロの隕石が家に当たりました。

固有名詞は se- を接頭辞化せずにハイフン（tanda hubung）でつなぎます。

kota	市	sekota	全市
dunia	世界	sedunia	全世界
Indonesia	インドネシア	se-Indonesia	全インドネシア

☐ Warga sekota merayakan hari jadi kotanya.　　　全市民は市制記念日を祝いました。

☐ Hari Kesehatan Sedunia mulai diperingati sejak tahun 1950.
　　　　　　　　　　　　世界保健デーは 1950 年から挙行されています。

☐ Konglomerat itu adalah orang terkaya se-Indonesia.
　　　　　　　　　　　その複合企業経営者はインドネシアで最もお金持ちです。

3-4）接頭辞 se- ＋ 形容詞　　～まで（＝ sampai）　　　🎵 252

mau　ほしい	semau　ほしいだけ，好きなだけ
puas　満足した	sepuas　満足するまで

☐ Mereka dapat menggunakan komputer ini semau mereka.
　　　　　　　　　　　彼らは好きなだけこのパソコンを使うことができます。

☐ Silakan menikmati hidangan sepuas Anda.　　思う存分にお食事を楽しんでください。

3-5）接頭辞 se- ＋ 動詞　　～の限り（＝ sepanjang）　　　🎵 253

tahu　知る	setahu　知る限り
ingat　覚えている	seingat　覚えている限り

☐ Setahu saya, peradaban Mesir dimulai sekitar 3000 tahun sebelum Masehi.
　　　　　　　　私が知る限り，エジプト文明は紀元前 3000 年頃に始まりました。

☐ Seingat Anda, kapan pertama kali mendapat kekerasan dalam rumah tangga?
　　　　　　　あなたが覚えている限り，最初に家庭内暴力を受けたのはいつですか？

3-6）接頭辞 se- ＋ 動詞（＋接尾辞 -nya）～するとすぐに（＝ setelah ～, segera ～）　🎵 254

kembali　戻る	sekembali　戻るとすぐに
tiba　　　着く，到着する	setiba　　　到着するとすぐに
pulang　　帰る	sepulang　帰るとすぐに

☐ Dia melapori atasan sekembali dari kantor klien.
　　　　　　　　　　顧客の会社から戻るとすぐに彼は上司に報告しました。

☐ Setiba di pantai itu, Yuli langsung berjemur.
　　　　　　　　　　海岸に到着すると，ユリはすぐに日光浴をしました。

☐ Karena kecapaian, dia tidur sepulang dari kerja.
　　　　　　　　　　疲れすぎて，彼は仕事から帰ったらすぐに寝ました。

4 接辞 se--an

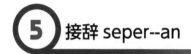

接頭辞 se- ＋ 名詞 ＋ 接尾辞 -an　　〜じゅうずっと，終〜 (= sepanjang)

| hari | 日 | seharian | 一日中，終日 |
| malam | 夜 | semalaman | 一晩中，終夜 |

☐ Adik melayap seharian dengan temannya.　　弟は友だちと終日ぶらぶらしました。

☐ Dia merenung dan tidak tidur semalaman.

彼は物思いにふけって一晩中眠れませんでした。

5 接辞 seper--an

接頭辞 seper- ＋ ber- 動詞の語幹 ＋ 接尾辞 -an　　一緒に〜する (= bersama-sama)

接辞 seper--an を ber- 動詞の語幹に付け，teman と共に用いると「一緒に〜する友」の意味になります。接頭辞 seper- の付け方は，接頭辞 ber- と同様です。(→ p. 93)

bermain <main>	遊ぶ	teman sepermainan	幼友だち，幼なじみ
bekerja <kerja>	働く	teman sepekerjaan	同僚，同業者
berjalan <jalan>	歩く	teman sepejalanan	同行者，同伴者
berjuang <juang>	闘争する	teman sepejuangan	闘争の同志，戦友
berguru <guru>	（師事して）学ぶ	teman sepeguruan	同門

☐ Kedua pelawak itu teman sepermainan.　　その2人の漫才師は幼なじみです。

☐ Teman sepekerjaanku terkenal sebagai sosok yang pelit.

僕の同僚はケチな人物で有名です。

☐ Teman sepejalanannya mabuk kendaraan.　　彼の同行者は車に酔いました。

☐ Semua teman sepejuangan kakek sudah wafat.　　祖父の戦友は全員亡くなりました。

☐ Dia adalah teman sepeguruan di pesantren.　　彼はイスラム教学校の同門です。

6 接辞 se--nya

接辞 se--nya が名詞，形容詞，助動詞などに付くと，副詞ほかになります。

kira	推測	sekiranya	もしも，仮に
benar	正しい，真実の	sebenarnya	実のところ
baik	よい	sebaiknya	〜する方がよい
mesti	〜しなければならない	semestinya	当然〜すべきである

☐ Saya mau menjadi lurah sekiranya pantas.

もし私にふさわしいなら，村長になりたいです。

☐ Sebenarnya dia tidak merestui pernikahan anaknya.

実は彼は子供の結婚を祝福しません。

☐ Sebaiknya Anda menerima keputusan kantor.

あなたは会社の決定を受け入れる方がよいです。

☐ Kita semestinya mengonsumsi air 2 liter sehari.

私たちは1日に2リットルの水を摂取すべきです。

6-2）接頭辞 se- ＋ 形容詞／助動詞の畳語 ＋ 接尾辞 -nya
できる限り〜（＝ se- 形容詞／助動詞 mungkin）
🎵 258

接辞 se--nya が形容詞，助動詞の畳語に付くと「できる限り〜，できるだけ」などの意味になります。

tinggi	高い	setinggi-tingginya = setinggi mungkin	できる限り高く
dalam	深い	sedalam-dalamnya = sedalam mungkin	できる限り深く，本当に
besar	大きい	sebesar-besarnya = sebesar mungkin	できる限り大きく，大いに
dapat	できる	sedapat-dapatnya = sedapat mungkin	できる限り，可能な限り

☐ Teknisi itu mencoba menerbangkan *drone* tercanggih setinggi-tingginya.

その技術者は最先端のドローンをできる限り高く飛ばすよう試みました。

☐ Dia menyelam sedalam-dalamnya.　　　　彼はできる限り深く潜りました。

☐ Saya memohon maaf sedalam-dalamnya.　　深くお詫び申し上げます。

□ Kakak perempuan meniup balon sebesar-besarnya.
　　　　　　　　　　　　姉はできるだけ大きく風船を膨らませました。

□ Terima kasih sebesar-besarnya atas bantuannya.
　　　　　　　　　　　　手伝っていただき，厚く感謝します。

□ Ibu hamil harus menghindari asap rokok sedapat-dapatnya.
　　　　　　　　　　　　妊婦はできる限りタバコの煙を避けなければなりません。

6-3）接頭辞 se- ＋ 形容詞／否定語の畳語 ＋ 接尾辞 -nya
どんなに〜でも（＝ paling 形容詞／否定語）

接辞 se--nya が形容詞，否定語などの畳語に付くと「どんなに〜でも」という意味の副詞になります。

lambat	遅い	selambat-lambatnya	= paling lambat	遅くとも
cepat	早い	secepat-cepatnya	= paling cepat	早くとも
sedikit	少ない	sedikit-(se)dikitnya	= paling sedikit	少なくとも
tidak	〜ない	setidak-tidaknya	= paling tidak	〃
kuat	強い	sekuat-kuatnya	どんなに強くても	
cantik	美しい	secantik-cantiknya	どんなに美しくても	
enak	おいしい	seenak-enaknya	どんなにおいしくても	
mahal	（値段が）高い	semahal-mahalnya	どんなに高くても	

□ Pembayaran selambat-lambatnya minggu depan.　支払いは遅くとも来週です。

□ Pinjaman cair secepat-cepatnya bulan depan.　　借入金は早くとも来月に下ります。

□ Pemesanan beras sedikit-dikitnya 50 kg.　　米の注文は少なくとも 50 キロです。

□ Dia menghafal setidak-tidaknya 2.000 huruf kanji.
　　　　　　　　　　彼は少なくとも 2000 語の漢字を暗記しました。

□ Sekuat-kuatnya manusia, masih lebih kuat gajah.
　　　　　　　　どんなに人間が強くても，象のほうがもっと強いです。

□ Secantik-cantiknya anak orang lain, masih lebih cantik anak sendiri.
　　　　　　　　どんなに他人の娘が美人でも，自分の娘の方がもっと美人です。

□ Seenak-enaknya masakan koki terkenal, masih lebih enak masakan ibu.
　　　　　　　　どんなに有名コックの料理がおいしくても，母の料理の方がもっとおいしいです。

□ Semahal-mahalnya cincin emas, masih lebih mahal cincin berlian.
　　　　　　　　どんなに金の指輪が高くても，ダイヤの指輪の方がもっと高いです。

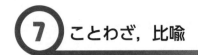

7 ことわざ, 比喩

日本語に似ている peribahasa（ことわざ）と kiasan（比喩）を紹介します。語句の使い方など類似点も多いのですが, 文化の違いによる細かい相違点もあります。

1)	**Ada udang di balik batu.**
	石の裏にエビがいる。（腹に一物 [はらにいちもつ]）
2)	**Bagai mendapat durian runtuh.**
	落ちてきたドリアンを手に入れるようだ。（棚からぼたもち）
3)	**Bak ilmu padi, kian berisi kian runduk.**
	実るほど頭を垂れる稲穂の教えのようだ。（実るほど頭を垂れる稲穂かな）
4)	**Lain ladang lain belalang, lain lubuk lain ikannya.**
	畑が違えばバッタも違う, 水が違えば魚も違う。（所変われば品変わる）
5)	**Nasi sudah menjadi bubur.**
	ごはんはすでにおかゆになった。（覆水盆に返らず）
6)	**Sedikit-sedikit, lama-lama menjadi bukit.**
	少しずつでもやがては丘になる。（塵も積もれば山となる）
7)	**Sepandai-pandai tupai meloncat, sekali waktu gawal [terjatuh] juga.**
	どんなに飛び跳ねるのが上手なリスでも失敗する [落ちる] こともある。（猿も木から落ちる）
8)	**Seperti anjing dengan kucing.**
	犬とネコのようだ。（犬猿の仲）
9)	**Seperti katak di bawah tempurung.**
	ヤシ殻の下のカエルのようだ。（井 [い] の中の蛙 [かわず] 大海 [たいかい] を知らず）
10)	**Seperti telur di ujung tanduk.**
	角の先の卵のようだ。（危うきこと累卵 [るいらん] のごとし）
11)	**Di mana bumi dipijak, di situ langit dijunjung.**
	足を踏み入れた土地では天空を尊重すべきだ。（郷に入れば郷に従え）
12)	**Sudah jatuh, tertimpa tangga.**
	はしごから落ちて, はしごの下敷きになった。（泣き面に蜂）
13)	**Sedia payung sebelum hujan.**
	雨が降る前に傘を用意する。（転ばぬ先の杖）
14)	**Lepas dari mulut harimau, jatuh ke mulut buaya.**
	トラの口から逃れてワニの口に落ちる。（一難去ってまた一難）

⑧ 外来語

インドネシア語には英語を語源とする外来語が多く用いられています。英語をインドネシア語化する次の規則を覚えれば，英語から容易に意味がわかります。

※イ語＝インドネシア語

英語	イ語	特記事項	英語	イ語	日本語
c	s	c + e, i, y	central	sentral	中央の
c	k	c + a, u, o, 子音，語末	clinic	klinik	クリニック
cc	k		accountant	akuntan	会計士
cc	ks	cc + e, i	accent	aksen	アクセント
ch	k	ch + a, o, 子音	charisma	karisma	カリスマ
ch	s	ch を s, sy と発音	echelon	eselon	（公務員の）階級
ch	c	ch を c と発音	China	Cina	中国
ck	k		block	blok	区画，ブロック
cy	si	cy を si と発音	diplomacy	diplomasi	外交
ee	i		beer	bir	ビール
eu	e		neutral	netral	中性，中立
mm	m		comma	koma	コンマ
-ne	-n	ne を n と発音	line	lin	線，路線
oo	u		cartoon	kartun	漫画
ou	u	ou を u と発音	souvenir	suvenir	おみやげ，記念品
ph	f		photo	foto	写真
q	k		quota	kuota	割り当て，ノルマ
-que	-k		antique	antik	アンティーク
rh	r		rhapsody	rapsodi	狂詩曲
re	r		figure	figur	形，姿，人物
rr	r		curriculum	kurikulum	カリキュラム
ss	s		boss	bos	ボス
th	t		theory	teori	理論
ti	s	ti を s と発音	national	nasional	国家の，国民の
-t	なし		accent	aksen	アクセント
-te	-t		favorite	favorit	お気に入りの
-tian	-ten		Christian	Kristen	キリスト教徒
-tion	-si		information	informasi	情報
-ty	-tas		quantity	kuantitas	量
x	ks		taxi	taksi	タクシー
xc	ks		exception	eksepsi	例外
y	i		system	sistem	システム

9 口語

これまでにも口語は少し紹介しましたが，ここではよく使われる口語をまとめて紹介します。ただし，正式な場面での使用は控えましょう。me- 動詞の口語形は→ p. 106，接尾辞 -kan の口語形が接尾辞 -in になることは→ p. 122 を参照してください。

1）標準語と異なる単語や接辞

標準語	口語	日本語
pria	cowok	男
wanita	cewek	女
bapak	bokap	おやじ
ibu	nyokap	おふくろ
uang	duit / fulus	金（かね）
maaf	sori	ごめん
cantik	cakep	美人な
tampan / ganteng	cakep	イケメンの
sangat	banget	とっても，めっちゃ
tidak	nggak / kagak / gak	～ない
senang / suka	doyan / demen	好き
bertemu <temu>	ketemu	会う
berkata <kata>	bilang	言う
berbicara <bicara>	omong	話す
membuat <buat>	bikin	作る
memberi <beri>	kasih	あげる，やる
membiarkan <biar>	biarin	放っておく
hanya	cuman	～だけ
saja	doang	～だけ
ingin	kepingin / pingin	～したい，～を望む
sedang	lagi	～の最中
dengan	sama / bareng	～と共に
kepada	sama	（人）に
untuk	buat	～のために
agar	biar	～するように
nanti	entar	あとで
ketika	pas	～の時
bahwa	kalo	～ということを

標準語	口語	意味
saja	aja	〜だけ
sudah	udah	もう〜した
tetapi	tapi	でも
sebentar	bentar	少しの間
memang	emang	確かに

標準語	口語	意味
bagaimana	gimana	どんな
begini	gini	こんな
begitu	gitu	そんな
barangkali	kali	〜かもしれない
apa-apa	papa	何も

☐ Maaf, Anda sedang melakukan apa?《標準語》
　　すみません，あなたは何をしていますか？

☐ Sori, lagi ngapain?《口語》
　　ごめん，何してんの？

☐ Saya sudah berkata bahwa dia adalah pria yang tidak jujur, bukan?《標準語》
　　私は彼が正直ではない男性だと言いましたよね？

☐ Aku udah bilang kalo dia cowok yang gak jujur, 'kan?《口語》
　　僕は彼は正直じゃない男だと言ったじゃないか？

☐ Apakah masalah ini tidak apa-apa dibiarkan begitu saja?《標準語》
　　この問題はそのまま放置しても大丈夫でしょうか？

☐ Apa masalah ini gak papa dibiarin gitu aja?《口語》
　　この問題はそのまんま放っといても大丈夫？

☐ Bapak memberi uang kepada adik untuk membeli buku.《標準語》
　　お父さんは本を買うために弟にお金をあげました。

☐ Bokap kasih duit sama adik buat beli buku.《口語》
　　おやじは本を買うために弟に金をやった。

1 次の（　　）にあてはまる最も適当な語を **a** ～ **d** の中から選びましょう。

1) Pihak sekolah kewalahan dalam
   mengatasi (　　) murid itu.
   a. bandelnya
   b. tenangnya
   c. ramahnya
   d. jujurnya

2) (　　) rasa soto ayam itu karena
   kurangnya kandungan kaldu.
   a. Tumpulnya
   b. Renyahnya
   c. Hambarnya
   d. Polosnya

3) Kekompakan menjadi penyebab (　　)
   tim itu di kompetisi.
   a. bermanfaatnya
   b. berhasilnya
   c. bertugasnya
   d. beruntungnya

4) (　　) Belanda dalam Piala Dunia sepak
   bola mengecewakan para fan.
   a. Lahirnya
   b. Putusnya
   c. Tumbuhnya
   d. Absennya

5) (　　) kedua kepala suku itu
   memungkasi perang antarsuku.
   a. Berseterunya
   b. Bertandingnya
   c. Bertemunya
   d. Bermasalahnya

1)		2)		3)		4)		5)	

2 次の（　　）にあてはまる最も適当な語を **a** ～ **d** の中から選びましょう。

1) Hak paten ponsel canggih ini (　　)
   milik ilmuwan miskin itu.
   a. seandainya
   b. seperlunya
   c. sebetulnya
   d. seumpamanya

2) Daging (　　) ini sulit dipotong hanya
   dengan pisau makan.
   a. sebusuk
   b. serentan
   c. segurih
   d. seliat

3) Meskipun tidak (　　), bukan berarti
   kita bermusuhan.
   a. seagama
   b. serupa
   c. senasib
   d. sejajar

4) Dia dapat membeli kendaraan bermotor
   hanya dengan bekerja (　　).
   a. seangkatan
   b. sebawahan
   c. seabadan
   d. sebulanan

5) Petugas itu mengumpulkan warga (　　) untuk penyuluhan kesehatan.
   a. serumah
   b. sekampung
   c. sekamar
   d. senegeri

1)		2)		3)		4)		5)	

3 次の（　）にあてはまる最も適当な語を a 〜 d の中から選びましょう。

1) Sedan itu remuk karena menabrak truk dari arah yang (　　).
   a. bertepatan
   b. bersampingan
   c. berlawanan
   d. berlarian

2) Prajurit Kerajaan Demak (　　) ketika melawan tentara Portugis.
   a. berguguran
   b. bersahutan
   c. bertubrukan
   d. berbaringan

3) Suara kembang api yang (　　) adalah penanda musim panas.
   a. berjatuhan
   b. berserakan
   c. berkeliaran
   d. berdentuman

4) Pelamar diminta untuk mengisi daftar riwayat hidup (　　).
   a. sedekat-dekatnya
   b. sepalsu-palsunya
   c. sepantas-pantasnya
   d. selengkap-lengkapnya

5) (　　) dia, tetap tidak dapat mengalahkan Einstein.
   a. Sepandai-pandainya
   b. Sebanyak-banyaknya
   c. Selucu-lucunya
   d. Seberani-beraninya

1)		2)		3)		4)		5)	

4 次の文を日本語に訳しましょう。

1) Presiden harus menghadiri sidang kabinet sekembali dari luar negeri.
   → (　　　　　　　　　　　　　　　　　　　　　　　　　　　)

2) Tamatnya paham komunisme menyuburkan demokrasi di negeri itu.
   → (　　　　　　　　　　　　　　　　　　　　　　　　　　　)

3) Bintik-bintik merah bermunculan di kulitnya akibat alergi makanan laut.
   → (　　　　　　　　　　　　　　　　　　　　　　　　　　　)

4) Tampaknya batu ginjal ayah hanya dapat dihilangkan dengan laser.
   → (　　　　　　　　　　　　　　　　　　　　　　　　　　　)

5）Wanita itu hanya diizinkan berumah tangga dengan lelaki sepersukuan.
→（   ）

6）Penambangan pasir liar memungkinkan terjadinya kerusakan lingkungan.
→（   ）

7）Kisruhnya pembagian bantuan bencana memalukan para donaturnya.
→（   ）

8）Sesampai di taman hiburan, dia langsung mengantre wahana permainan.
→（   ）

9）Tindakan pejabat itu dianggap bertentangan dengan hukum.
→（   ）

10）Mohon konfirmasi kehadiran Bapak/Ibu ke panitia yang bersangkutan.
→（   ）

5 次の文をインドネシア語に訳しましょう。

1）彼はできるだけ安くその商品の値段交渉をする努力をしました。
→（   ）

2）その列車がどんなに速くても，超音速旅客機の方が速いです。
→（   ）

3）減税は，特に中小零細企業に実行される予定です。
→（   ）

4）様々な国からの代表が，王の戴冠式に続々といらっしゃいました。
→（   ）

5）カフェを開くには，少なくとも 3000 万ルピアが必要です。
→（   ）

6）その中年の評論家は，自分と同じ考えでない経済学者と論争中です。
→（   ）

7）よい成績を収めたので，君は昇給を申請すべきです。
→（   ）

8）医師と看護師は，患者の秘密を厳守しなければなりません。
→（   ）

9) 探偵は外国人資産家の射殺について調査しているところです。

　→ (　　　　　　　　　　　　　　　　　　　　　　　　　　　　　　　　　)

10) このホテルの近くの川で行われているモーターボートレースの音が聞こえます。

　→ (　　　　　　　　　　　　　　　　　　　　　　　　　　　　　　　　　)

▶解答　p. 277

都市部の mal「ショッピングモール」の周辺道路は,
週末には家族連れの車で渋滞します。mal には日本
食チェーン店も数多く出店しており, 現地在住日本
人のみならず, インドネシア人にも大盛況です。

「練習問題」模範解答

「練習問題」模範解答

第２課　練習問題【模範解答】

1.

1）a　2）b　3）d　4）c　5）a

2.

1）A: あなたは日本人ですか？ B: はい，私は日本人です。
2）A: お先に。 B: どうぞ。また会いましょう。
3）A: どこへ行くの？ B: あちらへ。
4）A: 申し訳ありません。 B: 大丈夫です。
5）A: ごきげんいかがですか？ B: 体調がよくありません。

3.

1）ジャカルタにようこそいらっしゃいました。
2）あなたにお会いできてうれしいです。
3）あれはインドネシア料理のレストランです。
4）こちらは私の兄のルディです。そちらは私の母のソニアです。
5）このかばんはティナさんのものです。
6）アリさんはスラバヤから来ました。
7）ブディさんは運転手で，彼の弟は医者です。
8）それは葵のお姉さんの自転車です。
9）彼らは大学に行きます。
10）ご結婚おめでとうございます。

4.

1）Maaf, itu kamus saya.
2）Bapak Eka bekerja di Jepang.
3）Rumah ini milik paman aku. / Rumah ini milik pamanku.
4）Neneknya guru bahasa Indonesia.
5）Selamat malam. Sudah lama tidak bertemu. / Sudah lama tidak berjumpa.
6）Selamat datang di Jepang.
7）Namanya Yui Abe.
8）Buku itu milik kamu. / Buku itu milikmu.
9）Selamat ulang tahun.
10）Sampai berjumpa lagi. Selamat akhir pekan.

第３課　練習問題【模範解答】

1.

1）d　2）b　3）c　4）c　5）a

2.

1) a 2) c 3) b 4) d 5) a

3.

1) e 2) a 3) e 4) g 5) d 6) b 7) b 8) f 9) d 10) c

4.

1) j 2) a 3) i 4) e 5) b 6) h 7) c 8) d 9) f 10) g

5.

1) これはリンゴジュースで，それはオレンジジュースです。
2) このクラス／教室には 30 人の生徒がいます。
3) 多くの観光客がしばしばバリ島に来ます。
4) その人はインドネシアの大部分の地域に行きました。
5) ジャカルタにはたくさんの日本車があります。
6) その 2 人の若者は私の子供の友だちです。
7) インドネシア人口は約 2 億 7000 万人です。
8) このインドネシア語・英語辞書の値段は 65 米ドルです。
9) その 2 箱のたばこはデワさんのものです。
10) 私の家の電話番号は 3924657 です。

6.

1) Baju itu setengah harga.
2) Orang Indonesia jarang makan daging setengah matang.
3) Lima ekor anak kucing itu ada di kamar.
4) Di rumah saya ada tiga jilid majalah bahasa Indonesia.
5) Roti saya dua potong dan roti adik perempuan saya empat potong.
6) Hobinya bermain piano.
7) Kapan Anda pergi ke Jepang?
8) Harga mobil ini tiga juta yen.
9) Paman saya berwiraswasta di Bandung.
10) Umur Bapak Dewa 45 tahun.

> **第 4 課　練習問題【模範解答】**

1.

1) b 2) b 3) d 4) b 5) d

2.

1) c 2) b 3) a 4) d 5) c

3.

1) h 2) d 3) a 4) j 5) f 6) e 7) g 8) c 9) i 10) b

4.

1) あなたの家の隣にスーパーマーケットはありますか？
2) そのアメリカの歌手は日本の音楽や踊りが好きです。
3) それは市役所ではなく郵便局です。
4) その男性は私の友だちで，あの女性も私の友だちです。
5) その子供は肉が好きで，野菜を食べたがりません。
6) あの方は公務員ですか，それとも会社員ですか？
7) インドネシアはフィリピンの南側にあります。
8) 私は卓球よりバドミントンのほうが好きです。
9) その留学生は試着室でこの服を試着してみたいです。
10) その本屋にはインドネシア語の辞書は全くありません。

5.

1) Suami Ibu Rita ada di dalam mobil.
2) Anda mau kemeja yang mana?
3) Sekolah Tina ada di seberang gedung bioskop.
4) Oleh-oleh ini bukan miliknya, melainkan milik Anda.
5) Di toko ini ada macam-macam warna topi.
6) Permisi, masjid dan museum ada di mana?
7) Apakah itu mobil ambulans atau mobil pemadam kebakaran?
8) Kawan sekolah saya ada di depan tempat parkir.
9) Orang asing itu mau coba naik kereta Shinkansen.
10) Kenta lebih suka pergi ke Yogyakarta daripada ke Pulau Bali.

第5課　練習問題【模範解答】

1.

1) a　2) c　3) b　4) d　5) a　6) c　7) b　8) d　9) a　10) d

2.

1) a　2) b　3) c　4) d　5) a

3.

1) c　2) a　3) d　4) b　5) a

4.

1) ルディの親はとても正直で勇敢です。
2) そのイケメンでかっこいい男性はシンガポールのモデルです。
3) その子が悪いわけではありません。彼はとてもがんこなだけです。
4) そのホテルのロビーの床は滑りやすく，照明はあまり明るくありません。
5) そのコメディアンの話しは全然面白くありません。
6) 私は食べたくないわけではありません。私はまだお腹がいっぱいです。
7) 私の家族はサッカーもバスケットボールも好きです。
8) その生徒はとてもいたずらですが，このクラスで一番いたずらではありません。

9）レストランの料理は母の料理ほどおいしくありません。

10）アミルの事業は彼の父の事業より成功しています。

6.

1）Mahasiswa itu supel dan aktif.

2）Pulau Kalimantan jauh lebih besar daripada Pulau Jawa.

3）Bunga ini seharum parfum.

4）Kopi termahal adalah kopi luwak.

5）Saya belum capai, tetapi haus sekali.

6）Daerah itu sama sekali tidak rawan. Sangat aman.

7）Kaus kaki ini sangat murah, tetapi cukup kuat.

8）Orang kaya itu tidak begitu pelit dan sombong.

9）Koper ini terlalu berat. Ada yang lebih ringan?

10）Bangunan itu tertinggi di negara ini, tetapi bukan bangunan yang tertinggi di dunia.

第 6 課　練習問題【模範解答】

1.

1）b　2）c　3）b　4）a　5）b

2.

1）a　2）b　3）c　4）d　5）a

3.

1）a　2）d　3）b　4）c　5）a

4.

1）その長い連続テレビドラマはもう終わりました。

2）その両国の外交関係は途切れたことはありません。

3）私たちは常に前進して後退しません。私たちの努力は無駄にはなりません。

4）その世界王者のボクサーは若いボクサーに倒されました。

5）フランスのサッカー代表チームは決勝戦で敗退しました。

6）マカッサル行きの飛行機は，スラバヤを経由する予定です。

7）その赤ちゃんの髪は伸びるのが早く，ふさふさしています。

8）その青年は海外に行くために両親に別れの挨拶をしました。

9）断食明け大祭に多くの人は故郷に帰省します。

10）その会社の深刻な問題はまだ解消していません。

5.

1）Karyawan baru itu sangat rajin dan tidak pernah absen.

2）Barang ini hampir habis. Sangat laku.

3）Dia mau pergi ke tempat wisata di Pulau Bali dengan keluarganya.

4）Ayah masih tidur, tetapi ibu sudah bangun.

5）Vas bunga yang mahal itu jatuh dan pecah.

6) Karyawan pabrik itu selalu masuk kerja tepat waktu.

7) Kakak perempuan saya sedang hamil anak kembar.

8) Anak itu masih terlalu kecil. Dia tidak ikut lomba maraton.

9) Nenek masih ingat akan kawan-kawan SD-nya.

10) Hari ini saya libur, tetapi tidak akan pergi ke mana-mana.

第 7 課　練習問題【模範解答】

1.

1) d　2) a　3) b　4) b　5) c

2.

1) a　2) b　3) c　4) b　5) d

3.

1) a　2) c　3) b　4) a　5) d

4.

1) このプランバナン寺院遺跡の絵のついた T シャツは，おみやげにぴったりです。

2) 私のお気に入りの飲み物は，フォーム（泡立て）ミルクコーヒーです。

3) アチェに勤務しているその軍人は，年 1 回ジャワに帰省します。

4) この事業が成功するように，私たちは常に努力し忍耐強くなければいけません。

5) 生徒たちは国旗掲揚式に参加するために広場に整列しています。

6) そのカンボジアのロック歌手はハスキーボイスです。

7) 君はとても汗をかいています。この消臭剤で身体は臭いません。

8) 叔父は家の隣の空き地にキャッサバ畑を作っています。

9) インドネシアの中学生は制服を着用し，青い帽子をかぶっています。

10) 1995 年から，父は中古車を販売しています。

5.

1) Beribu-ribu pelajar ikut ujian masuk universitas yang terkenal itu.

2) Saya berharap agar dapat bertemu dengan teman yang sudah lama berpisah.

3) Bintang film India itu bermata besar dan berhidung mancung.

4) Tahun depan dia ingin berlibur ke Selandia Baru bersama temannya.

5) Dia berjanji kepada ibunya akan berhasil di luar negeri dan kembali lagi.

6) Jam beker yang berwarna merah ini berbunyi sangat keras.

7) Tina bermain air di pantai, tetapi Rudi berbaring di atas pasir.

8) Kereta ekspres ini tidak berhenti di stasiun tujuan kita.

9) Wanita Tionghoa itu bersuami orang Mesir dan beranak dua.

10) Muslim di seluruh dunia berpuasa pada bulan Ramadan.

1.

1) c　2) d　3) a　4) b　5) d

2.

1) b　2) d　3) c　4) a　5) d

3.

1) a　2) b　3) b　4) a　5) b

4.

1) 並外れた相手ですが，そのサッカーのゴールキーパーは上手にゴールを守りました。
2) その文学者は驚異的な作品を執筆し，多くの本が出版されました。
3) 役員は部下に毎日残業するように命じました。
4) スマートフォンを長時間使いすぎるとライフスタイルを乱します。
5) 毎朝，祖母は家の前の庭をほうきで掃くのが日課です。
6) 今年の生産量は低下し，会社は損害を被っています。
7) 多くのティーンエージャーはインターネットの動画を見てひまをつぶします。
8) 彼は自転車でジャカルタ・スラバヤ間を走破します。
9) 新大統領に対する国民の高揚感が全国に広がっています。
10) 私たちはところかまわずに唾を吐いてはいけません。それは失礼です。

5.

1) Pelayan toko membungkus mainan itu sebagai hadiah Natal.
2) Maaf, saya ingin menukar sandal ini dengan yang lebih besar.
3) Toko ini mengobral jas setelan dan dasi dengan separuh harga.
4) Dosen itu mengajar sejarah Indonesia kepada mahasiswa asing.
5) Nasi itu sudah menjadi basi dan ibu membuangnya di tong sampah.
6) Para guru sangat membenci siswa yang menyontek saat ujian.
7) Ayah selalu mencukur kumis dan jenggotnya tiga hari sekali.
8) Pembantu rumah tangga sedang menanak nasi dan menggoreng daging bebek di dapur.
9) Panitia menyeleksi mahasiswa yang akan mendapat beasiswa.
10) Ibu hendak merekam video anaknya yang menyanyi di atas panggung.

1.

1) b, d　2) b, c　3) b, d　4) c, b　5) d, b

2.

1) b　2) a　3) b　4) b　5) c

3.

1) a　2) c　3) d　4) b　5) d

4.

1）その教授は光に関する理論を証明しました。
2）昔の人は燻製にして肉を保存しました。
3）政府は国民の知的水準を向上させる責務があります。
4）その工場は今年の生産性を高めました。
5）すべての家族はきっと快適な家を熱望しています。
6）彼は一生懸命に働くという友人の約束を疑っています。
7）その社長は社員の半数を自宅待機（レイオフ）にしました。
8）イナはまだ小さい子供のために銀行口座を開設しました。
9）リアはメッカ巡礼のために母を送り出しました。
10）その国際空港は滑走路を拡張する予定です。

5.

1）Tidak boleh mengaktifkan HP di dalam pesawat!
2）Sikap mahasiswa yang sopan itu menyenangkan hati dosennya.
3）Nao membandingkan harga dan kualitas kedua sepatu itu.
4）Kerja sama internasional itu menguatkan hubungan diplomatik kedua negara.
5）Tina menggantikan temannya dalam kontes bernyanyi.
6）Bupati itu menginginkan agar pemerintah pusat menghutankan area bekas kebun sawit.
7）Pelatih atletik itu telah memenangkan timnya.
8）Kakak perempuan memilihkan ayah baju kasual di toko itu.
9）Anak itu menerbangkan pesawat kertasnya.
10）Bapak Ali akan mengasramakan anak perempuannya bulan depan.

第 10 課　練習問題【模範解答】

1.

1）b　2）a　3）c　4）d　5）c

2.

1）a　2）b　3）c　4）a　5）d

3.

1）b　2）c　3）d　4）a　5）b

4.

1）車を運転中に携帯電話を操作してはいけません。
2）キャリアアップのために，彼はその不動産会社に入社しました。
3）原材料が値上がりしたため，その商人は商品を値上げしました。
4）教授は大学生に期末試験には口頭試験があると言いました。
5）判決を下した後，裁判官は木槌で机を叩きました。
6）まだ若いのにその政治家は政党の党首になることができました。
7）メッカ巡礼へ出発する時，両親は子供たちの顔を見つめました。
8）問題に遭遇した時は，遠慮せずに私に連絡してください。

9）そのボランティアチームは自然災害による被害者の状況を調査しました。

10）道を横断する前に私たちは左右を見なければなりません。

5.

1）Pegawai toko mengambilkan pengunjung tas yang di rak atas.

2）Sungguhpun menyukai gorengan, kamu harus mengurangi makan itu.

3）Dia diam saja seolah-olah tidak tahu apa-apa tentang hal itu.

4）Rudi mendatangi rumah saya tengah malam untuk meminta bantuan.

5）Para peneliti mempelajari apakah produk impor itu akan memengaruhi ekonomi dalam negeri.

6）Saya mempunyai SIM (Surat Izin Mengemudi), tetapi lupa membawanya.

7）Nenek membuatkan cucunya makanan kecil dari beras ketan.

8）Pianis yang populer itu mulai belajar piano sejak berusia 3 tahun.

9）Setelah gempa bumi, jumlah turis yang mengunjungi tempat wisata itu berkurang.

10）Bagaimana cara mengetahui lokasi Wifi gratis terdekat?

第11課　練習問題【模範解答】

1.

1）d　2）b　3）a　4）d　5）d

2.

1）c　2）b　3）c　4）d　5）c

3.

1）c　2）b　3）d　4）a　5）a

4.

1）選手たちは優勝を奪取するために全力で練習しました。

2）そのマジシャンは火のマジック・アトラクションを見せるのが上手です。

3）その政治家は貧しい国民の権利のために積極的に闘います。

4）その会社は社員の行為に対して責任を取りました。

5）君は留学願望に本気で取り組んだ方がよいです。

6）裁判官に敬意を払わない被告人の態度は刑を重くしました。

7）その課長は部下に彼の車を使用することを許可しました。

8）サイレンの音は住民を敵の空爆から避難させました。

9）この本の一部もしくは全ての内容の無断複製禁止。

10）　君に対する他人の批判を過度に問題視しないでください。

5.

1）Soekarno berhasil mempersatukan/menyatukan seluruh rakyat Indonesia.

2）Silakan perundingkan hal ini baik-baik sebelum memutuskannya.

3）Panci presto dapat memperempuk daging dan tulang ayam.

4）Tolong perjelas maksud Anda karena saya kurang memahaminya.

5）Kepala desa mengingatkan warga desa untuk mempergunakan fasilitas dengan tepat.

6) Tolong persiapkan diri karena sebentar lagi acara akan dimulai.

7) Perempuan itu mempersuami lelaki yang 10 tahun lebih muda daripadanya.

8) Seharusnya Anda memperhatikan lingkungan tempat tinggal Anda.

9) Sebelum mendapat izin, tidak boleh memperdagangkan sesuatu di sini.

10) Tolong ambilkan saya gula untuk mempermanis kopi ini.

第12課　練習問題【模範解答】

1.

1) Lagu favoritnya selalu didengarkannya setiap malam.

2) Buku pelajaran ini boleh Anda ambil secara gratis.

3) Sebagian gaji ayah ditabungnya untuk biaya kuliah kami.

4) Teman sudah dapat kami belikan hadiah ulang tahun.

5) Binatang yang hampir punah harus dilindungi（oleh）pemerintah.

6) Apakah alat-alat di pabrik ini dapat dipergunakan（oleh）mereka?

7) Lomba memasak di balai kota akan diikuti（oleh）ibumu.

8) Isi hati kakak belum diungkapkannya kepada ayah.

9) Rumah ini sudah ditempati（oleh）keluarga saya sejak dulu.

10) Soal ujian itu telah diselesaikan（oleh）semua siswa dengan cepat.

2.

1) Aku perlu melaporkan peristiwa itu kepada polisi.

2) Teman saya harus memperpanjang SIM-nya bulan depan.

3) Kamu harus membaca dan menerjemahkan surat itu.

4) Mereka telah mendaki berbagai gunung di Jawa.

5) Presiden akan menandatangani undang-undang itu.

6) Kalian tidak perlu menjual tanah itu untuk membayar utang.

7) Adik belum pernah mendatangi Kebun Binatang Ueno.

8) Sejak kapan kakek Anda mendiami desa ini?

9) Apakah kita tidak dapat membantu korban bencana?

10) Beliau pernah memperjualbelikan mobil bekas dari Jepang.

3.

1) 村民の地域に入った泥棒がいたので，彼らは警察署を訪れました。

2) 君はすぐに会うように先生に呼ばれたよ。

3) その町はインドネシアで最も清潔な町として称号を与えられました。

4) 彼はプレーボーイなので，君は用心しなければいけません。

5) その新しいマンションの部屋は賃貸用ではありません。

6) 失恋したからといって，君は落胆してはいけません。

7) リサイクルのために私はこれらのペットボトルを集めました。

8) そのビーチの雰囲気とグルメ料理は観光客を大いに楽しませました。

9) 爆発したその飛行機のブラックボックスは湖底で見つかりました。

10) 毎月，その子はおもちゃを買うためにお小遣いをもらいます。

4.

1）Kredit mobil saya lunasi dengan uang bonus bulan ini.

2）Apakah sepeda motor itu kaubeli dengan uang kerja paruh waktu?

3）Beasiswa ini harus kita manfaatkan secara maksimal.

4）Mengapa jendela tidak kamu tutup padahal hawa di luar dingin?

5）Terdakwa itu dituntut（oleh）jaksa hukuman penjara 5 tahun.

6）Pemuda itu ringan tangan dan sering menolong orang lain.

7）Jalur lalu lintas yang macet disebabkan（oleh）demonstrasi besar.

8）Saya diminta untuk memberikan ceramah mengenai sejarah Indonesia.

9）Kosakata ini perlu kalian hafalkan sebelum ujian akhir semester.

10）Kado ini akan dihadiahkannya kepada guru wali kelas.

第13課　練習問題【模範解答】

1.

1）a　2）d　3）a　4）b　5）c

2.

1）a　2）d　3）c　4）b　5）d

3.

1）a　2）b　3）c　4）d　5）a

4.

1）私は田舎の母からの預かり物を渡したいです。

2）防臭スプレーは柔道家が練習するマットに使われています。

3）どの秤（はかり）がミリグラム単位まで細かい数字を表示しますか？

4）その素朴な男性は競走馬の飼育員として成功しました。

5）他人の心を傷つける言葉を発してはいけません。

6）この小さい穴あけパンチは1度に20枚の紙に穴をあけることができます。

7）重量挙げ種目はメダル獲得の最後の希望です。

8）終日，彼が釣りをするその川はディエン高原の近くです。

9）中国製の電化製品は東南アジア市場を独占しています。

10）その政府機関サイトのハッカーは中のシステムをめちゃくちゃにしました。

5.

1）Tujuan acara ini adalah mempererat hubungan antarkaryawan.

2）Panggilan kepada siswa itu disampaikan melalui pengeras suara.

3）Selebritas yang memiliki jutaan pengikut di media sosial itu cantik.

4）Jembatan penghubung dua daerah itu telah dibangun pada tahun 1990-an.

5）Siapa aktris periang dan lincah yang menjadi model iklan sampo itu?

6）Hotel tempat peserta rapat umum pemegang saham tahunan menginap dijaga para penjaga.

7）Pengacara mana yang akan membantu untuk menangani kasus ini?

8）Pelatih yang masih muda itu telah memenangkan timnya berulang kali.

9) Surat lamaran kerja yang saya buat itu baru saya kirimkan ke bagian personalia.

10) Pegolf itu mengakhiri kariernya setelah menjuarai turnamen tahun ini.

第 14 課　練習問題【模範解答】

1.

1）a　2）c　3）b　4）c　5）a

2.

1）c　2）a　3）b　4）a　5）c

3.

1）b　2）a　3）d　4）d　5）c

4.

1）その企業家はビジネスパートナーにだまされて悲惨な目に遭いました。

2）その有名な政治家の死は多くの人が嘆き悲しみました。

3）私たちが自分自身を優先しなければ，公平は実現されます。

4）その男は自分が麻薬の闇世界に転落したことを認めました。

5）人混みの中で，彼は足を踏まれて肩をぶつけられました。

6）やせすぎと見なされて，彼女はモデルコンテストから除外されました。

7）あの洞窟の中には先史時代の多くの遺物が埋葬されています。

8）僕の一番下の弟は，幼児教育学を研究しています。

9）雨に降られた時，その作物の農薬は雨水で洗い流されました。

10）やむを得ず全ての食べ物を平らげたので，彼は食べ過ぎました。

5.

1）Dia dibawa ke rumah sakit karena termakan obat pengering makanan.

2）Berita tentang kejujuran polisi itu tersebar melalui televisi.

3）Suara orang yang berbisik-bisik dari kamar sebelah kedengaran.

4）Lengan saya kemerah-merahan karena tergigit serangga.

5）Dia terdiam sesaat karena terkejut dengan ucapan temannya.

6）Polisi belum tahu apakah kebakaran itu kecelakaan atau kesengajaan.

7）Dengan batuk, kita terhindar dari bahaya tersedak makanan.

8）Pasukan yang terdesak musuh kehausan karena jauh dari sumber air.

9）Keanekaragaman budaya adalah salah satu kekuatan Indonesia.

10）Wanita itu mengidamkan pria yang kebapakan sebagai suaminya.

第 15 課　練習問題【模範解答】

1.

1）b　2）a　3）c　4）d　5）a

2.

1) b 2) c 3) d 4) a 5) b

3.

1) b 2) c 3) a 4) d 5) b

4.

1) このオリンピックでインドネシア選手団のメダル獲得数は目標を超えました。
2) 支持者は大統領選挙におけるその活動家の擁立を歓迎しました。
3) 私の知人は 30 年間ホテル業に身を投じています。
4) 国民は権力の移行が混乱を引き起こさないことを望んでいます。
5) 警官部隊は暴力団を武装解除しました。
6) エジプトは古代文明を有する国の 1 つです。
7) ドゥマク・モスクはイスラムとヒンドゥーの混合建築様式を見せています。
8) その新首相は多くの政策転換を行いました。
9) 知事は外国企業のために事業の許認可を容易にしました。
10) インドネシアでは異教徒間の結婚は認められていません。

5.

1) Pembudidayaan ikan lele membuatnya menjadi pengusaha sukses.
2) Perhitungan kasir itu keliru sehingga uang kembaliannya kelebihan.
3) Perbedaan budaya seharusnya tidak menjadi halangan persatuan.
4) Kartini membawa perubahan pendidikan bagi kaum perempuan.
5) Desain seragam hotel itu memiliki perpaduan gaya tradisional dan modern.
6) Perburuan babi hutan hanya diperbolehkan untuk orang-orang tertentu.
7) Karena dikenal sebagai orang yang jujur, perkataannya dapat dipercayai.
8) Perpustakaan dipenuhi para mahasiswa saat musim ujian.
9) Negara itu dikecam karena telah melakukan pelanggaran Hak Asasi Manusia.
10) Banyak peragawan dan peragawati yang ternama mengikuti peragaan busana itu.

第 16 課　練習問題【模範解答】

1.

1) a 2) c 3) b 4) d 5) c

2.

1) c 2) d 3) a 4) d 5) b

3.

1) c 2) a 3) d 4) d 5) a

4.

1) 国外から戻った直後に，大統領は閣議に出席しなければなりません。
2) 共産主義思想の終わりは，その国の民主主義を促進しました。
3) 魚介アレルギーの結果として，赤い斑点が皮膚のあちこちに現れました。

4) 父の腎臓結石はレーザーでしか取り除けないようです。

5) その女性は，同民族の男性とだけ所帯を持つことを許されています。

6) 違法な砂の採掘は，環境破壊発生の可能性があります。

7) 災害援助の分配における混乱は，寄付提供者に恥をかかせました。

8) 遊園地に到着後すぐに，彼は乗り物（遊具）の列に並びました。

9) その高官の行為は法律違反と見なされました。

10) 当該委員会へご出席のご確認をお願いします。

5.

1) Dia berupaya menawar harga komoditi itu semurah-murahnya.

2) Secepat-cepatnya kereta itu, masih lebih cepat pesawat penumpang supersonik.

3) Keringanan pajak akan diberikan khususnya kepada usaha mikro, kecil, dan menengah.

4) Utusan dari berbagai negara berdatangan pada penobatan raja itu.

5) Sekurang-kurangnya 30 juta rupiah dibutuhkan untuk membuka kafe.

6) Kritikus separuh baya itu sedang berdebat dengan ahli ekonomi yang tidak segagasan dengannya.

7) Seharusnya kamu mengajukan kenaikan gaji karena telah berprestasi.

8) Dokter dan perawat harus menutup rahasia pasien serapat-rapatnya.

9) Detektif sedang menyelidiki tertembaknya hartawan asing itu.

10) Bunyi balap perahu motor yang sedang diadakan di sungai dekat hotel ini kedengaran.

巻末付録

日常会話に不可欠!
必修単語3600
《インドネシア語技能検定試験対応》
（E級～C級レベル）

❖ 項目別必修単語 （日本語→インドネシア語）　　総収録語数3,633語

＊ 名詞はカテゴリー別になっていますが，名詞以外の必修単語も入っています。

＊ 名詞は類似語，形容詞は同意語と反意語をまとめて掲載したので，関連単語は
　 まとめて覚えましょう。

＊ 動詞はアルファベット順で，接頭辞me-, memper-の付く動詞，不規則変化する
　 接頭辞ber-の付く動詞は語幹も明記しました。

＊ インドネシア語の中でよく使われる英語は斜体（イタリック体）で表記します。

＊ インドネシア語技能検定試験E級～C級レベルの単語を収録しているため，検定
　 対策にも役立ちます。しかし，検定試験に出題される全ての単語の網羅を保証す
　 るものではありません。

【職業，仕事】

職業，仕事	pekerjaan
会社員，従業員	karyawan
女子従業員	karyawati
銀行員	pegawai bank
国家公務員	pegawai negeri
自営業者	wiraswastawan
企業家，実業家	pengusaha, usahawan
会計士	akuntan
商人，商売人	pedagang
店員	pelayan toko, pramuniaga
観光ガイド	pemandu wisata
運転手，運転士	sopir, pengemudi
車掌	kondektur
パイロット	pilot, penerbang
客室乗務員	awak kabin
男性客室乗務員	pramugara
女性客室乗務員	pramugari
船長	nakhoda
船員	pelaut
美容師	ahli kecantikan, penata rambut
床屋	tukang cukur, tukang pangkas
野菜売り	tukang sayur
仕立屋	tukang jahit
掃除夫	tukang sapu
大工	tukang kayu
ベチャ（人力三輪タクシー）屋	tukang becak
調理師	tukang masak
警察官	polisi
警備員，ガードマン	penjaga, satpam (= satuan pengaman)
消防士	pemadam kebakaran
医師	dokter
看護師	perawat
農家	petani
漁師	nelayan
猟師	pemburu
記者，ジャーナリスト	wartawan, jurnalis
カメラマン	kamerawan
アナウンサー	penyiar
通訳者，翻訳者	penerjemah
作家	penulis, pengarang
編集者	editor, penyunting
デザイナー，設計者	desainer, perancang
選手，演奏家，役者	pemain
スポーツ選手	atlet, olahragawan
歌手	penyanyi
ダンサー，舞踊家	penari
俳優	aktor
女優	aktris
芸能人	artis
芸術家	seniman
漫才師	komedian, pelawak
ホステス	hostes, pramuria
主婦	ibu rumah tangga
お手伝いさん	pembantu rumah tangga, asisten rumah tangga
ベビーシッター	pengasuh anak, pramusiwi
教授	profesor, guru besar
大学講師	dosen
教師，教員，先生	pengajar
先生	guru
大学生	mahasiswa
生徒，学生	siswa, murid, pelajar
大統領	presiden
大臣	menteri
大使	duta besar
外交官	diplomat
政治家	politikus, politisi
軍人	tentara
アルバイト，パート	bekerja paruh waktu
定年退職者	pensiunan
失業者	pengangguran

【家族】	
家族	keluarga
祖父	kakek
祖母	nenek
父	ayah
母	ibu
両親	orang tua
夫	suami
妻	istri
夫妻，夫婦	suami istri
男やもめ	duda
未亡人，離婚した女性	janda
子供	anak
息子	anak laki-laki
娘	anak perempuan
長子（長男，長女）	anak sulung
末っ子	anak bungsu
一人っ子	anak tunggal
双子	anak kembar
実子	anak kandung
継子	anak tiri
養子	anak angkat, anak adopsi
孤児	anak yatim piatu
兄，姉	kakak
兄	kakak laki-laki, abang
兄《ジャワ島》	mas
姉	kakak perempuan
姉《ジャワ島》	mbak
弟，妹	adik
弟	adik laki-laki
妹	adik perempuan
兄弟，姉妹	saudara, kakak beradik
叔父	paman, om
叔母	bibi, tante
甥，姪	keponakan, kemenakan
義理の兄弟，姉妹	ipar

いとこ	sepupu
孫	cucu
舅，姑	mertua
娘婿，息子の嫁	menantu
親戚	famili, kerabat
祖先	nenek moyang
子孫	keturunan

【人】	
人	orang
男性	pria
男	laki-laki, lelaki
女性	wanita
女	perempuan
赤ん坊	bayi
乳幼児（5歳未満）	balita (= (anak) bawah lima tahun)
幼児	kanak-kanak
ティーンエージャー	remaja
若者	pemuda
若者《女性》	pemudi
大人	orang dewasa
独身者	bujangan
既婚者	orang yang sudah menikah
高齢者，老人	orang tua, lansia (= lanjut usia)
知人	kenalan
友人	teman, kawan
親友	sahabat, teman akrab
同級生	teman sekelas
同郷の友人	teman sekampung
同僚，仕事仲間	rekan, kolega, teman sekerja
遊び仲間	teman bermain
旧友	teman lama
近所，隣人	tetangga
客	tamu
恋人	pacar, kekasih
運命の相手，縁	jodoh
婚約者	tunangan

【人称代名詞】	
人称代名詞	kata ganti orang
私	saya
僕，私	aku
俺，あたし	gua, gue
私たち《話し相手を含む》	kita
私たち《話し相手を含まない》	kami
あなた	Anda
あなた方	Anda sekalian
あなた《目上の男性》	Bapak, Pak
皆様《目上の男性》	Bapak-bapak
あなた《目上の女性》	Ibu, Bu
皆様《目上の女性》	Ibu-ibu
君	kamu, Saudara
君《女性》	Saudari
君たち	kalian, kamu sekalian
〃	Saudara-saudara
おまえ	lu, lo
彼，彼女	dia, ia
彼ら	mereka
あの方	beliau
あの方々	beliau-beliau
お父さん	Ayah, Papa, Papi
お父様	Ayahanda
お母さん	Ibu, Mama, Bunda
お母様	Ibunda
お兄さん，兄貴	Abang, Bung, Mas
お姉さん，姉貴	Kakak, Mbakyu, Mbak
《目下に対する呼称》	Adik
おじさん	Paman, Om
おばさん	Bibi, Tante
おじいさん	Kakek, Opa
おばあさん	Nenek, Oma
ご主人様	Tuan
奥様	Nyonya
お嬢様	Nona

【国】	
国	negara, negeri
インドネシア	Indonesia
日本	Jepang
中国	Tiongkok
韓国	Korea Selatan
北朝鮮	Korea Utara
シンガポール	Singapura
フィリピン	Filipina
マレーシア	Malaysia
ブルネイ	Brunei Darussalam
タイ	Thailand
東ティモール	Timor Leste
インド	India
アメリカ合衆国	Amerika Serikat
イギリス	Inggris
フランス	Prancis
ドイツ	Jerman
オランダ	Belanda
スペイン	Spanyol
サウジアラビア	Arab Saudi
ニュージーランド	Selandia Baru

【地域】	
地域，圏	wilayah
地方，地区，地帯	daerah
地区，地域，区域	kawasan
州	provinsi
首都	ibu kota
市，都市，街，都会	kota
県	kabupaten
郡	kecamatan
町	kelurahan
村，田舎	desa, kampung
国内	dalam negeri, domestik
国外	luar negeri
世界	dunia
東南アジア	Asia Tenggara
ヨーロッパ	Eropa

【位置】

□ 位置，場所，立地	lokasi
□ 場所	tempat
□ 上	atas
□ 下	bawah
□ 中，内側	dalam
□ 外，外側，部外	luar
□ 前	depan, muka
□ 後，裏	belakang, balik
□ 左	kiri
□ 右	kanan
□ 中央，中心，真ん中	tengah, pusat
□ 間	antara
□ 端，縁，へり	pinggir, tepi
□ 隅，角，コーナー	sudut
□ 先，先端	ujung
□ 隣，側	sebelah
□ 横，傍	samping
□ 向かい側，反対側	seberang
□ 沿い	sepanjang
□ 周辺，付近	sekitar, seputar
□ ここ	sini
□ そこ	situ
□ あそこ	sana

【方角】

□ 方角，方位，方向	arah
□ 北	utara
□ 南	selatan
□ 東	timur
□ 西	barat
□ 北東，東北	timur laut
□ 北西，西北	barat laut
□ 南東，東南	tenggara
□ 南西，西南	barat daya

【趣味】

□ 趣味	hobi, kegemaran
□ 旅行する	berwisata
□ 海外旅行をする	berwisata ke luar negeri
□ ドライブをする	mengemudi mobil
□ 山登りをする	mendaki gunung
□ 散歩をする	berjalan-jalan
□ 食べ歩きをする	wisata kuliner
□ 写真を撮る	memotret, mengambil foto
□ 魚を飼育する	memelihara ikan
□ ガーデニングをする	berkebun
□ ソーシャルメディアを利用する	bermain media sosial
□ コンピューターゲームをする	bermain gim komputer
□ マンガを読む	membaca komik
□ バリ舞踊を踊る	menari tari Bali
□ 音楽鑑賞をする	mendengar musik
□ コンサートに行く	pergi ke konser
□ テレビを観る	menonton TV
□ 映画鑑賞をする	menonton film
□ 試合観戦をする	menonton pertandingan
□ ゴルフをする	bermain golf
□ ギターを弾く	bermain gitar
□ スポーツ	olahraga
□ 体操	senam
□ 水泳	renang
□ サーフィン	selancar
□ スキューバダイビング	selam skuba
□ サッカー	sepak bola
□ 野球	bisbol
□ テニス	tenis
□ 卓球	tenis meja, pingpong
□ バドミントン	bulu tangkis
□ バスケットボール	bola basket
□ プンチャック・シラット（武術）	pencak silat
□ ピアノ	piano
□ ガムラン	gamelan
□ アンクルン	angklung

【数字】

□ 数字	angka
□ 0	nol, kosong
□ 1	satu
□ 2	dua
□ 3	tiga
□ 4	empat
□ 5	lima
□ 6	enam
□ 7	tujuh
□ 8	delapan
□ 9	sembilan
□ 10	sepuluh
□ 11	sebelas
□ 12	dua belas
□ 20	dua puluh
□ 100	seratus
□ 1.000	seribu
□ 1万	sepuluh ribu
□ 100万	sejuta, satu juta
□ 1億	seratus juta
□ 10億	satu miliar
□ 1兆	satu triliun
□ 6,23	enam koma dua (puluh) tiga
□ 半分, 1/2	seperdua, setengah, separuh
□ 四分の一, 1/4	seperempat
□ 2 3/4	dua, tiga perempat
□ 2倍	2 kali lipat
□ もっと, より〜, より多い	lebih
□ いくらかの, 多少の, 数〜	beberapa
□ 全部の, 全ての《個々》	semua
□ 全体, 全員, みんな《人》	sekalian
□ あらゆる, 全ての《種々》	segala
□ 全〜, 全ての《全体》	seluruh
□ 〜方, 〜たち, 諸氏, 諸君	para
□ 一部分	sebagian
□ 大部分	sebagian besar
□ ほとんど, ほぼ	hampir
□ 最初の, 第1番目の	pertama, kesatu
□ 第2番目の, 両, 双	kedua
□ 最後の	terakhir
□ 初回, 1回目, 1度目	pertama kali, kali pertama
□ 次回, 今度	kali lain
□ 今回	kali ini
□ 単一の, 単〜, シングルの	tunggal
□ 一人っ子	(anak) tunggal
□ 倍, 複〜, 二重の	ganda, dobel
□ 双子	(anak) kembar
□ 奇数	bilangan ganjil
□ 偶数	bilangan genap
□ 約, おおよそ	kira-kira, lebih kurang
□ ちょうど, ぴったりの	tepat
□ パーセント	persen
□ 年齢	umur, usia
□ 合計	jumlah, total

【単位】

□ 単位	satuan, unit
□ ルピア	rupiah (Rp)
□ 円	yen (¥)
□ 米ドル	dolar Amerika (US$)
□ グラム	gram
□ キログラム	kilogram
□ トン	ton
□ センチメートル	sentimeter
□ メートル	meter
□ キロメートル	kilometer
□ 平方メートル	meter persegi
□ アール	are
□ ヘクタール	hektar
□ リットル	liter

頻度	frekuensi
たまに	sekali-sekali, sesekali
時々	kadang-kadang
しばしば，たびたび	sering
いつも，常に	selalu
めったに～ない	jarang

【時間】

時間	waktu
～時	pukul ～ , jam ～
分	menit
秒	detik
～過ぎ	lewat
～前	kurang
半，30分	setengah, tiga puluh (menit)
15分（4分の1）	seperempat
1時ちょうど	tepat pukul 1
1時半	pukul setengah 2
5時15分	pukul 5 seperempat
2時5分過ぎ	pukul 2 lewat 5 (menit)
3時10分前	pukul 3 kurang 10 (menit)
～時間	～ jam
2時間半	2 jam setengah
西部インドネシア時間	WIB = Waktu Indonesia Barat
中部インドネシア時間	WITA = Waktu Indonesia Tengah
東部インドネシア時間	WIT = Waktu Indonesia Timur
朝（～10時）	pagi
昼（10～15時）	siang
夕（15～日没）	sore, petang
夜（日没～）	malam
夜明け	fajar
夕暮れ	senja
日の出直前	subuh
正午，昼過ぎ	zuhur, lohor
昼下がり，夕方	asar
日没	magrib
日没直後，日没から夜明けまで	isya

【曜日，月，季節，世紀】

曜日	hari
日曜日	hari Minggu, hari Ahad
月曜日	(hari) Senin
火曜日	(hari) Selasa
水曜日	(hari) Rabu
木曜日	(hari) Kamis
金曜日	(hari) Jumat
土曜日	(hari) Sabtu
土曜日の夜	malam Minggu, Sabtu malam
月	bulan
1月	Januari
2月	Februari
3月	Maret
4月	April
5月	Mei
6月	Juni
7月	Juli
8月	Agustus
9月	September
10月	Oktober
11月	November
12月	Desember
季節	musim
春	musim semi/bunga
夏	musim panas
秋	musim gugur/rontok
冬	musim dingin/salju
雨季	musim hujan
乾季	musim kemarau
メッカ巡礼の季節	musim haji
収穫の季節	musim panen
世紀	abad
21世紀	abad ke-21
紀元前3世紀	abad ke-3 sebelum Masehi
8年	windu
10年	dasawarsa, dekade

	【日付】		

□ 日付	tanggal	□ 夜間	malam hari
□ 2021年5月31日	tanggal 31 Mei 2021	□ 今夜，今晩《現在》	malam ini
□ 日，曜日	hari	□ 今夜，今晩《未来》	malam nanti
□ 一昨日	kemarin dulu	□ 昨夜，昨晩	malam tadi, semalam
□ 昨日	kemarin	□ 時代，～期	masa, zaman
□ 今日	hari ini	□ 期間	masa, periode, jangka waktu
□ 明日	besok, esok	□ 瞬間	saat, sesaat
□ 明後日	lusa	□ 今，現在	sekarang, saat ini
□ 週	minggu, pekan	□ 現在，今日 (こんにち)	dewasa ini
□ 月，～か月	bulan	□ たった今	baru saja
□ 年	tahun	□ 最近	akhir-akhir ini
□ 先週／先月／昨年	minggu/bulan/tahun (yang) lalu	□ つい最近	baru-baru ini
□ 今週／今月／今年	minggu/bulan/tahun ini	□ 現代	masa kini, masa sekarang
□ 来週／来月／来年	minggu/bulan/tahun depan	□ 以前，昔	dulu
□ ～日間／週間／か月間／年間	～ hari/minggu/bulan/tahun	□ 昔	zaman dahulu
		□ 過去	masa lalu
□ ～日前／週間前／か月前／年前	～ hari/minggu/bulan/tahun (yang) lalu	□ 将来，未来	masa depan
		□ 先ほど	tadi
□ ～日後／週間後／か月後／年後	～ hari/minggu/bulan/tahun lagi, ～ hari/minggu/bulan/tahun yang akan datang	□ のちほど	nanti
		□ すぐに	segera
		□ 急に，突然	tiba-tiba, mendadak
		□ まもなく	sebentar lagi
□ 毎～	tiap, setiap	□ しばらくの間	beberapa saat
□ 週初め／月初め／年初め	awal minggu/bulan/tahun	□ いつでも	sewaktu-waktu
		□ いつか	kapan-kapan
□ 週末／月末／年末	akhir minggu, akhir pekan/bulan/tahun	□ 平日，労働日	hari kerja
		□ 休日	hari libur
□ 月半ば，中旬	pertengahan bulan	□ 祭日	hari raya, hari besar
□ 朝	pagi hari	□ 記念日，～周年	hari jadi, hari peringatan
□ 今朝《現在》	pagi ini	□ 誕生日，創立記念日	hari ulang tahun
□ 今朝《過去》	pagi tadi		
□ 昼間	siang hari	□ 独立記念日	hari kemerdekaan
□ 今日の昼《現在》	siang ini	□ 断食明け大祭	hari raya Idulfitri, hari Lebaran
□ 今日の昼《過去》	siang tadi		
□ 今日の昼《未来》	siang nanti	□ 犠牲祭	hari raya Iduladha
□ 夕方	sore hari	□ クリスマスイブ	malam Natal
□ 今夕《現在》	sore ini	□ クリスマス	hari Natal
□ 今夕《過去》	sore tadi	□ 大晦日	malam tahun baru
□ 今夕《未来》	sore nanti	□ 新年	tahun baru

【出入国管理局】

□ 出入国管理局	kantor imigrasi
□ 入国審査	pemeriksaan imigrasi
□ 入国カード	kartu imigrasi
□ 国籍	kewarganegaraan
□ 外国人	orang asing, warga negara asing
□ 滞在期間	masa tinggal
□ 入国目的	tujuan kunjungan
□ 観光	pariwisata, wisata
□ 商用	bisnis
□ 留学	belajar, studi
□ パスポート	paspor
□ ビザ	visa
□ 航空券	tiket pesawat (terbang)

【税関】

□ 税関	pabean
□ 関税, 税関	bea cukai
□ 税関申告書	kartu pemberitahuan pabean
□ 申告	laporan
□ 免税品	barang bebas bea
□ 課税品	barang kena bea
□ サイン	tanda tangan
□ 検疫	karantina

【建物，施設】

□ 建物, ビル	gedung
□ 施設	fasilitas
□ 家	rumah
□ マンション	apartemen
□ アパート	rumah susun
□ 下宿	indekos, rumah kos
□ 銀行	bank
□ 両替所	tempat penukaran uang
□ 警察署	kantor polisi
□ 郵便局	kantor pos
□ 映画館	bioskop

□ 料理店	rumah makan
□ 屋台	warung
□ カフェ	kafe
□ コーヒーショップ	kedai kopi
□ 露天商	kaki lima
□ 市場	pasar
□ ショッピングセンター	pusat perbelanjaan
□ デパート	toserba
□ スーパーマーケット	pasar swalayan, *supermarket*
□ コンビニエンスストア	*minimarket*
□ 薬局	apotek
□ 店	toko
□ 売店	kios
□ 免税店	toko bebas pajak
□ 土産物店	toko cendera mata
□ 書店	toko buku
□ 貴金属店	toko emas
□ 写真店	studio foto
□ 美容院	salon kecantikan
□ マッサージ店	panti pijat
□ 観光案内所	pusat informasi pariwisata
□ 博物館	museum
□ 美術館	museum seni
□ 王宮	keraton
□ 宮殿	istana
□ 寺院遺跡	candi
□ 公園	taman
□ 遊園地	taman ria
□ 動物園	kebun binatang
□ 水族館	akuarium
□ 墓地	pekuburan, pemakaman
□ 孤児院	panti asuhan
□ 老人ホーム	panti jompo, panti wreda
□ 日本大使館	Kedutaan Besar Jepang
□ 日本総領事館	Konsulat Jenderal Jepang

【学校】

□ 学校	sekolah
□ 保育園	tempat penitipan anak
□ 幼稚園	TK (=Taman Kanak-Kanak)
□ 小学校	SD (= Sekolah Dasar)
□ 中学校	SMP (= Sekolah Menengah Pertama)
□ 高校	SMA (= Sekolah Menengah Atas)
□ 大学	universitas
□ 高等教育機関, 大学	perguruan tinggi
□ 短期大学, 専門学校	akademi
□ 教室	ruang kelas
□ 図書館	perpustakaan
□ 体育館	gimnasium, gedung olahraga
□ 校庭	halaman sekolah, lapangan sekolah
□ 校長	kepala sekolah
□ 副校長	wakil kepala sekolah
□ 学長	rektor
□ 学部長	dekan
□ 専門家	ahli, spesialis, pakar
□ 学者, 有識者	ilmuwan
□ 担任教師	wali kelas
□ 保護者	wali murid
□ 優等生	siswa unggul
□ 研修生, 実習生	magang
□ 学部	fakultas
□ 学科	jurusan
□ 学期	semester
□ 学士過程《大学》	S-1 (= strata satu)
□ 修士課程《大学》	S-2 (= strata dua)
□ 博士課程《大学》	S-3 (= strata tiga)
□ 学年《大学》	tingkat
□ クラス, 学年《小学校～高校》	kelas
□ 授業, 学課, レッスン	pelajaran
□ 講義	kuliah
□ 研究, 学習	studi, penelitian
□ 知識, 学問, ～学	ilmu, pengetahuan
□ 講座	kursus
□ 塾	bimbingan belajar
□ プライベートレッスン	les privat
□ 休み時間	jam istirahat
□ 試験	ujian
□ 筆記試験	ujian tertulis
□ 口頭試験	ujian lisan
□ テスト, 検査, 試験	tes
□ 宿題	PR (= pekerjaan rumah)
□ 黒板	papan tulis
□ チョーク	kapur tulis
□ 黒板消し	penghapus papan tulis
□ 学生証	kartu mahasiswa
□ 奨学金	beasiswa

【科目】

□ 講義科目	mata kuliah
□ 政治	politik
□ 経済	ekonomi
□ 法律	hukum
□ 文学	sastra
□ 言語	bahasa
□ 歴史	sejarah
□ 芸術	seni
□ 心理学	psikologi
□ 哲学	ilmu filsafat
□ 社会学	ilmu sosial
□ 経営学	ilmu administrasi
□ 自然科学	ilmu pengetahuan alam
□ 環境学	ilmu lingkungan
□ 工学	teknik
□ 数学	matematika
□ 物理	fisika
□ コンピューター	komputer
□ 医学	kedokteran
□ 薬学	farmasi
□ 看護学	ilmu keperawatan

【職場】

□ 職場	tempat kerja
□ 会社	perusahaan
□ 事務所，オフィス	kantor
□ 本社	kantor pusat
□ 支社	kantor cabang
□ 代理店	agen
□ 工場	pabrik
□ 役職，職務	jabatan
□ 社長	presiden direktur, direktur utama
□ 役員	direktur
□ 部長	kepala bagian
□ 課長	kepala seksi
□ 管理者，支配人	manajer
□ 上司	atasan
□ 部下	bawahan
□ 秘書	sekretaris
□ 職員	pegawai
□ 係員，担当者	petugas
□ 労働者，作業員	pekerja, buruh
□ エンジニア	insinyur, ahli teknik
□ 管理部	bagian administrasi
□ 人事部	bagian personalia
□ 総務部	bagian tata usaha
□ 経理部	bagian keuangan
□ マーケティング部	bagian pemasaran
□ 職務，任務	tugas
□ 出欠簿	daftar absensi
□ 出勤する	masuk kantor/kerja
□ 欠勤／欠席する	absen
□ 会議に出席する	hadir pada rapat
□ 接客する	menerima tamu
□ 出張する	pergi dinas
□ テレワークする	bekerja jarak jauh
□ 一時解雇される	dirumahkan
□ 解雇される	di-PHK (= putus hubungan kerja)
□ 給料	gaji
□ 月給	gaji bulanan
□ 日給	upah harian
□ 手当	tunjangan
□ 残業手当	uang lembur
□ 年次有給休暇	cuti tahunan
□ 昇進	promosi, kenaikan jabatan

【会議】

□ 会議	rapat
□ 月例会議	rapat bulanan
□ スタッフミーティング	rapat staf
□ 会議，協議会	konferensi
□ 国際会議	konferensi internasional
□ ビデオ会議	konferensi video
□ 会合，会談	pertemuan
□ 二者会談	pertemuan empat mata
□ 話し合い，協議	musyawarah
□ 記者会見	konferensi pers (= konpers)
□ 会議室	ruang rapat
□ 会議場	tempat konferensi
□ 議長，代表	ketua
□ 委員会	panitia, komite, komisi
□ 式次第，議題，予定，イベント	acara
□ 計画，予定	rencana
□ 議題，予定	agenda
□ 報告，レポート	laporan
□ 提案	usulan
□ 意見	pendapat
□ 説明	penjelasan
□ プレゼンテーション，発表	presentasi
□ 討論	diskusi, debat
□ 協議，話し合い	perundingan, musyawarah
□ 議論／討論する	membahas, berdebat
□ 批判する	mengkritik, mengecam
□ 賛成する	setuju
□ 反対する	menentang

【乗り物】	
□ 乗り物，車両，車	kendaraan
□ 輸送，輸送機関，交通機関	angkutan, sarana pengangkutan
□ 輸送，運送，運搬	transpor
□ 自動車，車	mobil
□ 四輪駆動車 (4WD)	mobil penggerak empat roda
□ レンタカー	mobil sewaan
□ チャーター車	mobil carteran
□ 公用車	mobil dinas
□ 私用車	mobil pribadi
□ タクシー	taksi
□ 白タク	taksi liar, taksi gelap
□ パトカー	mobil patroli polisi
□ 救急車	ambulans
□ バス	bus
□ 観光バス	bus wisata
□ 市バス	bus kota
□ 長距離バス	bus antarkota
□ ミニバス	angkot, bemo
□ 自転車	sepeda
□ オートバイ	(sepeda) motor
□ バイクタクシー	ojek
□ 原付三輪タクシー	bajaj
□ 人力三輪タクシー	becak
□ 馬車	delman, andong, dokar
□ 列車	kereta (api)
□ 電車	kereta rel listrik (KRL)
□ 地下鉄	kereta bawah tanah
□ モノレール	kereta monorel
□ ロープウエイ	kereta gantung
□ 飛行機	pesawat (terbang)
□ ヘリコプター	helikopter
□ 船	kapal
□ 遊覧船	kapal pesiar
□ フェリー	feri
□ 舟	perahu
□ モーターボート	perahu motor
□ 公共交通機関	kendaraan umum, angkutan umum

【車，タクシー，バス】	
□ 交通	lalu lintas
□ 道，通り	jalan
□ 高速道路	jalan tol
□ 路地，小道，小路	gang
□ つきあたり	ujung jalan
□ 横断歩道	penyeberangan jalan
□ 歩道	trotoar
□ 歩道橋	jembatan penyeberangan
□ 交差点	perempatan
□ 信号	lampu lalu lintas
□ 駐車場	tempat parkir, parkiran
□ 橋	jembatan
□ ダム	bendungan
□ トンネル	terowongan
□ タクシー乗り場	tempat naik taksi
□ タクシーメーター	argo
□ バス停	halte
□ バスターミナル	terminal bus
□ ガソリン	bensin
□ ガソリンスタンド	pompa bensin
□ ガソリンを入れる	mengisi bensin
□ エンジン	motor
□ ハンドル	kemudi, setir
□ ブレーキ	rem
□ (自動車の) トランク	bagasi
□ タイヤ	ban
□ パンク	pecah ban
□ 空気の抜けたタイヤ	ban kempis
□ エンスト	mogok
□ 運転免許証	SIM (= Surat Izin Mengemudi)
□ 運転する	mengemudi, menyetir
□ 駐車する	memarkir, parkir
□ 直進する	maju terus
□ バックする	mundur
□ 停止する	berhenti
□ 曲がる	belok
□ Uターンする	putar balik
□ 通過する	lewat

【列車，船】

□ 駅	stasiun
□ 港	pelabuhan
□ 時刻表	jadwal
□ チケット	tiket
□ 切符	karcis
□ チケット販売窓口	loket penjualan tiket
□ 切符売り場	loket karcis
□ 運賃	ongkos
□ 片道	sekali jalan
□ 往復	pulang pergi
□ エグゼクティブ クラス	kelas eksekutif
□ エコノミークラス	kelas ekonomi
□ ファーストクラス	kelas satu
□ ビジネスクラス	kelas bisnis
□ 入口	pintu masuk
□ 出口	pintu keluar
□ 改札口	pintu pemeriksaan karcis
□ 方面，路線	jurusan
□ 方面，目的	tujuan
□ 路線，ルート	jalur
□ プラットフォーム	peron
□ 普通列車	kereta lokal
□ 急行列車	kereta ekspres
□ 車両	gerbong
□ 食堂車	restorasi, gerbong makan
□ レール	rel
□ 単線	rel tunggal
□ 複線	rel ganda
□ 船室，飛行機の客室	kabin
□ 桟橋	dermaga

【飛行機】

□ 空港	bandara (=bandar udara)
□ 飛行場	lapangan terbang
□ ターミナル	terminal
□ カウンター	konter
□ フライト，便	penerbangan
□ 航空会社	maskapai penerbangan
□ 国際線	penerbangan internasional
□ 国内線	penerbangan domestik
□ 出発	keberangkatan
□ 到着	kedatangan
□ 待合室	ruang tunggu
□ ゲート	pintu
□ 確認	konfirmasi
□ 定刻	sesuai jadwal
□ 遅延	terlambat
□ 欠航	dibatalkan, dikansel
□ 搭乗	naik pesawat
□ 乗り継ぎ	transit
□ 座席	tempat duduk
□ 窓側	dekat jendela
□ 通路側	dekat lorong, dekat aisle
□ 中央席	kursi tengah
□ 荷物，手荷物	bagasi
□ シートベルト	sabuk pengaman
□ 酸素マスク	masker oksigen
□ 呼び出しボタン	tombol panggilan
□ 使用中	sedang dipakai
□ 空き	kosong
□ 禁煙	bebas rokok
□ 時差	selisih waktu
□ 非常口	pintu darurat
□ キャンセルする	membatalkan, mengansel

【お金】

□ お金	uang
□ お金《口語》	duit
□ 現金	uang kontan
□ 紙幣	uang kertas
□ 硬貨	uang logam, koin
□ 小銭	uang kecil
□ おつり	uang kembali(an)
□ 1万ルピア札	sepuluh ribuan rupiah

【宿泊施設】

□ 宿泊施設	penginapan
□ ホテル	hotel
□ 安宿	losmen
□ （ホテルの）宿泊料金	tarif hotel
□ サービス料	biaya pelayanan
□ 税金	pajak
□ ロビー	lobi
□ フロント係	resepsionis
□ ベルボーイ	pelayan (hotel)
□ チップ	tip, persen
□ カギ	kunci
□ エレベーター	lift
□ 階段	tangga
□ 廊下	koridor
□ 部屋	kamar
□ シングルルーム	kamar *single*
□ ダブルルーム	kamar *double*
□ ツインルーム	kamar *twin*
□ ドア	pintu
□ 窓	jendela
□ カーテン	gorden, tirai
□ 屋根	atap
□ 天井	langit-langit
□ 壁	dinding
□ 床	lantai
□ 塀	pagar
□ 庭	halaman
□ プール	kolam renang
□ テーブル，机	meja
□ いす	kursi
□ ソファ	sofa
□ クロゼット	lemari pakaian
□ ハンガー	gantungan baju, hanger
□ ベッド	tempat tidur, ranjang
□ シーツ	seprei
□ マットレス	kasur
□ 枕	bantal
□ 抱き枕	guling
□ 毛布	selimut
□ エアコン	AC
□ 扇風機	kipas angin
□ テレビ	TV, teve, televisi
□ ラジオ	radio
□ リモコン	*remote control*
□ 冷蔵庫	lemari es, kulkas
□ 電話機	pesawat telepon
□ 電灯	lampu
□ スイッチ	tombol
□ コンセント	colokan, stop kontak
□ セーフティボックス	*safety box*
□ 貴重品	barang berharga
□ 花びん	vas, jambangan
□ インターネット回線	sambungan internet
□ バスルーム	kamar mandi
□ トイレ	toilet, kamar kecil
□ バスタブ	*bathtub*
□ シャワー	*shower*
□ 洗面台	wastafel
□ 蛇口	keran
□ 水道水	air leding
□ 鏡	cermin
□ ドライヤー	pengering rambut
□ ゴミ箱	tempat sampah
□ 水ため（水浴び用）	bak mandi
□ 手おけ	gayung
□ 蚊取り線香	obat nyamuk
□ ろうそく	lilin
□ マッチ，ライター	korek api
□ 朝食	sarapan, makan pagi
□ ルームサービス	layanan kamar
□ ランドリーサービス	*laundry service*
□ モーニングコール	*wake-up call*
□ 停電	mati lampu, mati listrik
□ 雨漏り水漏れする	bocor
□ トイレが詰まる	toilet tersumbat

【天気】

□ 天気	cuaca
□ 大気, 空気, 天候, 気候	hawa
□ 天候, 気候	iklim
□ 空, 天	langit
□ 空, 空気, 天候	udara
□ 気温	suhu udara
□ 摂氏30度	30 derajat Celsius
□ 気圧	tekanan udara
□ 湿度	kelembapan
□ 天気予報	prakiraan cuaca, ramalan cuaca
□ 晴れ	cerah
□ 雨	hujan
□ 大雨, 土砂降り	hujan lebat, hujan deras
□ 小雨	hujan gerimis, hujan rintik-rintik
□ 曇り	mendung, berawan
□ 雲	awan
□ 虹	pelangi
□ 霧	kabut
□ 風	angin
□ 強風	angin kencang
□ 嵐, 暴風	badai
□ 台風	topan
□ 地震	gempa bumi
□ 土砂崩れ	tanah longsor
□ 津波	tsunami
□ 洪水	banjir
□ 雷	geledek, petir
□ 雷鳴	guntur, guruh
□ 稲妻	kilat, halilintar
□ 雪	salju

【宇宙】

□ 宇宙	angkasa, antariksa
□ 地球, 大地	bumi
□ 太陽	matahari
□ 月	bulan
□ 満月	bulan purnama
□ 三日月	bulan sabit
□ 満ち潮	pasang naik
□ 引き潮	pasang surut
□ 星	bintang
□ 光	sinar, cahaya

【自然】

□ 自然	alam
□ 山	gunung
□ 頂上	puncak
□ 火山	gunung berapi
□ 山地	pegunungan
□ 平地, 平野	dataran
□ 丘	bukit
□ 谷, 渓谷	lembah, jurang
□ 川	sungai, kali
□ 湖	danau
□ 池	kolam
□ 滝	air terjun
□ 岩	cadas
□ 石	batu
□ 砂	pasir
□ 森, 森林, ジャングル	hutan
□ 砂漠	gurun, padang pasir
□ 海	laut
□ 大洋, ～洋	lautan, samudra
□ 波	ombak
□ 海岸	pantai, pesisir
□ 陸地	darat
□ 岬	tanjung
□ 海峡	selat
□ 半島	semenanjung
□ 島	pulau
□ 諸島	kepulauan
□ 土地	tanah
□ 水田	sawah
□ 畑	ladang
□ 庭園, 農園, プランテーション	kebun

【動物】

□ 動物	binatang, hewan
□ 犬	anjing
□ ネコ	kucing
□ 牛	sapi, lembu
□ 水牛	kerbau
□ 馬	kuda
□ 山羊	kambing
□ 羊	domba
□ 豚	babi
□ うさぎ	kelinci
□ ネズミ	tikus
□ シカ	rusa, kijang
□ サル	monyet, kera
□ オランウータン	orang utan
□ ゾウ	gajah
□ ライオン	singa
□ トラ	harimau, macan
□ サイ	badak
□ コウモリ	kelelawar
□ オオコウモリ	kalong, keluang
□ ヘビ	ular
□ トカゲ	kadal
□ ヤモリ	cecak
□ オオヤモリ	tokek
□ カエル	katak, kodok

【虫】

□ 虫, 昆虫	serangga
□ ハエ	lalat
□ 蚊	nyamuk
□ アリ	semut
□ ゴキブリ	kecoak, lipas
□ クモ	laba-laba
□ 蝶	kupu-kupu
□ ハチ	lebah, tawon
□ バッタ, イナゴ	belalang
□ ヒル	lintah
□ シラミ, ノミ	kutu
□ 幼虫, 毛虫	ulat

【鳥】

□ 鳥	burung
□ 鶏	ayam
□ アヒル, カモ	bebek, itik
□ ガチョウ	angsa
□ ハト	merpati, burung dara
□ オウム, インコ	kakaktua
□ スズメ	burung gereja
□ カラス	gagak
□ 極楽鳥	cenderawasih
□ 神鷲, ガルーダ	garuda

【魚】

□ 魚	ikan
□ 熱帯魚	ikan tropis
□ ナマズ	lele
□ ウナギ	belut
□ エビ	udang
□ カニ	kepiting
□ イカ	cumi-cumi
□ タコ	gurita
□ マグロ	tuna
□ スマガツオ	tongkol
□ カツオ	cakalang
□ 鯛	kakap
□ 小魚	teri
□ イルカ	lumba-lumba
□ クジラ	paus
□ サメ	hiu
□ エイ	pari, belelang
□ ウミガメ	penyu
□ カメ	kura-kura
□ クラゲ	ubur-ubur
□ ナマコ	teripang, timun laut
□ 貝, 二枚貝	kerang
□ 巻貝	siput
□ サンゴ礁	terumbu karang
□ 海草	rumput laut
□ オス	jantan
□ メス	betina

【植物】	
□ 植物	tumbuhan, tanaman
□ 木	pohon
□ 花	bunga, kembang
□ 草	rumput
□ 葉	daun
□ 幹，茎	batang
□ 樹皮	kulit pohon
□ 枝	cabang
□ トゲ	duri
□ 芽	pucuk, semi, tunas
□ つぼみ	kuncup, kuntum
□ 実	buah
□ 種	biji
□ 根	akar
□ 苗，苗木	bibit
□ ココヤシ	kelapa
□ アブラヤシ	sawit
□ オウギヤシ	lontar
□ 竹	bambu
□ 籐，ラタン	rotan
□ マングローブ	bakau
□ ゴムノキ	karet
□ チーク	jati
□ 黒檀	kayu hitam
□ シダレガジュマル	beringin
□ プルメリア	kemboja
□ ブーゲンビリア	bugenvil, bunga kertas
□ ハイビスカス	bunga sepatu, bunga raya
□ ジャスミン	melati
□ 蘭	anggrek
□ 蓮	teratai, lotus, padma
□ バラ	mawar, ros
□ ラフレシア	raflesia
□ キンマ	sirih
□ ビンロウ	pinang
□ 農薬，殺虫剤	pestisida
□ 肥料	pupuk
□ 栽培，養殖	budi daya

【果物】	
□ 果物	buah-buahan
□ バナナ	pisang
□ スイカ	semangka
□ メロン	melon
□ パイナップル	nanas
□ マンゴー	mangga
□ パパイヤ	pepaya
□ マンゴスチン	manggis
□ ドリアン	durian
□ ジャックフルーツ	nangka
□ ココナツ	kelapa
□ アボカド	avokad, alpukat
□ 柑橘類	jeruk, limau
□ ライム	jeruk nipis
□ ダイダイ	jeruk manis
□ ザボン，ブンタン	jeruk bali
□ ぶどう	anggur
□ いちご	stroberi
□ りんご	apel
□ 梨	pir
□ サクランボ	ceri
□ ザクロ	delima
□ 柿	kesemek
□ サボジラ	sawo
□ ランブータン	rambutan
□ ライチ	lici, leci, laici
□ 竜眼	lengkeng
□ ドゥク	duku
□ ランサ	langsat
□ グアバ	jambu biji
□ ウォーターアップル	jambu air
□ スターフルーツ	belimbing
□ パッションフルーツ	markisa
□ ドラゴンフルーツ	buah naga
□ サラック	salak
□ サワーソップ	sirsak
□ バンレイシ，釈迦頭	srikaya
□ レーズン	kismis

【野菜】

□ 野菜	sayur
□ 大根	lobak
□ ニンジン	wortel
□ トウモロコシ	jagung
□ ヤングコーン	jagung muda
□ ナス	terong, terung
□ キャベツ	kubis, kol
□ 空芯菜	kangkung
□ ほうれん草	bayam
□ サイシン（青菜）	sawi hijau
□ 白菜	sawi putih
□ レタス	daun selada
□ キュウリ	ketimun, mentimun
□ トマト	tomat
□ 玉ねぎ	bawang bombai
□ 長ネギ	daun bawang
□ イモ	ubi
□ サツマイモ	ubi jalar
□ ジャガイモ	kentang
□ キャッサバ	singkong, ubi kayu
□ タロイモ，里芋	ubi talas
□ カボチャ	labu kuning
□ ハヤトウリ	labu siam
□ モヤシ	taoge
□ 豆	kacang
□ 大豆	kedelai
□ 小豆	kacang merah
□ 緑豆	kacang hijau
□ エンドウ豆	kacang polong
□ ピーナツ	kacang tanah
□ インゲン	kacang buncis
□ ささげ	kacang panjang
□ カシューナッツ	kacang mete, kacang monyet
□ ネジレフサマメノキ	petai
□ キノコ	jamur
□ タケノコ	rebung
□ オリーブ	zaitun

【香辛料】

□ 香辛料	rempah-rempah
□ 唐辛子	cabai, cabe
□ キダチトウガラシ	cabai rawit
□ エシャロット	bawang merah
□ ニンニク	bawang putih
□ ショウガ	jahe
□ ターメリック	kunyit
□ ナンキョウ	lengkuas, laos
□ シナモン	kayu manis
□ クローブ	cengkeh
□ タマリンド	asam
□ キャンドルナッツ	kemiri
□ レモングラス	serai
□ ニオイタコノキ	pandan
□ サラムリーフ	daun salam
□ カミメボウキ	kemangi
□ 小エビペースト	terasi

【肉，卵，豆腐，穀物，粉】

□ 肉	daging
□ 鶏肉	daging ayam
□ 牛肉	daging sapi
□ 山羊肉	daging kambing
□ 豚肉	daging babi
□ 卵	telur
□ 豆腐	tahu
□ 揚げ豆腐	tahu goreng
□ テンペ（大豆発酵食品）	tempe
□ 穀物	biji-bijian, serealia
□ 稲	padi
□ 米	beras
□ 黒米	beras hitam
□ もち米	beras ketan
□ 小麦	gandum
□ 粉，パウダー	tepung
□ 小麦粉	tepung terigu
□ 米粉	tepung beras
□ コーンスターチ	tepung jagung

【レストラン】

□ レストラン	restoran
□ ウエイター，ウエイトレス	pelayan restoran
□ コック	koki, juru masak
□ メニュー	menu, daftar makanan
□ ドリンクメニュー	daftar minuman
□ 特別料理	masakan spesial
□ 皿	piring
□ 椀，茶碗	mangkuk
□ スプーン	sendok
□ フォーク	garpu
□ ナイフ	pisau
□ 箸	sumpit
□ コップ	gelas
□ カップ	cangkir
□ ポット，急須	teko
□ ストロー	sedotan
□ ナプキン	serbet, lap makan
□ おしぼり	lap tangan basah
□ つまようじ	tusuk gigi
□ 禁煙エリア	kawasan bebas rokok
□ 喫煙エリア	kawasan merokok
□ 灰皿	asbak
□ レジ	kasir
□ 伝票	bon
□ 税込み	termasuk pajak
□ サービス料	ongkos pelayanan
□ おごる	traktir, mentraktir
□ 割り勘	BS (= bayar sendiri)

【飲み物】

□ 飲み物	minuman
□ ソフトドリンク	minuman ringan
□ 水	air
□ お冷，飲料水	air putih, air minum
□ ミネラルウオーター	aqua
□ お湯	air panas
□ 氷	es
□ 牛乳	susu

□ コーヒー	kopi
□ ブラックコーヒー	kopi pahit
□ ミルク入りコーヒー	kopi susu
□ アイスコーヒー	es kopi
□ インスタントコーヒー	kopi instan
□ 粉入りコーヒー	kopi tubruk
□ お茶	teh
□ ストレートティー	teh tawar
□ 砂糖入りティー	teh manis
□ ジャスミンティー	teh melati
□ ココナツジュース	es kelapa muda
□ みかんジュース	es jeruk
□ マンゴージュース	jus mangga
□ 酒	minuman keras
□ ビール	bir
□ ワイン	anggur
□ ウイスキー	wiski
□ ブランデー	brendi
□ ライスワイン	brem
□ ヤシの発酵酒	tuak
□ ヤシの蒸留酒	arak
□ 伝統的な漢方飲料	jamu

【調味料】

□ 調味料	bumbu
□ 砂糖	gula
□ 塩	garam
□ コショウ	merica, lada
□ 辛口しょうゆ	kecap asin
□ 甘口しょうゆ	kecap manis
□ トマトケチャップ	saus tomat
□ マヨネーズ	mayones
□ 酢	cuka
□ 油	minyak
□ ゴマ	wijen
□ バター	mentega
□ マーガリン	margarin
□ ココナツミルク	santan
□ サンバル（辛味調味料）	sambal

【料理】			
□ 料理	masakan	□ オムレツ	telur dadar
□ ご飯	nasi	□ 目玉焼き	telur mata sapi
□ 白飯	nasi putih	□ ゆで卵	telur rebus
□ チャーハン	nasi goreng	□ デザート	pencuci mulut
□ ワンプレートご飯	nasi campur	□ 生菓子，蒸し菓子	kue basah
□ 鶏肉のおかゆ	bubur ayam	□ 焼き菓子，干菓子	kue kering
□ ちまき	lontong	□ アイスクリーム	es krim
□ 麺	mi	□ ミックスかき氷	es campur
□ 焼きそば	mi goreng	□ 緑餅入りかき氷	es cendol, es dawet
□ 鶏肉入りラーメン	mi ayam	□ フルーツポンチ	es buah
□ 汁そば	mi kuah	□ 黒餅米のぜんざい	bubur ketan hitam
□ 肉団子入り汁そば	mi bakso	□ 果物やイモのコ コナツミルク煮	kolak
□ 焼きビーフン	bihun goreng	□ ヤシ砂糖入り団子	klepon
□ 汁ビーフン	bihun kuah	□ ごま団子	onde-onde
□ パン	roti	□ ようかん風餅菓子	dodol
□ 食パン	roti tawar, roti putih	□ 層状のういろう 風餅菓子	kue lapis
□ トースト	roti panggang/bakar	□ バームクーヘン 風菓子	kue lapis legit
□ スープ	sup	□ スナック	kudapan, makanan kecil
□ 野菜スープ	sup sayur	□ えびせんべい	kerupuk udang
□ オックステール スープ	sup buntut	□ ポテトチップス	keripik kentang
□ 具だくさんスープ	soto	□ 野菜のピクルス	acar
□ 具だくさん鶏肉 スープ	soto ayam	□ 揚げ春巻き	lumpia
□ 野菜の酸味スープ	sayur asam	□ コロッケ	perkedel
□ 山羊肉のカレー煮	gulai kambing	□ 野菜詰め揚げ豆腐	tahu isi
□ 肉団子スープ	bakso	□ 揚げバナナ	pisang goreng
□ 汁	kuah	□ 揚げテンペ	tempe goreng
□ 出し汁，ブイヨン	kaldu	□ 煮揚げテンペ	tempe bacem
□ 温野菜サラダ	gado-gado	□ 肉まん，あんまん	bakpao
□ 空芯菜炒め	kangkung tumis	□ 豆腐と卵のお好 み焼き	tahu telur
□ 五目野菜炒め	capcai	□ インドネシア風 お好み焼き	martabak telur
□ 野菜のココナツミ ルク煮	sayur lodeh	□ 厚焼きパンケーキ	martabak manis, terang bulan
□ 串焼き	sate	□ ゆでとうもろこし	jagung rebus
□ 鶏の唐揚げ	ayam goreng	□ ファストフード	makanan cepat saji
□ 魚の唐揚げ	ikan goreng	□ ハンバーガー	hamburger, burger
□ 魚のスパイシー 包み焼き	ikan pepes	□ フライドポテト	kentang goreng
□ 揚げ魚の甘酢ソ ースがけ	ikan asam manis		

【服】

□ 服	pakaian
□ 帽子	topi
□ ジャケット	jaket
□ 上着	jas
□ レインコート	jas hujan
□ バスローブ	jas mandi
□ シャツ	kemeja
□ Tシャツ	kaus oblong
□ ブラウス	blus
□ ネクタイ	dasi
□ ズボン	celana
□ ジーンズ	celana jin
□ ベルト	ikat pinggang, sabuk
□ 民族衣装肩掛け	selendang
□ 腰布，サロン	sarung
□ スカート	rok
□ ワンピース	rok terusan
□ スカーフ	skarf
□ 下着	pakaian dalam, baju dalam
□ パンツ（下着）	celana dalam
□ ブラジャー	BH, beha
□ 水着	baju renang
□ 靴	sepatu
□ 靴下	kaus kaki
□ 手袋	sarung tangan
□ サンダル	sandal
□ ビーチサンダル	sandal jepit

【携行品】

□ 携行品	barang bawaan
□ 財布	dompet
□ 腕時計	jam tangan
□ 傘	payung
□ メガネ	kacamata
□ サングラス	kacamata hitam
□ バッグ	tas
□ スーツケース	koper
□ リュックサック	ransel
□ カメラ	kamera

【色】

□ 色	warna
□ 赤	merah
□ 深紅	merah tua
□ ピンク	merah muda
□ オレンジ	oranye, jingga
□ 黄	kuning
□ 緑	hijau
□ 青	biru
□ 紺	biru tua
□ 水色	biru muda
□ 紫	ungu
□ 白	putih
□ 黒	hitam
□ グレー	abu-abu
□ 茶色	cokelat
□ ベージュ	cokelat muda
□ 鮮やかな色	warna cerah
□ 明るい色	warna terang
□ 暗い色	warna gelap
□ 濃い色	warna tua
□ 淡い色	warna muda
□ カラフル	berwarna-warni

【形，サイズ】

□ 形	bentuk
□ 円，サークル	lingkaran
□ 楕円，卵型	lonjong, oval
□ 球	bulat
□ 円柱，円筒	silinder
□ 円錐形	kerucut
□ 三角形	segi tiga
□ 四角形	segi empat, empat persegi
□ 立方体	kubus
□ 長方体	balok
□ サイズ	ukuran
□ Sサイズ	ukuran kecil
□ Mサイズ	ukuran sedang
□ Lサイズ	ukuran besar

【柄】

□ 図柄，模様	corak, motif
□ チェック	kotak-kotak
□ 水玉	polkadot
□ ストライプ	garis-garis, strip
□ 縞，迷彩	loreng
□ 花柄	bunga-bunga
□ 伝統的な	tradisional
□ 現代の，モダンな	modern

【素材】

□ 材料，原料，素材	bahan
□ 紙	kertas
□ 布	kain
□ 木綿	katun
□ 絹	sutera
□ 麻	rami
□ ウール	wol
□ ビニール，プラスチック	plastik
□ 革，皮	kulit
□ 本革	kulit asli
□ 牛革	kulit sapi
□ 合成皮革	kulit sintetis
□ 木材，木	kayu
□ 金属	logam
□ 金	emas
□ プラチナ，白金	emas putih, platina
□ 銀	perak
□ 銅	tembaga
□ 青銅，ブロンズ	perunggu
□ 鉄	besi
□ 鋼鉄，スチール	baja
□ ステンレス	baja putih
□ 錫	timah
□ 宝石	permata
□ ダイヤモンド	berlian, intan
□ 真珠	mutiara
□ ガラス	kaca

【天然資源，エネルギー】

□ 天然資源	sumber daya alam
□ 石炭	batu bara
□ タイル	batu ubin, tegel
□ レンガ	batu bata
□ セメント，コンクリート	semen
□ 燃料	bahan bakar
□ 原油	minyak mentah
□ 石油	minyak bumi
□ 灯油	minyak tanah
□ ガス	gas
□ 天然ガス	gas alam
□ エネルギー	energi
□ 電気	listrik
□ 電力	tenaga listrik
□ 発電所	pembangkit tenaga listrik
□ 火力	tenaga termal
□ 水力	tenaga air
□ 原子力	tenaga nuklir

【産業】

□ 産業，工業	industri
□ 重工業	industri berat
□ 軽工業	industri ringan
□ 製造業	industri manufaktur
□ 加工業	industri pengolahan
□ 建設業	industri konstruksi
□ サービス業	industri jasa
□ 生産，製造	produksi
□ 生産物，製品	produk
□ インドネシア製	buatan Indonesia
□ 労働力	tenaga kerja
□ 技術	teknik
□ 商標	merek
□ 機械	mesin
□ 部品	suku cadang, onderdil
□ 先進国	negara maju
□ 発展途上国	negara berkembang

【文化】

文化	budaya, kebudayaan
慣習，習わし	adat, istiadat
伝統儀式	upacara adat
礼儀作法，マナー	tata krama
民族	bangsa
種族	suku
相互扶助	gotong royong
頼母子講，無尽講	arisan

【宗教】

宗教	agama
信者	penganut, pemeluk
信仰	kepercayaan
イスラム	Islam
カトリック	Katolik
プロテスタント	Protestan
仏教	Buddha
ヒンドゥー	Hindu
モスク	masjid
礼拝所	musala
教会	gereja
寺院，神社	kuil
ヒンドゥー教寺院	pura
神	Tuhan, Dewa
イスラム教の聖典	Al-Qur'an
キリスト教聖書	Alkitab, Injil
礼拝	sembahyang
イスラム礼拝	salat
イスラム礼拝の呼びかけ	azan
メッカ巡礼者	haji
メッカ巡礼	naik haji
断食	puasa
イスラム教指導者	ulama
神父，司祭	pastor
牧師，ヒンドゥー僧	pendeta
仏僧	biksu
バリヒンドゥー僧	pemangku
呪術師	dukun
聖水	air suci

【電話】

電話	telepon
電話番号	nomor telepon
自宅電話番号	nomor telepon rumah
会社電話番号	nomor telepon kantor
携帯電話	HP, ponsel
スマートフォン	telepon pintar
市内電話	telepon lokal
直通市外電話	SLJJ (= sambungan langsung jarak jauh)
直通国際電話	SLI (= sambungan langsung internasional)

【インターネット】

インターネット	internet
インターネットカフェ	warnet (= warung internet)
メール	pos-el, *e-mail*
メールアドレス	alamat pos-el

【郵便】

郵便	pos
手紙	surat
封筒	amplop
便箋	kertas surat
はがき	kartu pos
絵はがき	kartu pos bergambar
小包	paket
切手	prangko
書留郵便	pos tercatat
速達郵便	pos kilat
航空便	pos udara
船便	pos laut
国際スピード郵便	EMS
送料	ongkos kirim
重さ	berat
住所	alamat
名前	nama
差出人	pengirim
受取人	penerima
ポスト	bis surat

【ショッピングモール】

□ ショッピングモール	mal
□ 1 階	lantai/tingkat 1
□ 地下 1 階	lantai/tingkat 1 bawah tanah
□ エスカレーター	eskalator
□ インフォメーション	bagian informasi
□ 手荷物預かりカウンター	tempat penitipan barang
□ 試着室	kamar pas
□ レジ	kasir
□ ショッピングカート	kereta belanja
□ 買い物かご	keranjang belanja
□ 品物, 物	barang
□ 商品, 売り物	barang dagangan, komoditi
□ 本物の	asli
□ 偽物の, 偽造の	palsu
□ 模倣品	imitasi
□ 海賊版	bajakan
□ 見本	contoh, sampel
□ 賞味期限	kedaluwarsa
□ ビニール袋	kantong plastik
□ 値段	harga
□ 定価	harga pas
□ セール	obral
□ 10%割引	diskon 10 persen
□ クレジットカード	kartu kredit
□ 暗証番号	nomor pin
□ 領収書	kuitansi
□ フードコート	pujasera (= pusat jajanan serbaada), pusat hidangan
□ 食品売り場	tempat jual makanan
□ 生鮮食品	makanan segar
□ 紳士服	pakaian pria
□ 婦人服	pakaian wanita
□ 子供服	pakaian anak-anak
□ 民族衣装	pakaian tradisional
□ 電化製品	produk elektronik
□ スポーツ用品	alat-alat olahraga
□ 家具	mebel, perabot rumah tangga
□ ブランド品	barang bermerek

【食べ物】

□ 食べ物	makanan
□ インスタント食品	makanan instan
□ 惣菜, おかず	lauk-pauk
□ 菓子	kue
□ スナック菓子	makanan kecil
□ 乳製品	produk susu
□ あめ	permen
□ ガム	permen karet
□ チョコレート	cokelat
□ 果物の缶詰	buah kalengan
□ バナナチップス	keripik pisang

【日用雑貨】

□ 日用雑貨	kelontong
□ タオル	handuk, tuala
□ バスタオル	handuk mandi
□ ハンカチ	sapu tangan
□ ティッシュペーパー	tisu
□ トイレットペーパー	kertas toilet
□ 歯ブラシ	sikat gigi
□ 歯みがき粉	pasta gigi, odol
□ シャンプー	sampo
□ リンス	cairan pembilas
□ 石けん	sabun
□ 洗剤	sabun cuci, detergen
□ 柔軟剤	pelembut baju
□ ブラシ	sikat
□ くし	sisir
□ 爪切り	gunting kuku
□ ひげそり	pisau cukur
□ 生理用品	pembalut wanita
□ 靴墨	semir sepatu
□ 電池	baterai
□ 栓抜き	pembuka botol
□ 缶切り	pembuka kaleng

【文房具】

文房具	alat tulis
鉛筆	pensil
シャープペン	pensil mekanik
シャープペンの芯	isi pensil mekanik
消しゴム	karet penghapus
ボールペン	bolpoin
ペン，万年筆	pena
油性マーカー	spidol
のり	lem
ノート	buku tulis
メモ帳	buku catatan
はさみ	gunting
ホチキス	stapler

【台所用品】

台所用品	perkakas dapur
食器	peralatan makan
コンロ	kompor
魔法ビン	termos
やかん	ketel, teko, cerek
鍋	panci
中華鍋	kuali
フライパン	wajan, penggorengan
包丁	pisau dapur
まな板	talenan
炊飯器	alat memasak nasi
しゃもじ	sendok nasi
盆，トレー	baki, dulang
アイロン	setrika
アイロン台	meja setrika

【アクセサリー】

アクセサリー	aksesori
装飾品	perhiasan
バレッタ	jepitan rambut
イアリング，ピアス	anting-anting, giwang
ネックレス	kalung
ブレスレット	gelang
指輪	cincin

【本】

本	buku
教科書，テキスト	buku pelajaran, buku teks
絵本	buku bergambar
雑誌	majalah
漫画	komik
新聞	koran, surat kabar
タブロイド紙	tabloid
ガイドブック	buku panduan, buku petunjuk
辞書	kamus
地図	peta
音楽 CD	CD musik
映画 DVD	DVD film
おもちゃ	mainan

【化粧品】

化粧品	kosmetik
口紅	lipstik
マスカラ	maskara
マニキュア	manikur
化粧水	penyegar
乳液	pelembap
クレンジングクリーム	krim pembersih
日焼け止めクリーム	krim tabir surya
香水	minyak wangi, parfum

【手工芸品】

手工芸品	hasil kerajinan tangan
ジャワ更紗 [さらさ]	batik
絣織 [かすりおり]	ikat
金糸・銀糸の織物	songket
木彫品	ukiran kayu
革製品	produk kulit
銀製品	produk perak
貝細工	kerajinan kulit kerang
竹工芸	kerajinan bambu
陶器	tembikar
お香	dupa, hio

【トラブル】

トラブル，困難	kesulitan
事故	kecelakaan
犯罪	kejahatan, kriminal
紛失する	hilang
置き忘れる，乗り遅れる	tertinggal, ketinggalan
壊される	dirusak
道に迷う	sesat jalan, tersesat
火事	kebakaran
山火事	kebakaran hutan
交通事故	kecelakaan lalu lintas
はねられる，衝突される	tertabrak
負傷する	terluka, cedera
（事故や災害で）死亡する	tewas
焼死する	tewas terbakar
即死	mati seketika
事故証明書	surat keterangan kecelakaan
詐欺	penipuan
だまされる	tertipu
どろぼう	pencuri, maling
盗まれる	dicuri
スリ	pencopet
すられる	dicopet
ひったくり	penjambret
ひったくられる	dijambret
強盗	perampok
強盗に遭う	dirampok
脅迫	ancaman
脅される	diancam
強姦，レイプ	pemerkosaan
強姦される	diperkosa
殴られる	dipukul
誘拐	penculikan
誘拐される	diculik
セクハラ	pelecehan seksual
殺人	pembunuhan
自殺	bunuh diri
自殺未遂	percobaan bunuh diri
挙動不審な	gerak-gerik aneh
密輸	penyelundupan
麻薬	narkotika, narkoba
犯人，悪人，犯罪者	penjahat, pelaku kejahatan
被害者	korban
目撃者	saksi mata
違反	pelanggaran
罰金	denda
弁償，補償	ganti rugi, kompensasi
裁判，裁判所	pengadilan
民事	perdata
刑事，犯罪	pidana
訴訟	pendakwaan
裁判官	hakim
検事	jaksa
弁護士	pengacara
原告	penggugat, pendakwa
被告，被告人	terdakwa
証人	saksi
罪，過ち	kesalahan
刑罰，処罰，懲罰，処分，判決	hukuman
刑務所	penjara
受刑者	narapidana
助けて！	Tolong!
危ない！	Awas!
やめて！	Hentikan!, Stop!
離して！	Lepaskan!
待て！	Tunggu!
出ていけ！	Keluar!
あっちへ行け！	Jangan dekat-dekat!
捕まえて！	Tangkap!
開けて！	Buka!
早く！	Cepat!
緊急事態です！	Keadaan darurat!
いりません！	Tidak mau!
かまわないで！	Jangan ganggu!
私は悪くありません！	Saya tidak salah!

【身体】		爪	kuku
身体，体	badan, tubuh	背中	punggung
頭部	bagian kepala	腹	perut
頭	kepala	へそ	pusar
顔	muka, wajah	みぞおち	ulu hati
首	leher	腰	pinggang
のど	tenggorokan, kerongkongan	下半身	badan bagian bawah
肩	bahu	尻	pantat, bokong
髪	rambut	性器	alat kelamin
まゆ毛	alis	太もも	paha
まつ毛	bulu mata	ひざ	lutut
ひたい	dahi	ふくらはぎ	betis
目	mata	向こうずね	tulang kering
鼻	hidung	足	kaki
頬	pipi	足首	pergelangan kaki
耳	telinga, kuping	つま先	ujung kaki
口	mulut	かかと	tumit
唇	bibir	足の甲	punggung kaki
歯	gigi	足の裏	telapak kaki, tapak kaki
舌	lidah		
あご	dagu	全身	seluruh badan, seluruh tubuh
あごひげ	janggut, jenggot		
口ひげ	kumis	皮膚，肌	kulit
上半身	badan bagian atas	ほくろ	tahi lalat
胸	dada	体毛	bulu
乳房	payudara, susu, buah dada	関節	sendi
		筋肉	otot
腕	lengan	骨	tulang
ひじ	siku	血	darah
手	tangan	器官，臓器	organ
手首	pergelangan tangan	脳	otak
指	jari	心臓	jantung
親指	ibu jari, jempol	肺	paru-paru
人差し指	jari telunjuk	胃	lambung
中指	jari tengah	肝臓	hati
薬指	jari manis	小腸	usus kecil
小指	jari kelingking	大腸	usus besar
手の甲	punggung tangan	十二脂腸	usus dua belas jari
手のひら	telapak tangan, tapak tangan	盲腸	usus buntu, apendiks
		腎臓	ginjal
		すい臓	pankreas

□ 汗	keringat, peluh	□ 肺炎	radang paru-paru
□ 涙	air mata	□ 発疹	bintik-bintik
□ 鼻水	ingus	□ 虫さされ	gigitan serangga
□ 鼻血	mimisan	□ 脱水症状	dehidrasi
□ 唾液, つば	ludah, air liur	□ アレルギー	alergi
□ にきび	jerawat	□ 妊娠中	hamil
□ 小便	air seni, air kencing, air kemih	□ 生理中	sedang mens
□ 小便をする	buang air kecil, kencing, berkemih	□ 高血圧	tekanan darah tinggi, hipertensi
□ 大便	feses, tinja, berak	□ ケガ	luka
□ 大便をする	buang air besar	□ ねんざ	keseleo
□ おなら	kentut	□ 骨折	patah tulang
□ 月経, 生理	mens, haid, datang bulan	□ やけど	luka bakar
		□ 治療を受ける, 薬を飲む	berobat

【病院】

		□ 検温	pengukuran suhu badan
□ 病院	rumah sakit	□ 尿検査	pemeriksaan urine
□ クリニック, 診療所	klinik	□ 検便	pemeriksaan feses
□ 病気	penyakit	□ レントゲン検査	pemeriksaan rontgen
□ 下痢	diare, menceret	□ 消毒	steril
□ 便秘	sembelit	□ 注射	suntik, injeksi
□ 咳	batuk	□ 点滴	infus
□ 息苦しい	sesak napas	□ 湿布	koyok
□ 熱がある	demam	□ 手術	operasi, pembedahan
□ 寒気がする	kedinginan	□ 入院	opname
□ 吐き気がする	mual	□ 海外旅行保険	asuransi perjalanan ke luar negeri
□ 嘔吐する	muntah	□ 薬	obat
□ めまいがする	pening, pusing	□ 錠剤	pil, tablet
□ 意識を失う, 気絶する	pingsan	□ カプセル	kapsul
□ 意識がある／戻る	sadar	□ 軟膏	obat salep
□ 風邪	masuk angin	□ 風邪薬	obat masuk angin
□ 食中毒	keracunan makanan	□ 解熱剤	obat penurun panas
□ 消化不良	gangguan pencernaan	□ 鎮痛剤	obat anti nyeri
□ 腸チフス	tifus	□ 下痢止め薬	antidiare
□ コレラ	kolera	□ 抗生物質	antibiotik
□ デング出血熱	demam berdarah	□ 1日2回	2 kali sehari
□ 脳卒中, 脳梗塞	strok	□ 食前	sebelum makan
□ 心臓発作	serangan jantung	□ 食間	di antara makan
□ 糖尿病	diabetes	□ 食後	sesudah makan

【形容詞ほか】

□ 形容詞	kata sifat
□ 多い，たくさんの	banyak
□ 少ない，少しの	sedikit
□ 大きい，偉大な	besar
□ 小さい，幼い	kecil
□ 高い	tinggi
□ (高さ，質が) 低い，下品な	rendah
□ 背が高い，のっぽの	jangkung
□ 小さい，ちびっ子の	cilik
□ (寸法，時間が) 長い	panjang
□ (寸法, 時間が) 短い，(高さ，背が) 低い	pendek
□ (時間が) 短い，簡略な	singkat
□ 新しい，新たな	baru
□ 古い，(時間が) 長い	lama
□ 古い，古代の，旧式の	kuno
□ (面積，知識) 広い	luas
□ (幅が) 広い	lebar
□ 狭い，窮屈な	sempit
□ ゆるい，ゆったりした，ぶかぶかの	longgar
□ (服が) きつい，厳重な	ketat
□ 深い	dalam
□ 浅い	dangkal
□ まっすぐな	lurus
□ 曲がった，屈折した	bengkok
□ 直接の，じかの	langsung
□ 重い，深刻な	berat
□ 軽い	ringan
□ 遠い，(関係が) 薄い	jauh
□ 近い，親密な	dekat
□ 速い，早い，すばやい	cepat
□ 遅い，ゆっくりした	lambat
□ 乾いた，干した	kering
□ 濡れた，湿った，生の	basah
□ 湿った，湿度の高い	lembap
□ 清潔な，純粋な	bersih
□ 汚い，汚れた	kotor
□ 汚い，不潔な，(名誉が) 傷つけられた	cemar
□ 汚い，不潔な，下品な，卑猥な，淫らな	jorok
□ (液体が) 濃い	kental
□ (液体が) 薄い	encer
□ いっぱいの，満員の	penuh
□ 空の，中身のない	kosong
□ 年老いた，古い，(色が) 濃い	tua
□ 若い，未熟な，(色が) 薄い	muda
□ 強い，丈夫な	kuat
□ 力強い，勇敢な，たくましい	gagah
□ 弱い，優柔不断な	lemah
□ (値段が) 高い	mahal
□ 安い，安価な	murah
□ よい，親切な，承知した	baik
□ すばらしい	bagus
□ すごい，激しい	hebat
□ 悪い，醜い	buruk, jelek
□ 悪の，卑劣な	jahat
□ 難しい，困難な	sulit, sukar, susah
□ 簡単な，容易な	mudah, gampang
□ にぎやかな	ramai
□ 陽気な，盛大な	meriah
□ 騒々しい，うるさい，騒がしい	ribut, bising
□ 静かな，寂しい	sepi, sunyi

☐ 暑い，熱い，緊迫した	panas		☐ 無知な，頭の悪い	bodoh, goblok, bego, tolol
☐ 寒い，冷たい，冷淡な	dingin		☐ 気が狂った	gila, sinting
☐ 暖かい，温かい	hangat		☐ 平和な	damai
☐ 涼しい，爽快な	sejuk		☐ 安全な，平穏な	aman
☐ 硬い，一生懸命な	keras		☐ 無事な	selamat
☐ 柔らかい，ソフトな	empuk, lembut, lunak		☐ 危険な	bahaya, rawan
☐ 粗い，粗野な	kasar		☐ 危機的な，深刻な	gawat
☐ 細かい，繊細な	halus		☐ 健康な，元気な	sehat
☐ つるつるした	licin		☐ 病気な，痛い	sakit
☐ 明るい，明白な	terang		☐ かゆい	gatal
☐ 暗い，違法な	gelap		☐ 満腹の	kenyang
☐ 明らかな，明瞭な	jelas		☐ 空腹の	lapar
☐ 霞んだ，不明瞭な	kabur		☐ のどが乾いた	haus
☐ 晴れた，（顔が）明るい	cerah		☐ 金持ちの，〜が豊富な	kaya
☐ 雲っている，憂鬱な	mendung		☐ 貧乏な，乏しい	miskin
☐ 適切な，ふさわしい	cocok, sesuai		☐ 高貴な，崇高な	mulia
☐ ぴったりの，ちょうどの	pas		☐ 卑しい，卑劣な	hina
☐ 新鮮な，生の，さわやかな	segar		☐ 豪華な，高級な	mewah
☐ 腐った，悪臭のする	busuk		☐ 質素な，簡素な	sederhana
☐ 香りのよい	harum, wangi		☐ 鋭い，（臭いが）強烈な	tajam
☐ 匂い，臭い	bau		☐ 鈍い，鋭利でない	tumpul
☐ 熟した，煮えた	masak, matang		☐ 厚い，密な	tebal
☐ 未熟な，生の，生煮えの	mentah		☐ （厚さが）薄い，（気体が）希薄な	tipis
☐ （景色が）美しい	indah		☐ 十分な，適度の	cukup
☐ （人や物が）美しい	cantik		☐ まあまあの，結構な	lumayan
☐ かっこいい《男女》	keren, cakap		☐ 足りない，十分でない	kurang
☐ イケメンの	ganteng, tampan		☐ 完璧な，完全な，完備した	sempurna, lengkap, komplet
☐ 太った，肥満の	gemuk		☐ 壊れた	rusak
☐ やせた，やせ細った	kurus		☐ 粉々に砕けた	hancur
☐ ほっそりした	langsing		☐ 正しい，本当の	betul, benar
☐ 賢い，上手な	pandai, pintar, cerdas		☐ まちがった，誤った	salah
			☐ 普通の，通常の	biasa
			☐ 公共の，一般の	umum
			☐ 特別な	istimewa, khusus
			☐ 独特の，特有の	khas

□ 個人の	pribadi
□ 公式な，正式な	resmi, formal
□ 非公式な，略式の	informal
□ 忙しい	sibuk, repot
□ 空いている，ひまな	luang, lowong
□ のんびりした	santai
□ 満足した	puas
□ 親しい，親密な	akrab, karib
□ 緊密な，密接な	erat
□ 外国の，外来の	asing
□ 渋滞した，滞った	macet
□ 流暢な，順調な	lancar
□ 奇妙な，不思議な	aneh
□ 普通でない，珍しい	tumben
□ （部屋や問題が）片付いた	beres
□ 混乱した，乱れた	kacau
□ 同じ，等しい	sama
□ 似ている	mirip
□ 別の，他の	lain
□ 定まった，決まった	tentu, tetap, pasti
□ 節約の，倹約の	hemat
□ 浪費した	boros
□ 無料の	gratis, cuma-cuma
□ 平らな，均等な	rata, datar
□ 傾いた，傾斜した	miring
□ 重要な，大切な	penting
□ 主要な，主な	utama
□ 整然とした	rapi
□ 乱雑な，滅茶苦茶な	berantakan
□ 有名な	terkenal, ternama
□ 人気のある	populer
□ 合意／同意した	sepakat
□ 準備／用意ができた	siap, sedia
□ 成功した	sukses
□ おいしい，心地よい	enak, lezat, nikmat

□ 甘い，かわいい	manis
□ （味や経験が）苦い	pahit
□ 辛い，辛辣な	pedas
□ 塩辛い，しょっぱい	asin
□ 酸っぱい，酸味のある	asam, kecut
□ 味がない，無味の	hambar, tawar
□ 甘酸っぱい	asam-asam manis
□ 生焼けの	separuh matang
□ 焦げた	hangus
□ 脂っこい《動詞》	berlemak
□ 親切な，気さくな，愛想のよい	ramah, baik hati
□ 社交的な	supel
□ 思いやりのある	simpatik
□ 愉快な，明るい	ceria
□ 憂鬱な，暗い	murung
□ 勤勉な，熱心な	rajin, giat, tekun
□ 怠惰な，怠けた	malas
□ 熱中した，夢中になった	asyik, antusias
□ さぼる，無断欠席する	bolos
□ 口うるさい	cerewet, bawel
□ 無口の人《名詞》	pendiam
□ 礼儀正しい	sopan, santun
□ おとなしい，従順な	jinak
□ 野生の，不法の，奔放な，野蛮な	liar
□ 自信満々の	percaya diri
□ 劣等感を持った	rendah diri, minder
□ 勇気がある	berani
□ 臆病者《名詞》	penakut
□ 注意深い，綿密な	teliti
□ 不注意な，そそっかしい	ceroboh
□ 敏捷な，俊敏な	lincah, gesit, tangkas
□ のろい，遅い	lamban
□ 横柄な	sombong, angkuh, congkak
□ 謙虚な	rendah hati

正直な，誠実な	jujur, tulus hati		**【接辞 ber-（動詞）】**	
不正直な，不誠実な，ずる賢い	licik, curang, culas	接辞 ber-（動詞）	imbuhan ber- (verba)
うその，偽りの	bohong	働く，仕事をする	bekerja <kerja>
甘えている	manja	協力する	bekerja sama <kerja>
いたずらな	nakal	勉強する，学ぶ，学習する	belajar <ajar>
短気な人《名詞》	pemarah	ある，いる	berada
柔軟な，融通のきく	fleksibel	信仰する，〜教を信仰する	beragama
頑固な，融通がきかない	bandel, kepala batu, keras kepala	水がある，濡れている	berair
気前のよい	murah hati	終わる，終了する	berakhir
浪費癖のある	royal	〜の髪をしている	berambut
けちな	pelit, kikir	子供を持つ，（動物が）子を産む	beranak
好きな	suka, gemar, doyan	意味する，〜という意味である	berarti
楽しい，うれしい，喜ばしい	senang, gembira, ria, riang	〜出身である	berasal
幸せな，幸福な	bahagia	〜語を話す，言語を使用する	berbahasa
恋しい，懐かしい	rindu, kangen	危険である，危険性を持つ	berbahaya
悲しい	sedih, duka	服を着ている	berbaju
怒った	marah	横になる，寝そべる	berbaring
驚いた	kaget, heran, terkejut	整列する，列を作る，並ぶ	berbaris
怖がる，恐れる	takut	匂う，香る，臭い	berbau
心配な，不安な	khawatir, cemas, gelisah, risau	違う，異なる，相違する	berbeda
緊張した，動転した	gugup	買い物する，ショッピングする	berbelanja
落ち着いた，平穏な	tenang, tenteram	曲がる，方向を変える	berbelok
慈しむ，大切に思う	sayang	話す，しゃべる	berbicara
残念な，がっかりした	sayang, kecewa	ひそひそ話す	berbisik
途方にくれる，とまどう	bingung	うそをつく	berbohong
迷う，ためらう	ragu	実がなる，実を結ぶ，成果を上げる	berbuah
疲れた，疲労した	capai, lelah, letih	（〜を）する，行動する	berbuat
酔った	mabuk	花をつける，利子がつく	berbunga
吐き気がする，嫌になる，むかつく	muak		
嫉妬する，ねたむ	cemburu, iri hati		
誇らしい，自慢に思う	bangga, besar hati		

鳴る，音がする	berbunyi	～が入っている	berisi
話す，しゃべる	bercakap	休憩する	beristirahat
おしゃべりする	bercakap-cakap	握手する	berjabat tangan
混ざる，関与する	bercampur	歩く，進行する，動く	berjalan
冗談を言う	bercanda, berkelakar	散歩をする	berjalan-jalan
離婚する	bercerai	約束する	berjanji
語る，話す，しゃべる	bercerita	段階がある	berjenjang
ひげをそる	bercukur	しゃがむ	berjongkok
商売する	berdagang, berniaga	闘争する，闘う	berjuang
血が出る	berdarah	メガネをかけている	berkacamata
鼓動が激しくなる，ドキドキする	berdebar-debar	さびている	berkarat
居住する，黙っている	berdiam	言う，述べる	berkata, berujar
立つ，立ち上がる	berdiri	けんかをする，口論する	berkelahi, bertengkar
規律を守る	berdisiplin	（歩き）回る，巡る	berkeliling
祈る	berdoa, bersembahyang	所帯持ちである，結婚している	berkeluarga
お悔やみを言う	berdukacita	咲く，発達する	berkembang
過ちを犯す	berdosa	汗をかく	berkeringat
泳ぐ	berenang	口ひげをはやしている	berkumis
～を予定している	berencana	集まる，集合する	berkumpul
機能を持つ	berfungsi	訪問する，訪れる	berkunjung
合流する，加わる	bergabung	減少する，減る	berkurang
交際する，付き合う	bergaul	有効である，適用する，施行される	berlaku
動く，活動する	bergerak	過ぎる，去る	berlalu
役に立つ，有用である	berguna, bermanfaat	行われる，続いている	berlangsung
権利を持つ，権限がある	berhak, berkuasa, berwenang	続く，進行する	berlanjut
望む，願う，希望する	berharap, berhasrat	走る	berlari
価値がある	berharga	練習する	berlatih
成功する，達成する，産出する	berhasil	航海する	berlayar
用心／注意する	berhati-hati	休暇を取る，遊びに行く	berlibur
止まる，やめる，停止する	berhenti	遊ぶ，演奏する，演ずる	bermain
計算する	berhitung	意図する	bermaksud
化粧する，着飾る，おしゃれする	berias \<rias\>, bersolek, berdandan	問題がある，問題を抱えている	bermasalah
		夢を見る	bermimpi

□ 興味を持つ	berminat	□ ～の性質／特徴 を持つ	bersifat
□ 油を含む， 脂っぽい	berminyak	□ ～の態度を取る	bersikap
□ 質が高い， 高品質である	bermutu	□ 神に感謝する， ありがたく思う	bersyukur
□ 呼吸をする， 息をする	bernapas	□ 耐える	bertahan
□ 運動する， スポーツをする	berolahraga	□ 旅行をする， 観光する	bertamasya
□ 影響する， 影響力を持つ	berpengaruh	□ 増加する，増える	bertambah
□ 役割を果たす， ～の役である	berperan	□ 試合をする	bertanding
		□ 責任を負う	bertanggung jawab
□ 演説する	berpidato	□ 農業をする	bertani
□ 考える	berpikir	□ 尋ねる，質問する	bertanya
□ 移動する，移る， 引っ越す	berpindah	□ 決意する	bertekad
□ 別れる，分かれる， 離れる	berpisah	□ 卵を産む， 産卵する	bertelur
□ 断食する	berpuasa	□ 友だちになる， 交際する	berteman, berkawan
□ 回る，回転する， 迂回する	berputar	□ 会う	bertemu, berjumpa
□ 競争する，競う	bersaing	□ 拍手する	bertepuk tangan
□ 誤る，間違える， 罪を犯す	bersalah	□ 叫ぶ	berteriak
□ (イスラム教の) 礼拝をする	bersalat	□ 行動を起こす	bertindak
		□ ～階建てである	bertingkat
□ 一緒である， ～と一緒に	bersama	□ 勤務する， 任務に就く	bertugas
□ 連続する	bersambung	□ 成長する， 生育する	bertumbuh
□ 1つになる，団結 する，合併する	bersatu	□ 変わる	berubah
□ 兄弟がいる， ～人兄弟である	bersaudara	□ 繰り返す	berulang
□ 準備する，用意す る，用意がある	bersedia, bersiap	□ ～歳である	berumur, berusia
□ 歴史がある	bersejarah	□ 議論する， 協議する	berunding <runding>, berdiskusi
□ 浮気する	berselingkuh	□ 運がいい， 得する	beruntung
□ 意欲がある	bersemangat	□ ～の形をした， ～の姿をした	berupa <rupa>
□ 隠れる	bersembunyi	□ 努力する	berupaya, berusaha
□ 体操をする	bersenam	□ 借金する， 借りがある	berutang
□ 合意する，同意 する，賛成する	bersepakat	□ カラーである， ～色である	berwarna
□ 自転車に乗る	bersepeda	□ 自営業を営む	berwiraswasta
		□ 牧畜業を営む	beternak <ternak>

【接辞 me-（動詞）】

□ 接辞 me-	**imbuhan me-**
□ 応募する，求婚する	**melamar** \<lamar\>
□ ぼんやりする，物思いにふける	**melamun** \<lamun\>
□ 旅行する	**melancong** \<lancong\>
□ 襲う	**melanda** \<landa\>
□ 違反する，侵害する	**melanggar** \<langgar\>
□ 報告する，通報する	**melapor** \<lapor\>
□ 練習する，訓練する	**melatih** \<latih\>
□ 航海する，漁に出る	**melaut** \<laut\>
□ 反対する，抵抗する	**melawan** \<lawan\>
□ 爆発する，ブレイクする	**meledak** \<ledak\>
□ 投げる，放る	**melempar** \<lempar\>
□ 見る，参照する	**melihat** \<lihat\>
□ 折る，折りたたむ	**melipat** \<lipat\>
□ 跳ぶ，飛び跳ねる	**melompat** \<lompat\>
□ 広がる	**meluas** \<luas\>
□ 絵を描く	**melukis** \<lukis\>
□ 使う，使用する，着る	**memakai** \<pakai\>
□ 強制する，強いる	**memaksa** \<paksa\>
□ 釣りをする，釣る	**memancing** \<pancing\>
□ 眺める，見る	**memandang** \<pandang\>
□ あぶる，ローストする	**memanggang** \<panggang\>
□ 呼ぶ，呼び出す	**memanggil** \<panggil\>
□ 監視する，観察する	**memantau** \<pantau\>
□ 料理する，煮る，沸かす	**memasak** \<masak\>
□ 設置する，取り付ける	**memasang** \<pasang\>
□ 読む，唱える	**membaca** \<baca\>
□ 分ける，分配する	**membagi** \<bagi\>
□ よくなる，回復する，治る	**membaik** \<baik\>
□ 燃やす，焼く	**membakar** \<bakar\>
□ 返信する，返事をする	**membalas** \<balas\>
□ 建設する，建てる，築く	**membangun** \<bangun\>
□ あふれる，水浸しになる	**membanjir** \<baris\>
□ 手伝う，助ける，援助する	**membantu** \<bantu\>
□ 持って行く，連れて行く	**membawa** \<bawa\>
□ 支払う，払う	**membayar** \<bayar\>
□ 擁護する，護る，弁護する	**membela** \<bela\>
□ 買う，購入する，買収する	**membeli** \<beli\>
□ 与える，あげる，やる	**memberi** \<beri\>
□ 知らせる，伝える，通知する	**memberi tahu** \<beri tahu\>
□ さぼる，無断欠席する	**membolos** \<bolos\>
□ 放り投げる，捨てる	**membuang** \<buang\>
□ 作る，作成する	**membuat** \<buat\>
□ 開ける，開く，（服を）脱ぐ	**membuka** \<buka\>
□ 包む，包み隠す	**membungkus** \<bungkus\>
□ 殺す	**membunuh** \<bunuh\>
□ 猟をする，狩りをする	**memburu** \<buru\>
□ 解雇する，首にする	**memecat** \<pecat\>
□ つかむ，握る	**memegang** \<pegang\>
□ 飼育する，飼う，手入れする	**memelihara** \<pelihara\>
□ 調べる，調査する	**memeriksa** \<periksa\>
□ 命令する，統治する	**memerintah** \<perintah\>
□ 注文する，予約する	**memesan** \<pesan\>

□ 摘む，摘み取る，引用する	memetik <petik>	□ 混ぜる	mencampur <campur>
□ コピーする	memfotokopi <fotokopi>	□ 到達する，達成する	mencapai <capai>
□ マッサージする	memijat <pijat>	□ 探す，調べる，検索する	mencari <cari>
□ 選ぶ，選択する	memilih <pilih>	□ メモする，書き留める	mencatat <catat>
□ 借りる	meminjam <pinjam>	□ 防ぐ，防止する，予防する	mencegah <cegah>
□ ～を求める，請う	meminta <minta>	□ 印刷する，プリントする	mencetak <cetak>
□ 切る，切断する，カットする	memotong <potong>	□ キスする，匂いを嗅ぐ	mencium <cium>
□ 写真を撮る	memotret <potret>	□ 試す，～してみる	mencoba <coba>
□ 積み込む，掲載する	memuat <muat>	□ 洗う，洗濯する，洗浄する	mencuci <cuci>
□ 称賛する，ほめる，称える	memuji <puji>	□ 剃る，（髪を）切る	mencukur <cukur>
□ 打つ，殴る，たたく	memukul <pukul>	□ 盗む，泥棒する	mencuri <curi>
□ 始める	memulai <mulai>	□ 登録する，記載する	mendaftar <daftar>
□ 回り道をする，回す，ねじる	memutar <putar>	□ 登る，（太陽が）昇る	mendaki <daki>
□ ぶつかる，衝突する	menabrak <tabrak>	□ 深くなる，中に浸透する	mendalam <dalam>
□ 貯金する，貯める	menabung <tabung>	□ 得る，入手する，獲得する	mendapat <dapat>
□ 抑える，拘束する，耐える	menahan <tahan>	□ 上陸する，着陸する	mendarat <darat>
□ 増やす，加える，足す	menambah <tambah>	□ やって来る，次の，翌～	mendatang <datang>
□ 植える，栽培する，投資する	menanam <tanam>	□ 聞く	mendengar <dengar>
□ 負担する，責任を負う	menanggung <tanggung>	□ 遭う，被る，患う	menderita <derita>
□ 泣く	menangis <tangis>	□ 押し付ける，無理強いする	mendesak <desak>
□ 捕まえる，逮捕する	menangkap <tangkap>	□ 教育する	mendidik <didik>
□ 待つ	menanti <nanti>	□ 押す，推し進める，推進する	mendorong <dorong>
□ 踊る	menari <tari>	□ 予想する，推測する，疑う	menduga <duga>
□ 引く，引っ張る，魅力的な	menarik <tarik>	□ 支える，支持する，支援する	mendukung <dukung>
□ 置く，感情を抱く	menaruh <taruh>	□ 押す，圧迫する，抑える	menekan <tekan>
□ 値切る，値段交渉する	menawar <tawar>		
□ 抜く，引き抜く，撤回する	mencabut <cabut>		
□ 溶ける，収まる，回復する	mencair <cair>		

電話する，電話をかける	menelepon \<telepon\>
調査する，研究する	meneliti \<teliti\>
撃つ，発砲する	menembak \<tembak\>
貼る，付着する	menempel \<tempel\>
見舞う，訪問する，見る	menengok \<tengok\>
織る，機 (はた) 織りをする	menenun \<tenun\>
受け取る，受け入れる	menerima \<terima\>
誘う，勧誘する	mengajak \<ajak\>
教える	mengajar \<ajar\>
認める，自認する，自供する	mengaku \<aku\>
取る，摘む，拾い上げる	mengambil \<ambil\>
脅す，脅迫する	mengancam \<ancam\>
含む，含有する，妊娠する	mengandung \<kandung\>
見なす，見くびる	menganggap \<anggap\>
失業している，無職である	menganggur \<anggur\>
持ち上げる，取り上げる	mengangkat \<angkat\>
輸送する，運搬する	mengangkut \<angkut\>
送る，届ける，案内する	mengantar \<antar\>
並ぶ，行列する	mengantre \<antre\>
眠い，うとうとする	mengantuk \<kantuk\>
脅す，脅迫する	menganyam \<anyam\>
作文する，作曲する	mengarang \<karang\>
整頓する，片付ける	mengatur \<atur\>
爆破する	mengebom \<bom\>
捺印する，はんを押す	mengecap \<cap\>
塗料を塗る	mengecat \<cat\>
チェックする	mengecek \<cek\>
綴る，スペルを言う	mengeja \<eja\>
追跡する，追究する	mengejar \<kejar\>
あざける，馬鹿にする	mengejek \<ejek\>
輸出する	mengekspor \<ekspor\>
管理する，経営する	mengelola \<kelola\>
不平を言う，文句を言う	mengeluh \<keluh\>
運転する	mengemudi, menyetir \<kemudi, setir\>
面識がある，見知っている	mengenal \<kenal\>
雑巾がけをする，モップで拭く	mengepel \<pel\>
理解する，わかる	mengerti \<erti\>
タイプする	mengetik \<tik\>
叩く，ノックする	mengetuk \<ketuk\>
掘る，発掘する，掘り当てる	menggali \<gali\>
(絵，漫画，イラストなどを) 描く	menggambar \<gambar\>
じゃまする，妨げる	mengganggu \<ganggu\>
取り換える，弁償する	mengganti \<ganti\>
掛ける	menggantung \<gantung\>
引っかく，掻く	menggaruk \<garuk\>
背負う，抱く	menggendong \<gendong\>
噛む，噛みつく	menggigit \<gigit\>
揚げる，炒める	menggoreng \<goreng\>
こする，磨く	menggosok \<gosok\>
はさみで切る	menggunting \<gunting\>
暗記する	menghafal \<hafal\>
消す，拭き取る，除去する	menghapus \<hapus\>
希望する，期待する	mengharap \<harap\>
節約する，倹約する	menghemat \<hemat\>

□ 飾る，装飾する	menghias <hias>	□ テストする，検査する	menguji <uji>
□ 消える，消失する，姿を消す	menghilang <hilang>	□ 彫る，彫刻する	mengukir <ukir>
□ 軽蔑する	menghina <hina>	□ 計る，量る	mengukur <ukur>
□ 避ける	menghindar <hindar>	□ 蒸す	mengukus <kukus>
□ 吸う，すする	menghirup <hirup>	□ 繰り返す，やり直す	mengulang <ulang>
□ 計算する	menghitung <hitung>	□ 集める	mengumpul <kumpul>
□ 罰する	menghukum <hukum>	□ かぎをかける	mengunci <kunci>
□ 縛る，結ぶ	mengikat <ikat>	□ 招待する	mengundang <undang>
□ 輸入する	mengimpor <impor>	□ アップロードする	mengunggah <unggah>
□ 泊まる，宿泊する	menginap <inap>	□ ダウンロードする	mengunduh <unduh>
□ 覗く	mengintip <intip>	□ 避難する	mengungsi <ungsi>
□ 考える，思う，推察する	mengira <kira>	□ 皮をむく	mengupas <kupas>
□ 送る，届ける	mengirim <kirim>	□ 調整する，手続きする	mengurus <urus>
□ 吸う，吸い込む	mengisap <isap>	□ 追い払う，追放する	mengusir <usir>
□ 記入する，入力／入金する	mengisi <isi>	□ 拾う，引用する，収集する	mengutip <kutip>
□ 調査する，研究する	mengkaji <kaji>	□ 結婚する	menikah <nikah>
□ 主張する，要求する	mengklaim <klaim>	□ 評価する	menilai <nilai>
□ 批判する	mengkritik <kritik>	□ 量る，考慮する，配慮する	menimbang <timbang>
□ バーゲンセールをする	mengobral <obral>	□ 亡くなる，逝去する	meninggal <tinggal>
□ おしゃべりする	mengobrol <obrol>	□ 上がる，上昇する，増加する	meningkat <tingkat>
□ 強く振る，かき混ぜる	mengocok <kocok>	□ 視察する，検討する	meninjau <tinjau>
□ 加工する，処理する	mengolah <olah>	□ だます，欺く	menipu <tipu>
□ 塗る	mengoles <oles>	□ まねる，模倣する	meniru <tiru>
□ 不平を言う	mengomel <omel>	□ 預ける	menitip <titip>
□ ほじくり出す，掻き出す	mengorek <korek>	□ 吹く	meniup <tiup>
□ 蒸発する，蒸気を出す	menguap <uap>	□ ～になる	menjadi <jadi>
□ あくびをする	menguap <kuap>	□ 守る，見張る，警備する	menjaga <jaga>
□ 強くなる，強固となる	menguat <kuat>	□ 縫う，仕立てる	menjahit <jahit>
□ 変える，変更する，改める	mengubah <ubah>	□ 占領する，支配する	menjajah <jajah>
□ 飛び立つ，離陸する	mengudara <udara>	□ 保証する	menjamin <jamin>
		□ 答える，返事する	menjawab <jawab>

□ 迎えに行く，出迎える	menjemput <jemput>	□ 述べる，言う	menyebut <sebut>
□ 干す，日干しする	menjemur <jemur>	□ 潜る	menyelam <selam>
□ 挟む，つまむ	menjepit <jepit>	□ 選ぶ，選択する	menyeleksi <seleksi>
□ 売る	menjual <jual>	□ 降伏する，屈する，あきらめる	menyerah <serah>
□ 助ける，救う	menolong <tolong>	□ 攻撃する，襲う	menyerang <serang>
□ 目立つ，突出している	menonjol <tonjol>	□ 後悔する，悔やむ	menyesal <sesal>
□ 観る，鑑賞する	menonton <tonton>	□ 運転する，操縦する，繰る	menyetir <setir>
□ 刺激する	menstimulasi <stimulasi>	□ アイロンをかける	menyetrika <setrika>
□ おごる，もてなす	mentraktir <traktir>	□ 賃借する	menyewa <sewa>
□ 輸送する	mentranspor <transpor>	□ 磨く，ブラシをかける	menyikat <sikat>
□ そそぐ	menuang <tuang>	□ 保管／保存する	menyimpan <simpan>
□ 訴える，告訴する	menuduh <tuduh>	□ 触れる，言及する	menyinggung <singgung>
□ 交換する，取り替える	menukar <tukar>	□ 破る，裂く	menyobek <sobek>, merobek <robek>
□ 伝染する，うつる	menular <tular>	□ 支援する，支える	menyokong <sokong>
□ 書く，執筆する	menulis <tulis>	□ カンニングをする	menyontek <sontek>
□ 炒める，ソテーする	menumis <tumis>	□ 食べ物を口に入れる，買収する	menyuap <suap>
□ 延期する，後回しにする	menunda <tunda>	□ 寄付する，貢献する	menyumbang <sumbang>
□ 待つ	menunggu <tunggu>	□ 命令する，命じる	menyuruh <suruh>
□ ～を指し示す，指名する	menunjuk <tunjuk>	□ ついて行く，追いかける	menyusul <susul>
□ 要求する	menuntut <tuntut>	□ 並べる，編集する，積み重ねる	menyusun <susun>
□ 下りる，低下する，下降する	menurun <turun>	□ 出稼ぎに行く	merantau <rantau>
□ 刺す，突く	menusuk <tusuk>	□ 感じる	merasa <rasa>
□ 閉じる，閉める	menutup <tutup>	□ 世話する，看護する	merawat <rawat>
□ 燃える	menyala <nyala>	□ ゆでる，煮る	merebus <rebus>
□ 迎える，歓迎する	menyambut <sambut>	□ 奪う，勝ち取る	merebut <rebut>
□ 疑う，想像する	menyangka <sangka>	□ 録音／録画する，記録する	merekam <rekam>
□ 歌う	menyanyi <nyanyi>	□ 化粧する，装飾する	merias <rias>
□ 声をかける，話しかける	menyapa <sapa>	□ 要約する	meringkas <ringkas>
□ はうきで掃く	menyapu <sapu>	□ たばこを吸う	merokok <rokok>
□ 1つになる，一致する	menyatu <satu>	□ 壊す，破壊する	merusak <rusak>
□ 横断する，渡る	menyeberang <seberang>	□ 伝染する	mewabah <wabah>

【接辞 me--kan（動詞）】

□ 接辞 me--kan	**imbuhan me--kan**
□ 産む，表現する，生む，生み出す	**melahirkan** \<lahir\>
□ 行う，する	**melakukan** \<laku\>
□ 添付する，同封する	**melampirkan** \<lampir\>
□ 続ける，継続する	**melanjutkan** \<lanjut\>
□ 知らせる，報告する，通報する	**melaporkan** \<lapor\>
□ 連れ去る，逃がす	**melarikan** \<lari\>
□ 飲食を提供する	**melayankan** \<layan\>
□ 放つ，発射する，手放す	**melepaskan** \<lepas\>
□ 巻き込む，巻き添えにする	**melibatkan** \<libat\>
□ 見せる，注視する	**melihatkan** \<lihat\>
□ 保護する，守る，覆う，覆い隠す	**melindungkan** \<lindung\>
□ 広げる，拡張する	**meluaskan** \<luas\>
□ 忘れる	**melupakan** \<lupa\>
□ 許す，容赦する	**memaafkan** \<maaf\>
□ 演奏する，演じる，上演する	**memainkan** \<main\>
□ 前進する，進歩する	**memajukan** \<maju\>
□ 熱くする，温める	**memanaskan** \<panas\>
□ 役立てる，利用する，活用する	**memanfaatkan** \<manfaat\>
□ 伸ばす	**memanjangkan** \<panjang\>
□ 問題にする，問題視する	**memasalahkan** \<masalah\>
□ 確認する，決定する	**memastikan** \<pasti\>
□ 入れる，入学させる，記入する	**memasukkan** \<masuk\>
□ 殺す，（電源を）切る	**mematikan** \<mati\>

□ 読んであげる，読み上げる	**membacakan** \<baca\>
□ 幸せにする，幸せな気持ちにする	**membahagiakan** \<bahagia\>
□ 危険にさらす，危うくする	**membahayakan** \<bahaya\>
□ 比較する，比べる，対比する	**membandingkan** \<banding\>
□ 誇りに思う，自慢する，得意がる	**membanggakan** \<bangga\>
□ 起こす，立ち上げる，奮起させる	**membangunkan** \<bangun\>
□ 並べる	**membariskan** \<baris\>
□ 取り消す，中止する，止める	**membatalkan** \<batal\>
□ 持って行く，届ける，運ぶ	**membawakan** \<bawa\>
□ 払ってあげる，立て替える	**membayarkan** \<bayar\>
□ 自由にさせる，解放する，免除する	**membebaskan** \<bebas\>
□ 見分ける，区別する	**membedakan** \<beda\>
□ 買ってあげる	**membelikan** \<beli\>
□ 修正する，訂正する，承認する	**membenarkan** \<benar\>
□ 勇気づける，励ます	**memberanikan** \<berani\>
□ 重くする，深刻にする	**memberatkan** \<berat\>
□ 片付ける，整理する，解決する	**membereskan** \<beres\>
□ 与える，供給する	**memberikan** \<beri\>
□ 知らせる	**memberitahukan** \<beri tahu\>
□ 掃除する，きれいにする，一掃する	**membersihkan** \<bersih\>

□ 大きくする， 拡大する， 育てる	membesarkan <besar>	□ 切る，切断する， 断ち切る	memutuskan <putus>
□ 修正／訂正する， 肯定する	membetulkan <betul>	□ 上げる，乗せる， 載せる	menaikkan <naik>
□ 放っておく， 放置する	membiarkan <biar>	□ 怖がらせる， おびえさせる， 恐れる	menakutkan <takut>
□ ～について話す， 話し合う， 討議する	membicarakan <bicara>	□ 名前を付ける， 名づける， ～と呼ぶ	menamakan <nama>
□ 許可する，許す	membolehkan <boleh>	□ 足す，加える	menambahkan <tambah>
□ 退屈させる， うんざりさせる	membosankan <bosan>	□ 登場させる， 披露する	menampilkan <tampil>
□ 開けてあげる， 開いてあげる， 公開する	membukakan <buka>	□ 示す，表す	menandakan <tanda>
□ 証明する， 証拠となる， 実際に見る	membuktikan <bukti>	□ 待つ	menantikan <nanti>
		□ 尋ねる	menanyakan <tanya>
□ 必要とする	membutuhkan <butuh>	□ 勧める， オファーする	menawarkan <tawar>
□ 割る，解決する， ばらばらにする	memecahkan <pecah>	□ 比較する，比べる， 対比する	membandingkan <banding>
□ 勝たせる， 勝利する， 勝ち取る	memenangkan <menang>	□ 候補者にする	mencalonkan <calon>
		□ 混ぜる，混入する	mencampurkan <campur>
□ 調べてもらう， 検査してもらう	memeriksakan <periksa>	□ 人のために探す， 人に代わって探す	mencarikan <cari>
□ 命令する，命じる	memerintahkan <perintah>	□ 心配する， 不安にさせる	mencemaskan <cemas>
□ 必要とする， 要求する	memerlukan <perlu>	□ 語る，物語る， 話す	menceritakan <cerita>
□ ～のことを考える	memikirkan <pikir>	□ 創造する， 創作する， 作り出す	menciptakan <cipta>
□ 移動させる， 移転させる	memindahkan <pindah>	□ 疑念を抱かせる	mencurigakan <curiga>
□ 貸す	meminjamkan <pinjam>	□ 登録する， 記載する	mendaftarkan <daftar>
□ 分ける，引き離す， 隔てる	memisahkan <pisah>	□ 商売をする， 取引する	mendagangkan <dagang>
□ 満足させる	memuaskan <puas>	□ 優先する， 先にする	mendahulukan <dahulu>
□ 容易にする， 便利にする， 軽視する，	memudahkan <mudah>	□ 深くする， 深める	mendalamkan <dalam>
□ 白くする， 白く塗る， 漂泊する	memutihkan <putih>	□ 手に入れる， 獲得する，得る	mendapatkan <dapat>

□ 上陸させる，着陸させる	**mendaratkan** \<darat\>	□ 開催する，実施する，手配する	**mengadakan** \<ada\>
□ もたらす，輸入する，招く	**mendatangkan** \<datang\>	□ 驚かせる，びっくりさせる	**mengagetkan** \<kaget\>
□ 近づける	**mendekatkan** \<dekat\>	□ 感嘆させる，感心させる，驚かせる	**mengagumkan** \<kagum\>
□ 聞き入る，傾聴する，耳を傾ける	**mendengarkan** \<dengar\>	□ 教える，教授する	**mengajarkan** \<ajar\>
□ 冷やす	**mendinginkan** \<dingin\>	□ 提案する，申し込む，申請する	**mengajukan** \<aju\>
□ 建てる，建設する，設立する	**mendirikan** \<diri\>	□ 引き起こす，もたらす	**mengakibatkan** \<akibat\>
□ まき散らす，振りまく，広める	**menebarkan** \<tebar\>	□ 有効にする，活性化する，活発化する	**mengaktifkan** \<aktif\>
□ 強調する，重点を置く	**menekankan** \<tekan\>	□ 打ち負かす，打倒する，破る	**mengalahkan** \<kalah\>
□ 〜で撃つ，発射する	**menembakkan** \<tembak\>	□ 切り替える，移す，シフトする	**mengalihkan** \<alih\>
□ 置く，配置する	**menempatkan** \<tempat\>	□ 平和に戻す，治安を守る，安全確保する	**mengamankan** \<aman\>
□ 貼る，貼り付ける	**menempelkan** \<tempel\>	□ 取ってあげる，取って来てあげる	**mengambilkan** \<ambil\>
□ 見つける，発見する，発明する	**menemukan** \<temu\>	□ 送る，届ける，案内する，見送る	**mengantarkan** \<antar\>
□ 落ち着かせる，静める	**menenangkan** \<tenang\>	□ 言う，述べる	**mengatakan** \<kata\>
□ 決める，定める，決定する	**menentukan** \<tentu\>	□ 失望させる，がっかりさせる	**mengecewakan** \<kecewa\>
□ 説明する，解説する	**menerangkan** \<terang\>	□ 小さくする，減らす，弱める	**mengecilkan** \<kecil\>
□ 適用する，応用する	**menerapkan** \<terap\>	□ 前面に押し出す，優先させる	**mengedepankan** \<(ke)depan\>
□ 出版する，刊行する，引き起こす	**menerbitkan** \<terbit\>	□ 驚かす，びっくりさせる	**mengejutkan** \<kejut\>
□ 翻訳する，通訳する	**menerjemahkan** \<terjemah\>	□ 取り出す，外に出す，作り出す	**mengeluarkan** \<keluar\>
□ 続ける，続行する	**meneruskan** \<terus\>	□ 元に戻す，修復する，返却する	**mengembalikan** \<kembali\>
□ 決定する，決める，定める	**menetapkan** \<tetap\>	□ 運転する，操縦する	**mengemudikan** \<kemudi\>
□ かき混ぜる，かき乱す，悩ませる	**mengacaukan** \<kacau\>		

前に出す，提案する，勧める	**mengemukakan** <(ke) muka>
着用する，利用する，活用する	**mengenakan** <kena>
紹介する，知らせる，通知する	**mengenalkan** <kenal>
固くする，強める，強制する	**mengeraskan** <keras>
雇用する，採用する，働かせる	**mengerjakan** <kerja>
一つにする，合体させる	**menggabungkan** <gabung>
絵を描いてあげる，描写する	**menggambarkan** <gambar>
代行を務める，後を継ぐ	**menggantikan** <ganti>
喜ばせる	**menggembirakan** <gembira>
動かす	**menggerakkan** <gerak>
こする	**menggosokkan** <gosok>
使う，活用する，採用する	**menggunakan** <guna>
終える，使い切る，消費する	**menghabiskan** <habis>
壊す，打ち砕く，崩壊させる	**menghancurkan** <hancur>
希望する，期待する，望む	**mengharapkan** <harap>
義務付ける	**mengharuskan** <harus>
産出する，生産する，製造する	**menghasilkan** <hasil>
止める，停止させる，解雇する	**menghentikan** <henti>
驚かす，仰天させる	**mengherankan** <heran>
配膳する，提供する，提出する	**menghidangkan** <hidang>

失う，なくす，除去する，消す	**menghilangkan** <hilang>
つなぐ，結び付ける，接続する	**menghubungkan** <hubung>
忠告する，思い出させる	**mengingatkan** <ingat>
ほしい，望む，求める	**menginginkan** <ingin>
送る，届ける，発送する，派遣する	**mengirimkan** <kirim>
許可する，許す，認める	**mengizinkan** <izin>
心配する，懸念する，心配させる	**mengkhawatirkan** <khawatir>
塗る，塗ってあげる	**mengoleskan** <oles>
運営する，手術する，操作する	**mengoperasikan** <operasi>
空にする，立ち退く，退去する	**mengosongkan** <kosong>
強くする，強固にする，強化する	**menguatkan** <kuat>
述べる，言う，表明する	**mengucapkan** <ucap>
離陸させる，放送する	**mengudarakan** <udara>
収集する，動員する，まとめる	**mengumpulkan** <kumpul>
発表する，公表する，公にする	**mengumumkan** <umum>
尽力する，経営する，実行する	**mengusahakan** <usaha>
提案する，提議する，発議する	**mengusulkan** <usul>
寝かせる	**menidurkan** <tidur>
結婚させる	**menikahkan** <nikah>

□ もたらす，招く，引き起こす	menimbulkan `<timbul>`	□ 準備する，用意する	menyediakan `<sedia>`
□ ら立ち去る，去る，取り残す	meninggalkan `<tinggal>`	□ 悲しませる，痛ましい，悲惨な	menyedihkan `<sedih>`
□ 高くする，高める	meninggikan `<tinggi>`	□ 運営する，管理する，実行する	menyelenggarakan `<selenggara>`
□ 動かす，行う，実行する	menjalankan `<jalan>`	□ 完成させる，終える，解決する	menyelesaikan `<selesai>`
□ 落とす，下落させる，陥落させる	menjatuhkan `<jatuh>`	□ 楽しませる，喜ばせる，喜ばしい	menyenangkan `<senang>`
□ 遠ざける，離れさせる，距離を置く	menjauhkan `<jauh>`	□ 引き渡す，手放す，任せる	menyerahkan `<serah>`
□ 笑いものにする，あざ笑う	mentertawakan `<tawa>`	□ 賃貸する	menyewakan `<sewa>`
□ 任務を与える，担当させる	menugaskan `<tugas>`	□ 準備する，用意する	menyiapkan `<siap>`
□ 書く，書き留める，〜で書く	menuliskan `<tulis>`	□ 秘密にする，公表しない	merahasiakan `<rahasia>`
□ 示す，見せる	menunjukkan `<tunjuk>`	□ にぎやかにする，盛り上げる	meramaikan `<ramai>`
□ 下げる，降ろす	menurunkan `<turun>`	□ 整える，きちんとする	merapikan `<rapi>`
□ 気づかせる，覚醒させる	menyadarkan `<sadar>`	□ 感じる，感じ取る，経験する	merasakan `<rasa>`
□ 配膳する，提供する，提出する	menyajikan `<saji>`	□ 祝う	merayakan `<raya>`
□ 目撃する，実際に見る，立ち会う	menyaksikan `<saksi>`	□ 計画を立てる，備えをする，設計する	merencanakan `<rencana>`
□ 非難する，責める	menyalahkan `<salah>`	□ 公示する，宣言する，公表する	meresmikan `<resmi>`
□ 点火する，（テレビ，電灯を）つける	menyalakan `<nyala>`	□ 軽くする，緩和する	meringankan `<ringan>`
□ 伝える，伝達する	menyampaikan `<sampai>`	□ 損害を与える，損失を引き起こす	merugikan `<rugi>`
□ 歌う	menyanyikan `<nyanyi>`	□ 在宅させる，一時解雇する	merumahkan `<rumah>`
□ 提案する，アドバイスする	menyarankan `<saran>`	□ 崩壊させる，土砂崩れさせる	meruntuhkan `<runtuh>`
□ 表明する，述べる	menyatakan `<nyata>`	□ 義務付ける	mewajibkan `<wajib>`
□ 1つにする，1つにまとめる，統一する	menyatukan `<satu>`	□ 確認する，確信させる	meyakinkan `<yakin>`
□ 原因となる，引き起こす	menyebabkan `<sebab>`		

【接辞 me--i（動詞）】

□ 接辞 me-i	imbuhan me--i
□ 通る，通過する	melalui, melewati \<lalu, lewat\>
□ 超える，超す，〜に違反する	melampaui \<lampau\>
□ 〜にサービスする，〜をもてなす	melayani \<layan\>
□ 超える，上回る	melebihi \<lebih\>
□ 〜に投げる，投げつける	melempari \<lempar\>
□ 備える，完備する，完成する	melengkapi \<lengkap\>
□ 保護する，守る，覆い隠す，救う	melindungi \<lindung\>
□ カバーする，覆う	meliputi \<liput\>
□ 傷づける，けがをさせる	melukai \<luka\>
□ 〜に詰めかける，密集する	memadati \<padat\>
□ 理解する	memahami, memaklumi \<paham, maklum\>
□ 熱くする	memanasi \<panas\>
□ 怒る，叱る，腹を立てる	memarahi \<marah\>
□ 〜に入る，立ち入る，関与する	memasuki \<masuk\>
□ 遵守する，守る	mematuhi \<patuh\>
□ 繰り返し読む，入念に読む	membacai \<baca\>
□ 水浸しにする，（人，物が）あふれる	membanjiri \<banjir\>
□ 何度も反論する，否定する	membantahi \<bantah\>
□ 濡らす	membasahi \<basah\>
□ 〜の境界を決める，〜を制限する	membatasi \<batas\>
□ 〜の費用を出す	membiayai \<biaya\>
□ 〜をだます，〜に嘘をつく	membohongi \<bohong\>
□ 〜に加える，付加する	membubuhi \<bubuh\>
□ 勝利する，勝訴する，打ち負かす	memenangi \<menang\>
□ 〜に影響を与える	memengaruhi \<pengaruh\>
□ 満たす，（要望に）応える，（約束を）果たす	memenuhi \<penuh\>
□ 赤くする	memerahi \<merah\>
□ 〜と戦う，戦争する	memerangi \<perang\>
□ 信じる，信頼する	memercayai \<percaya\>
□ 調べる，調査する，診察する	memeriksai \<periksa\>
□ 所有する，保有する	memiliki \<milik\>
□ 〜に関心を寄せる，興味を持つ	meminati \<minat\>
□ 〜に〜を貸す	meminjami \<pinjam\>
□ 所有する，持っている	mempunyai \<punya\>
□ 何度も殴る	memukuli \<pukul\>
□ 〜に従う，〜を遵守する	menaati \<taat\>
□ 〜に上がる，〜に乗る	menaiki \<naik\>
□ 怖がらせる	menakuti \<takut\>
□ 〜に名前を付ける	menamai \<nama\>
□ 〜に植える	menanami \<tanam\>
□ 〜に署名する	menandatangani \<tanda tangan\>
□ 〜に取り組む，対処する，対応する	menangani, menanggapi \<tangan, tanggap\>
□ 〜に尋ねる，事情聴取する	menanyai \<tanya\>
□ 〜に忠告する，アドバイスする	menasihati \<nasihat\>
□ 〜に勧める，オファーする	menawari \<tawar\>
□ 何度も抜く，何度も引き抜く	mencabuti \<cabut\>

□	混ぜる，混入する， 〜に干渉する	**mencampuri** <campur>	
□	傷つける， （名誉を）毀損する	**mencederai** <cedera>	
□	汚染する，汚す， （名誉を）毀損する	**mencemari** <cemar>	
□	味見する， 試食する，味わう	**mencicipi** <cicip>	
□	愛する，恋する， 愛好する	**mencintai** <cinta>	
□	満たす， 満足させる	**mencukupi** <cukup>	
□	疑う，怪しむ， 疑わしいと思う	**mencurigai** <curiga>	
□	〜より先にする， 先行する	**mendahului** <dahulu>	
□	深める，深く知る	**mendalami** <dalam>	
□	見つける， 出くわす， （災難を）被る	**mendapati** <dapat>	
□	訪ねる，襲撃する	**mendatangi** <datang>	
□	〜に近づく， 接近する， 親しくなる	**mendekati** <dekat>	
□	〜に居住する	**mendiami** <diam>	
□	〜に座る， 占領する， 〜の地位に就く	**menduduki** <duduk>	
□	〜に付き添う， 同行する 同伴する	**menemani,** **mengawani** <teman, kawan>	
□	〜に乱射する， 何度も発砲する	**menembaki** <tembak>	
□	〜と会う，出会う， 〜に直面する	**menemui, menjumpai** <temu, jumpa>	
□	仲裁する， 調停する	**menengahi** <tengah>	
□	守る，遵守する	**menepati** <tepat>	
□	照らす， 明るくする	**menerangi** <terang>	
□	裁く	**mengadili** <adil>	
□	称賛する， 感嘆する， 感銘を受ける	**mengagumi** <kagum>	
□	〜に〜を教える	**mengajari** <ajar>	

□	終わらせる， 終える	**mengakhiri** <akhir>
□	承認する，認める， 権利を明示する	**mengakui** <aku>
□	経験する， 体験する	**mengalami** <alam>
□	観察する， 観測する	**mengamati** <amat>
□	ポケットに入れる， 着服する	**mengantongi** <kantong>
□	克服する， 乗り越える， 対処する	**mengatasi** <atas>
□	開始する， 先行する	**mengawali** <awal>
□	監視する， 監督する， 見守る	**mengawasi** <awas>
□	取り囲む， 取り巻く， 旅行して回る	**mengelilingi** <keliling>
□	〜の長になる， 代表する， 経営する	**mengepalai** <kepala>
□	（標的に）当たる， 〜に関係する	**mengenai** <kena>
□	知る，理解する， わかる	**mengetahui** <tahu>
□	〜の議長になる， 〜の議長を務める	**mengetuai** <ketua>
□	好む，気に入る	**menggemari,** **menyukai** <gemar, suka>
□	〜に砂糖を入れる	**menggulai** <gula>
□	終える，殺す， 殺害する	**menghabisi** <habis>
□	〜に対面する， 遭遇する， 対戦する	**menghadapi** <hadap>
□	〜に〜を贈り物を する	**menghadiahi** <hadiah>
□	〜に出席する， 参加する	**menghadiri** <hadir>
□	妨げる， 阻害する， さえぎる	**menghalangi** <halang>

□ 値を付ける，尊敬する，評価する	menghargai \<harga\>	□ 下りる	menuruni \<turun\>
□ 養う，面倒をみる，生存させる	menghidupi \<hidup\>	□ ～に従う	menuruti \<turut\>
□ 避ける，逃れる，免れる	menghindari \<hindar\>	□ ～に蓋をする，～を隠す，覆う	menutupi \<tutup\>
□ 尊敬する，尊重する，遵守する	menghormati \<hormat\>	□ ～に気づく，自覚する	menyadari \<sadar\>
□ ～に連絡する，連絡を取る	menghubungi \<hubung\>	□ ～と競争する，ライバルになる	menyaingi \<saing\>
□ 追跡する，参加する	mengikuti \<ikut\>	□ 傷つける，苦しめる	menyakiti \<sakit\>
□ 否定／否認する	mengingkari \<ingkar\>	□ ～に違反する，逸脱する	menyalahi \<salah\>
□ ～に～を送る，送付する	mengirimi \<kirim\>	□ ～に挨拶する，～と握手する	menyalami \<salam\>
□ 付き添う，伴奏する	mengiringi \<iring\>	□ 請け合う，引き受ける	menyanggupi \<sanggup\>
□ 裏切る	mengkhianati \<khianat\>	□ 愛する，かわいがる	menyayangi \<sayang\>
□ 治療する	mengobati \<obat\>	□ 横切る，横断する，渡る	menyeberangi \<seberang\>
□ 汚す	mengotori \<kotor\>, menodai \<noda\>	□ ～に合意する，賛成する	menyepakati \<sepakat\>
□ 支配／管理する，マスターしている	menguasai \<kuasa\>	□ ～に似ている，～と同様である	menyerupai \<serupa\>
□ 何回も繰り返す，何回も行き来する	mengulangi \<ulang\>	□ 悔やむ，後悔する，残念に思う	menyesali \<sesal\>
□ ～に優っている，優れている	mengungguli \<unggul\>	□ 同意する，合意する，賛成する	menyetujui \<setuju\>
□ 訪れる，訪問する	mengunjungi \<kunjung\>	□ ～に立ち寄る	menyinggahi \<singgah\>
□ 減らす，縮小する，軽減する	mengurangi \<kurang\>	□ 好む	menyukai \<suka\>
□ 世話をする	mengurusi \<urus\>	□ （墓）参りをする，参拝する	menziarahi \<ziarah\>
□ ～と結婚する	menikahi \<nikah\>	□ ～に毒を入れる，毒を盛る	meracuni \<racun\>
□ 楽しむ，享受する	menikmati \<nikmat\>	□ ～を代表する，～の代理になる	mewakili \<wakil\>
□ ～で優勝する	menjagoi \<jago\>	□ 相続／継承する	mewarisi \<waris\>
□ 経験する，実行する，（刑に）服す	menjalani \<jalan\>	□ ～に色を付ける，色を塗る	mewarnai \<warna\>
□ ～に落ちる，～の判決を下す	menjatuhi \<jatuh\>	□ 警戒する	mewaspadai \<waspada\>
□ ～から遠ざかる，避ける，よける	menjauhi \<jauh\>	□ ～にインタビューする	mewawancarai \<wawancara\>
□ ～に乗る，便乗する，宿泊する	menumpangi \<tumpang\>	□ 信じる，確信する	meyakini \<yakin\>
□ ～に指示する，教える	menunjuki \<tunjuk\>		

□ 接辞 ter-	imbuhan ter-
□ 反映される，映し出される	tecermin <cermin>
□ 放置される，放って置かれる	telantar <lantar>
□ 信頼される，信用のある	tepercaya <percaya>
□ 危機に瀕している，脅かされる	terancam <ancam>
□ 持ち上げられる	terangkat <angkat>
□ 浮いている，漂っている	terapung <apung>
□ 感じられる	terasa <rasa>
□ 孤立する，疎外される	terasing <asing>
□ 整頓される，整然とされる	teratur <atur>
□ 手入れされる，維持される	terawat <rawat>
□ 読むことができる，つい読まれる	terbaca <baca>
□ 分けられる，分配される	terbagi <bagi>
□ 最高の，最良の，最善の，一流の	terbaik <baik>
□ 火事に遭う，焼けてしまう	terbakar <bakar>
□ 逆になる，ひっくり返る，転覆する	terbalik <balik>
□ 限定される，限られる，制限される	terbatas <batas>
□ まちがって持って行く，持ち運びできる	terbawa <bawa>
□ 裂ける，割れる，分かれる	terbelah <belah>
□ 買える，買収される	terbeli <beli>
□ 形成／結成される	terbentuk <bentuk>
□ 最大の	terbesar <besar>
□ ～に慣れる	terbiasa <biasa>
□ ～で作られる，～でできている	terbuat <buat>
□ 開かれる，公開されている，オープンの	terbuka <buka>
□ 証明される	terbukti <bukti>
□ 記載／掲載された	tercantum <cantum>
□ 達成される，実現される	tercapai <capai>
□ 記録される，書き留められる	tercatat <catat>
□ 汚染される，汚される，傷つけられる	tercemar <cemar>
□ 創造／創作される	tercipta <cipta>
□ 臭ってくる，嗅ぎ付けられる	tercium <cium>
□ 登録される，記載される	terdaftar <daftar>
□ 一番先に，最初に	terdahulu <dahulu>
□ 被告人	terdakwa <dakwa>, tergugat <gugat>
□ ある，存在する，見つかる，手に入る	terdapat <dapat>
□ 聞こえる，ふと耳にする	terdengar <dengar>
□ 無理強いされる，押し退けられる	terdesak <desak>
□ ～から成り立つ，構成される	terdiri <diri>
□ 押される，後押しされる，強いられる	terdorong <dorong>
□ 尻もちをつく，思わず座り込む	terduduk <duduk>
□ 録音／録画された	terekam <rekam>
□ 最低の，最も低い	terendah <rendah>
□ 浸水する，水浸しにされる，水浸しになる	terendam <rendam>
□ 加わる，入っている，組み込まれる	tergabung <gabung>
□ 邪魔される，妨げられる	terganggu <ganggu>
□ 掛けられる，～次第である，～に依存する	tergantung <gantung>

□ 突然動き出す，つい動かされる	**tergerak** \<gerak\>	□ 追いつかれる，追いかけられる	**terkejar** \<kejar\>
□ ～に分類される，～に属する	**tergolong** \<golong\>	□ 驚く，びっくりする	**terkejut** \<kejut\>
□ ひっくり返る，転覆する	**terguling** \<terguling\>	□ 有名な，傑出した，優れた	**terkenal, ternama** \<kenal, nama\>
□ 妨げられる，阻まれる	**terhalang** \<halang\>	□ 遭遇する，被る，襲われる，やられる	**terkena** \<kena\>
□ 感動／感銘する，心打たれる	**terharu** \<haru\>	□ 感銘／印象を受ける，印象付けられる	**terkesan** \<kesan\>
□ 慰められる，癒される，安らぐ	**terhibur** \<hibur\>	□ 捻挫する	**terkilir** \<kilir\>
□ 逃れる，避ける，よける，免れる	**terhindar** \<hindar\>	□ 集められる，集約される	**terkumpul** \<kumpul\>
□ 尊敬すべき，敬愛する，立派な	**terhormat** \<hormat\>	□ 開催される，実施される	**terlaksana** \<laksana\>
□ 罰せられる，判決を受ける	**terhukum** \<hukum\>	□ 遅刻する，遅れる	**terlambat** \<lambat\>
□ 縛られる，拘束される	**terikat** \<ikat\>	□ 添付されている，添付された	**terlampir** \<lampir\>
□ ふと思い出す，思いつく	**teringat** \<ingat\>	□ 禁じられた，禁止されている	**terlarang** \<larang\>
□ ～に踏まれる，つい踏んでしまう	**terinjak** \<injak\>	□ 外れる，はがれる，抜け落ちる	**terlepas** \<lepas\>
□ 起こる，生じる，発生する	**terjadi** \<jadi\>	□ 置いてある，位置する	**terletak** \<letak\>
□ 植民地化される，統治される	**terjajah** \<jajah\>	□ 巻き込まれる，関与させられる	**terlibat** \<libat\>
□ 関係がある，かかわりがある	**terjalin** \<jalin\>	□ 見える，見られる，発覚する	**terlihat** \<lihat\>
□ 保証される，満たされる	**terjamin** \<jamin\>	□ つい忘れる，忘れ物をする	**terlupa** \<lupa\>
□ 誤って落ちる，突然落ちる	**terjatuh** \<jatuh\>	□ うっかり食べる，食べることができる	**termakan** \<makan\>
□ 罠にかかる，身動きが取れない	**terjebak** \<jebak\>	□ ～に含められる，～に属する	**termasuk** \<masuk\>
□ 挟まれる，板挟みになる	**terjepit** \<jepit\>	□ 誤って飲まれる，飲むことができる	**terminum** \<minum\>
□ 売り切れる，買い手がつく，売れる	**terjual** \<jual\>	□ 掲載される，積み込める，収容できる	**termuat** \<muat\>
□ 引っかけられる，関係がある	**terkait** \<kait\>	□ 実際は，実は	**ternyata** \<nyata\>
□ ～に含まれる	**terkandung** \<kandung\>	□ うっかり使われる	**terpakai** \<pakai\>
		□ やむを得ず～する，仕方なく～する	**terpaksa** \<paksa\>
		□ 釘で固定される，釘付けになる	**terpaku** \<paku\>

□ 釣られる, 引っ掛かる	terpancing \<pancing\>	□ 遠ざけられる, 排除される, 逃れる	tersingkir \<singkir\>
□ 設置される, 取り付けられる	terpasang \<pasang\>	□ 残される, 余る	tersisa \<sisa\>
□ 教養／学識のある	terpelajar \<pelajar\>	□ 積み重ねられている, 組織化されている	tersusun \<susun\>
□ 孤立した, 僻地の	terpencil \<pencil\>	□ 足止めされる, 抑えられる	tertahan \<tahan\>
□ 影響される, 感化される	terpengaruh \<pengaruh\>	□ 植えられる, 埋まる	tertanam \<tanam\>
□ 驚く, 仰天する	terperanjat \<peranjat\>	□ ～の日付である	tertanggal \<tanggal\>
□ 魅了される	terpesona \<pesona\>	□ 捕まる, 逮捕される	tertangkap \<tangkap\>
□ 受刑者	terpidana \<pidana\>	□ 引っ張られる, 魅了される	tertarik \<tarik\>
□ 考えつく, 思いつく	terpikir \<pikir\>	□ 笑う	tertawa \<tawa\>
□ 指導される, 導かれる	terpimpin \<pimpin\>	□ ～に飲み込まれる, 誤って飲み込む	tertelan \<telan\>
□ 分離される, 別々にされる	terpisah \<pisah\>	□ 撃たれる	tertembak \<tembak\>
□ ほめられる, 称賛される	terpuji \<puji\>	□ 特定の, 一定の	tertentu \<tentu\>
□ 切れる, 断たれる	terputus \<putus\>	□ つい居眠りをする	tertidur \<tidur\>
□ ふと目覚める, 意識が戻る	tersadar \<sadar\>	□ (災害などに) 見舞われる	tertimpa \<timpa\>
□ (石や問題に) つまずく	tersandung \<sandung\>	□ 取り残される, 置き忘れる	tertinggal \<tinggal\>
□ 被疑者, 容疑者	tersangka \<sangka\>	□ 最高の	tertinggi \<tinggi\>
□ 拡散する, 撒き散らす	tersebar \<sebar\>	□ だまされる, 欺かれる	tertipu \<tipu\>
□ 前述の, 既述の, 当該の, その	tersebut \<sebut\>	□ 助かる	tertolong \<tolong\>
□ のどが詰まる, むせる	tersedak \<sedak\>, terselak \<selak\>	□ 書かれている, 書面の, 筆記の	tertulis \<tulis\>
□ 用意されている, 準備されている	tersedia \<sedia\>	□ こぼれる	tertumpah \<tumpah\>
□ 実施される, 開催される	terselenggara \<selenggara\>	□ 延期される, 延期となる	tertunda \<tunda\>
□ 隠れている, 潜む, 隠された	tersembunyi \<sembunyi\>	□ 刺される	tertusuk \<tusuk\>
□ 触れる, 衝突する, 感動する	tersentuh \<sentuh\>	□ 閉まる, 非公開の	tertutup \<tutup\>
□ ほほえむ	tersenyum \<senyum\>	□ 彫刻された	terukir \<ukir\>
□ 任せる, 一任する	terserah \<serah\>	□ 繰り返される	terulang \<ulang\>
□ 攻撃される, 襲われる	terserang \<serang\>	□ 明らかにされる, 周知となる	terungkap \<ungkap\>
□ 気分を害する, 気に障る	tersinggung \<singgung\>	□ 最良の, 最高の, 特に, とりわけ	terutama \<utama\>
		□ 実現される, 具体化される	terwujud \<wujud\>

【接辞 memper-, memper--kan, memper--i（動詞）】

☐ 接辞 memper-, memper--kan, memper--i	**imbuhan memper-, memper--kan, memper--i**
☐ 勤務させる，雇う，採用する	**mempekerjakan** \<kerja\>
☐ 学ぶ，研究する，調査する	**mempelajari** \<ajar\>
☐ 見せる，実演する，展示する	**memperagakan** \<raga\>
☐ （人を）道具のように扱う	**memperalat** \<alat\>
☐ より安全にする	**memperaman** \<aman\>
☐ 子供を産む，子供のように扱う	**memperanakkan** \<anak\>
☐ 直す，修理する，改善する	**memperbaiki** \<baik\>
☐ 比較する，対比する	**memperbandingkan** \<banding\>
☐ （支援のために）～を派遣する	**memperbantukan** \<bantu\>
☐ 増やす	**memperbanyak** \<banyak\>
☐ 新しくする，更新する	**memperbarui** \<baru\>
☐ さらに重くする，一層深刻化する	**memperberat** \<berat\>
☐ より大きくする，さらに拡大する	**memperbesar** \<besar\>
☐ ～について話す，討論する	**memperbincangkan** \<bincang\>, **memperdebatkan** \<debat\>
☐ ～に～を許可する，許す	**memperbolehkan** \<boleh\>
☐ 作る，行う，実行する	**memperbuat** \<buat\>
☐ 奴隷扱いする	**memperbudak** \<budak\>
☐ さらに悪化させる	**memperburuk** \<buruk\>
☐ 加速する，早める	**mempercepat** \<cepat\>
☐ ～の商売をする，取引をする	**memperdagangkan** \<dagang\>
☐ さらに深くする，より深める	**memperdalam** \<dalam\>
☐ 和解させる	**memperdamaikan** \<damai\>
☐ だます，欺く，罠にかける	**memperdaya(kan)** \<daya\>
☐ さらに近づける，より接近させる	**memperdekat** \<dekat\>
☐ （声や歌を）聞かせる，放送する	**memperdengarkan** \<dengar\>
☐ 2つに分ける，2等分する	**memperdua** \<dua\>
☐ 奪い合う，争う，争奪戦をする	**memperebutkan** \<rebut\>
☐ より密接にする，緊密にする	**mempererat** \<erat\>
☐ 利用する，活用する	**mempergunakan** \<guna\>
☐ ～に注意を払う，注目する	**memperhatikan** \<hati\>
☐ 激化させる，一層激しくさせる	**memperhebat** \<hebat\>
☐ 計算する，見積もる，考慮に入れる	**memperhitungkan** \<hitung\>
☐ より美しくする	**memperindah** \<indah\>
☐ 記念して祝う，記録する	**memperingati** \<ingat\>
☐ ～に思い出させる，忠告する	**memperingatkan** \<ingat\>
☐ 妻にする	**memperistri** \<istri\>
☐ 妻帯させる	**memperistrikan** \<istri\>
☐ さらに明確にする	**memperjelas** \<jelas\>
☐ 売買する，取引する	**memperjualbelikan** \<jual beli\>
☐ ～のために闘う	**memperjuangkan** \<juang\>
☐ 友だちのように扱う	**memperkawan** \<kawan\>
☐ 一層豊かにする	**memperkaya** \<kaya\>
☐ より小さくする，さらに縮小する	**memperkecil** \<kecil\>
☐ 紹介する，知らせる	**memperkenalkan** \<kenal\>
☐ 認める，許可する，同意する	**memperkenankan** \<kenan\>
☐ より厳しくする，一層厳重にする	**memperketat** \<ketat\>

□ 予想する，推測する	memperkirakan <kira>	□ さらに急がせる	mempersegerakan <segera>
□ 一層強化する，さらに強固にする	memperkuat <kuat>	□ 献上する，捧げる	mempersembahkan <sembah>
□ 牛馬のように使う	memperkuda <kuda>	□ より狭くする，さらに狭める	mempersempit <sempit>
□ 扱う	memperlakukan <laku>	□ ～（権利を）争う	mempersengketakan <sengketa>
□ (時間を) より長くする	memperlama <lama>	□ 武装させる，装備させる	mempersenjatai <senjata>
□ 遅くする，減速させる	memperlambat <lambat>	□ ～のために準備する，用意をする	mempersiapkan <siap>
□ より順調にする	memperlancar <lancar>	□ 勧める，お願いする	mempersilakan <sila>
□ より拡幅する，さらに拡張する	memperlebar <lebar>	□ 問題にする，話し合う	mempersoalkan <soal>
□ 完備する，補充する	memperlengkapi <lengkap>	□ (女子を) 結婚させる	mempersuamikan <suami>
□ 見せる，示す	memperlihatkan <lihat>	□ より困難にする	mempersulit <sulit>
□ 守る，保護する，覆う，救助する	memperlindungi <lindung>	□ 守る，防衛する，維持する	mempertahankan <tahan>
□ より広げる，さらに拡張する	memperluas <luas>	□ ～をより鋭くする，研ぎ澄ます	mempertajam <tajam>
□ より柔らかくする，軟化させる，緩める	memperlunak <lunak>	□ ～に試合をさせる，～を競わせる	mempertandingkan <tanding>
□ もて遊ぶ，演じる，上演する	mempermainkan <main>	□ ～の責任を取る	mempertanggungjawabkan <tanggung jawab>
□ 恥をかかせる，面目を失わせる	mempermalukan <malu>	□ 問題視する，疑問視する	mempertanyakan <tanya>
□ 問題視する，問題提起する	mempermasalahkan <masalah>	□ (金品，命を) 賭ける	mempertaruhkan <taruh>
□ さらに容易にする，簡単にする	mempermudah <mudah>	□ 明らかにする，よりはっきりさせる	mempertegas <tegas>
□ 獲得する，手に入れる	memperoleh <oleh>	□ ～に～を会わせる，引き合わせる	mempertemukan <temu>
□ さらに延長する，更新する	memperpanjang <panjang>	□ 考慮する，配慮する	mempertimbangkan <timbang>
□ さらに悪化させる	memperparah <parah>	□ より高くする，高める	mempertinggi <tinggi>
□ さらに短くする，短縮する	memperpendek <pendek>	□ 見せる，見せびらかす，上演する	mempertontonkan <tonton>
□ 同じにする，統一する	mempersamakan <sama>	□ 上演する，上映する	mempertunjukkan <tunjuk>
□ ～を１つにする，統一する	mempersatukan <satu>	□ 割り当てる，配分する	memperuntukkan <untuk>

【接辞 ke--an（動詞ほか）】

□ 接辞 ke--an	**imbuhan ke--an**
□ 焼けてしまう，火事，火災	**kebakaran** <bakar>
□ 洪水に見舞われる，浸水する	**kebanjiran** <banjir>
□ 多すぎる，大部分，大多数	**kebanyakan** <banyak>
□ 父性の，父のような	**kebapakan** <bapak>
□ 欧米的な，西洋的な	**kebarat-baratan** <barat>
□ 意義がある，重すぎる，異議	**keberatan** <berat>
□ 大きすぎる	**kebesaran** <besar>
□ 青みがかった，青すぎる	**kebiruan** <biru>
□ 災難／事故に遭う，不運，災難，事故	**kecelakaan** <celaka>
□ （スリに）すられる	**kecopetan** <copet>
□ 盗まれる，盗られる	**kecurian** <curi>
□ 見つかる，発覚する，気づかれる	**kedapatan** <dapat>
□ （迷惑な）来訪を受ける，来訪，到着	**kedatangan** <datang>
□ 聞こえる，聞かれる	**kedengaran** <dengar>
□ 寒さに凍える，寒すぎる，寒さ	**kedinginan** <dingin>
□ 太りすぎの，肥満の，肥満	**kegemukan** <gemuk>
□ ～を使い果たす，尽きる	**kehabisan** <habis>
□ 喉が渇き切っている，喉の渇き，渇望	**kehausan** <haus>
□ 失う，なくす，紛失，消失，喪失，死	**kehilangan** <hilang>
□ 雨に降られる	**kehujanan** <hujan>
□ 母性の，母のような	**keibuan** <ibu>
□ 子供っぽい，幼稚な	**kekanak-kanakan** <kanak>
□ 小さすぎる，小ささ	**kekecilan** <kecil>
□ 食べ過ぎる，満腹，飽食	**kekenyangan** <kenyang>
□ 黄色っぽい，黄色くなりすぎる	**kekuningan** <kuning>
□ 欠乏している，不足，欠乏	**kekurangan** <kurang>
□ 空腹である，空腹，飢え	**kelaparan** <lapar>
□ 超過する，長所，過剰，余分	**kelebihan** <lebih>
□ 過度の，行き過ぎた	**kelewatan** <lewat>
□ 見える，見ることができる	**kelihatan** <lihat>
□ 忘れ物をする	**kelupaan** <lupa>
□ （値段が）高すぎる	**kemahalan** <mahal>
□ 甘すぎる，甘さ，甘み	**kemanisan** <manis>
□ 入られる，誤って入ってしまう	**kemasukan** <masuk>
□ 死なれる，死亡	**kematian** <mati>
□ 赤みがかった，赤すぎる	**kemerahan** <merah>
□ 暑さにやられる，暑／熱すぎる，暑さ	**kepanasan** <panas>
□ 白っぽい，白すぎる	**keputihan** <putih>
□ 毒にあたる，中毒	**keracunan** <racun>
□ 日が昇った，寝過ごした，遅れた	**kesiangan** <siang>
□ 病みつきの，依存症の	**ketagihan** <tagih>
□ 知られる，ばれる，識別される	**ketahuan** <tahu>
□ 怯える，怖がる，恐怖，恐れ	**ketakutan** <takut>
□ つい居眠りする，寝過ごす	**ketiduran** <tidur>
□ 遅れる，とり残される，置き忘れる	**ketinggalan** <tinggal>
□ 対応できない，手こずる	**kewalahan** <walah>

イワン・スティヤ・ブディ（Iwan Setiya Budi）

　国立ガジャマダ大学日本語学科卒業，東京外国語大学日本文学研究科博士前期課程修了。現在，INJ カルチャーセンター・インドネシア語主任講師，拓殖大学インドネシア語非常勤講師，外務省研修所インドネシア語非常勤講師。INJ カルチャーセンターのインドネシア語グループ，プライベート，オンラインレッスンでは，インドネシア語技能検定試験 E 級（入門）から特 A 級（プロ級）までの全レベルを担当。

　共著に『日常インドネシア語会話ネイティブ表現』（語研刊），『バッチリ話せるインドネシア語』（三修社刊）がある。

【INJ カルチャーセンター】 www.injcc.com

近藤　由美（こんどう・ゆみ）

　青山学院女子短期大学英文学科卒業。INJ カルチャーセンター代表として，インドネシア語，マレーシア語，タイ語，ベトナム語，ラオス語，クメール語など東南アジア言語の教育に携わる。

　共著に『CD 付らくらくインドネシア語初級』（INJ カルチャーセンター刊），『CD 付インドネシア語が面白いほど身につく本』『CD 付タイ語が面白いほど身につく本』（以上，KADOKAWA 刊），『バッチリ話せるインドネシア語』『バッチリ話せるマレーシア語』（以上，三修社刊），『ニューエクスプレスプラス　マレー語』（白水社刊）など多数ある。

【執筆協力】
ドミニクス・バタオネ（Dominicus Bataone）

【本文イラスト】
春田　博子

© Iwan Setiya Budi; Yumi Kondo, 2021, Printed in Japan

これ一冊で！基礎を固める
快速マスターインドネシア語

2021 年 11 月 10 日　　初版第 1 刷発行
2023 年 8 月 25 日　　　第 2 刷発行

著　者　イワン・スティヤ・ブディ
　　　　近藤　由美
制　作　ツディブックス株式会社
発行者　田中　稔
発行所　株式会社 語研
　　　　〒 101-0064
　　　　東京都千代田区神田猿楽町 2-7-17
　　　　電　話 03-3291-3986
　　　　ファクス 03-3291-6749
組　版　ツディブックス株式会社
印刷・製本　倉敷印刷株式会社

ISBN978-4-87615-372-5 C0087

書名　カイソク マスター インドネシアゴ
著者　イワン スティヤ ブディ
　　　コンドウ ユミ
著作者および発行者の許可なく転載・複製することを禁じます。

定価はカバーに表示してあります。
乱丁本，落丁本はお取り替えいたします。

株式会社語研

語研ホームページ https://www.goken-net.co.jp/

本書の感想は
スマホから↓

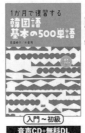